JN074397

これ1冊で最短合格

販売士
（リテールマーケティング）
検定試験
テキスト＆問題集

3級

神奈川販売士協会 著

秀和システム

はじめに

　現状の流通業界は、消費者ニーズの多様化・個性化、少子高齢化と人口減少社会、IT化への急激な進展、大手外資系小売企業と国内小売企業との競争、商店街の衰退など、さまざまな変化が起きており、その対応が急務となっています。

　このような状況のなか、販売士検定試験制度は、小売業ほか、製造業や卸売業、サービス業界、販売職や営業職などの各職種、大学や専門学校などの学生の教育に幅広く学習内容が支持されています。

　平成17年度に科目体系と内容が一新され、「小売業の類型」「マーチャンダイジング」「ストアオペレーション」「マーケティング」「販売・経営管理」の5科目となり、1級から3級までの科目名称が統一され、それぞれの級も、1級は発展編（経営管理能力の習得）、2級は応用編（専門知識・技術の習得）、3級は基礎編（基礎知識・技術の習得）となりました。

　令和元年度にハンドブックが3年ぶりに改訂され、インターネット社会と小売業、インバウンドなどの新しい分野が加わり、内容が更新されました。

　本書は、令和元年のハンドブック改訂版に対応しており、徹底した過去問題の分析を通じ、試験に出題される頻度の高い分野から重要度ランクをつけ、キーワードマップなどを使い、わかりやすく解説しています。

　本書を一通り読み、章末の問題と2回の模擬問題を繰り返し解くことで合格レベルの実力はもとより、実務知識と基礎理論を習得できる構成になっています。

　多くの学習者が、本書を活用して販売士試験に合格され、販売士としてご活躍されることを願っております。

　最後に、本書の発刊にあたり、ひとかたならぬご尽力をいただきました秀和システム編集本部の皆様に、心より厚く御礼申し上げます。

2020年3月吉日

神奈川販売士協会

流通・小売業唯一の公的資格！

販売士とは

　近年、AI・IoTなどITの利活用の高度化、グローバル化の急速な進展、人口減少に伴う需要の縮小など、流通業界を取り巻く経営環境は変化し続けています。このような状況において、流通・小売業に携わる人たちには、多様化する顧客ニーズへ対応し、顧客満足度を最大限に高めていく必要があります。

　流通業界で唯一の公的資格である販売士（リテールマーケティング）検定試験は、流通・小売業に携わるビジネスパーソンはもちろん製造業に携わるビジネスパーソン、大学生や主婦などにも人気の資格となっています。

各級の対象者とレベル

　販売士（リテールマーケティング）検定は、1級から3級に分かれています。

各級の対象とレベル	
1級	大規模小売店舗の店長や部長、中小企業の経営者が対象。 小売業経営に関する極めて高度な知識を身に付け、経営計画の立案、財務予測等の経営管理について適切な判断ができる人材を目指す。
2級	売場責任者、課長、部長などの管理者が対象。 マーケティング、マーチャンダイジングをはじめとする流通・小売業における高度な専門知識を身に付け、販売促進の企画・実行をリードし、店舗・売場を包括的にマネジメントする人材を目指す。
3級	売場担当者、販売員が対象。 接客や売場づくり、マーケティングの基本的な考え方など、小売業運営に必要な基礎的な知識を身に付け、販売業務に活用できる人材を目指す。

試験について（試験概要）

5科目の平均70点以上が合格ライン

試験科目	試験時間	合格基準
小売業の類型	60分	平均の得点**70点以上**で、1科目ごとの得点が**50点以上** ※1科目あたり択一式正誤問題　小問10問、択一式穴埋問題　小問10問（5科目合計100問）
マーチャンダイジング		
ストアオペレーション		
マーケティング		
販売・経営管理		

科目の免除制度について

　日本商工会議所が開催する「3級販売士養成講習会」または日本商工会議所指定の通信教育機関による「3級養成通信教育講座」を修了した方、公益財団法人全国商業高等学校協会主催の「商業経済検定試験」の所定の科目に合格した方は、受講修了日の属する年度の翌年度末まで一部の科目が免除されます。

試験方法について

　2021年度よりネット試験方式となっています。試験会場（テストセンター）のパソコンを使用し、インターネットを介して試験を実施します。

試験日時について

（1）インターネット申込方式

　株式会社CBT- S olutionsのリテールマーケティング（販売士）検定試験　申込専用ページから、受験会場をお選びいただき、空いている日時で試験をご予約いただけます。

　これまでの年2回の統一試験日での実施と異なり、随時にご受験が可能となります。

https://cbt-s.com/examinee/examination/jcci_retailsales

（2）会場問い合わせ方式

　商工会議所検定ホームページ内の「商工会議所ネット試験施行機関」検索ページから、試験会場を選択し、各試験会場へ直接お申込みください。

https://links.kentei.ne.jp/organization

上記の検定試験に関する情報は、変更される可能性があります。
受験される方は、各自で必ず確認してください。

https://www.kentei.ne.jp/retailsales

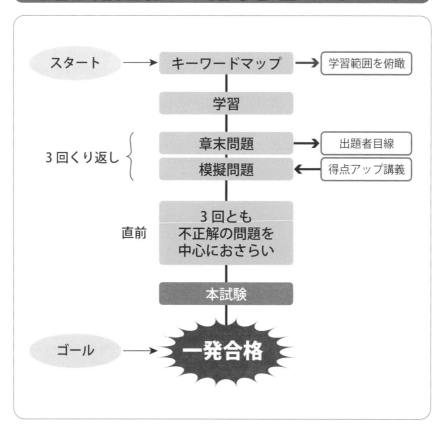

本書の**6**つの工夫！

本書は、販売士（リテールマーケティング）3級試験に最短で合格できるよう、下記のような紙面構成と様々な工夫を盛り込んでいます。これらの特徴を生かし、ぜひ確実に合格の栄誉を勝ち取ってください。

ポイント その**1**

学習のアドバイスで要点が把握できる！

最初に、学習のアドバイスがあり、学習内容の概略、学習上の要点が説明されているから、スムーズに学習に取り組むことができる。

ポイント その**4**

章末問題で応用力が身につく！

章末の問題で、各章で学習した知識の定着を図る。実際に出題された問題および、出題頻度の高い問題を多く掲載。章末問題を解くことで、応用力が身につく。

ポイント その**2**

学習効果が高まるキーワードマップ！

出題される重要ワードの関連性とレッスンの全体像が一目でわかり、ポイントの予習効果と相まって、学習効果を高めている。

ポイント その**3**

出題の意図や傾向がわかる！

過去の出題傾向を分析し、出題者側の観点から問題を解くカギをわかりやすく解説。どこにポイントを置いて学習すればいいのか、効率よく学習することができる。

Theme
4
重要度：★★★

マーチャンダイジングの基本的考え方

マーチャンダイジングとは、小売業が商品を品ぞろえし、顧客に対し販売する業務のことです。

Navigation
要点をつかめ

ADVICE! **学習アドバイス**

マーチャンダイジングは、主に流通業で用いられる言葉で、ひと言でいえば、商品計画のことを指します。適正な商品を、適正な場所と時期に、適正な数量と価格で、仕入れて販売する活動全般のことです。

キーワードマップ

品ぞろえ業務 ⇄ 販売業務

 出題者の目線

●マーチャンダイジング・サイクルを理解しているかを問う問題が出題されます。本部業務と店舗業務について、しっかりと理解しておくことが大切です。

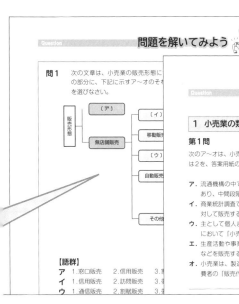

Question 　問題を解いてみよう

問 1 次の文章は、小売業の販売形態に……の部分に、下記に示すア～オのそれ……を選びなさい。

販売形態 ─┬─〔 ア 〕 ─┬─〔 イ 〕
　　　　　│　　　　　├─ 移動販売…
　　　　　└─ 無店舗販売 ─┬─〔 ウ 〕
　　　　　　　　　　　　　├─ 自動販売…
　　　　　　　　　　　　　└─ その他…

【語群】
ア 1.窓口販売　2.信用販売　3.…
イ 1.信用販売　2.訪問販売　3.…
ウ 1.通信販売　2.割賦販売　3.…

Question 　問題……

1　小売業の類型

第1問

次のア～オは、小売業について述べている。正しいものには1を、誤っているものには2を、答案用紙の所定欄にマークしなさい。(15点)

ア. 流通機構の中で、小売業は最終段階に位置する消費者に一番近いポジションにあり、中間段階に位置する卸売業とは活動領域が異なる。

イ. 商業統計調査で定義する小売業とは、年間販売額の3分の2以上を最終消費者に対して販売する者のことをいう。

ウ. 主として個人または産業用使用者に無店舗販売を行う事業所は、商業統計調査において「小売業」に分類される。

エ. 生産活動や事業活動のために事業者に対して、原材料や部品、機械装置、設備などを販売する場合、「小売」に分類される。

オ. 小売業は、製造業に代わって消費者への「購買代理」をしていると同時に、消費者の「販売代理」もしている。

……いて述べている。正しいものには1を、誤っているも……にマークしなさい。(15点)

……によって類型化すると、ナショナルチェーン、リー……ルチェーンに分けられる。

4 …小規模の独立した小売店が経営の独立性を維持した……を行う組織形態である。

)には、卸主宰VCと小売主宰VCがあり、小売主宰……ーン」と呼ぶ場合がある。

……的に「志願して」といった意味がある。

……多店舗経営を行う企業のことを意味し、本部と店舗……集体に属しているタイプをいう。

マーケティング

Theme2　4P理論の小売業への適用

設定します。

▼価格設定方法の種類

　　　　　　正札価格
見切価格 ─ 価格設定方法 ─ 端数価格
　　　　　　均一価格

4　プロモーション（店頭起点の狭域型購買促進）

消費財メーカーは、テレビCM、ラジオ、雑誌などのマス媒体によるマス・プロモーションを展開します。大規模な広告・宣伝によって、大量生産に見合った大量販売を実現するため、**全国的な市場シェアの拡大化**を目標としてきました。

これに対して小売業は、店頭でのイベントやキャンペーンの実施、クーポンの発行などのリージョナルプロモーション（店舗（売場）起点の狭域型購買促進）を中心とした活動をします。地域の購買需要を刺激することで顧客の継続的来店（**固定客化**）を促し、1店舗当たりの売上と利益の増加が目標となります。

▼販売志向とマーケティング志向の違い

	販売志向	マーケティング志向
主たる目的	商品を売ること	顧客を満足させること
対象者	不特定多数の消費者	特定多数の顧客
主たる活動	商品と代金の交換活動	需要を生み出す創造活動
完結時点	販売した時点	顧客が満足した時点

\POINT UP!/

得点アップ講義

CRM（カスタマー・リレーションシップ・マネジメント）とは、一人ひとりの顧客情報の活用によって顧客満足度を高め、長期間にわたって良好な友好関係を維持していくための仕組みづくりのことです。

ポイント その**5**

得点アップ講義で、特有のひっかけ問題にも対処！
試験では、随所にひっかけ問題が見られ、そのため得点が上がらない。そこで、本書では得点アップ講義を設け、ひっかけ問題の注意点とともに、その対処法をわかりやすくアドバイス。

185

目次

第1章　小売業の類型

第2章　マーチャンダイジング

第5章　販売・経営管理

模擬問題

小売業の類型

小売業とは何か

小売業の定義や流通段階における小売業の役割などのポイントをしっかりと押さえておくことが大切です。

Navigation

要点をつかめ!

学習アドバイス

ADVICE!

小売店を定義すると、私たち消費者を対象に商品を販売するお店ということになります。これに対して、宅配便やクリーニング屋さんなどは、形のない "サービス" を提供することから「サービス業」と呼ばれています。

▼ 流通経路のイメージ

流通経路

| メーカー（製造業） | 卸売業 | 小売業 | 消費者 |

出題者の目線

● どのような業務が小売業に分類されるか、販売代理と購買代理についてはよく出題されています。

Lecture

詳しく見てみよう

1　小売業の定義

　小売業とは、主にメーカーや卸売業から商品を仕入れ、流通経路の**最終段階に位置する消費者**に直接、商品などを販売する事業者のことです。しかし、飲食店などの事業者（ユーザー）にも酒類を卸すなど、小売業務と卸売業務を兼ねる場合が少なくありません。そのため、経済産業省の経済センサス（商業統計調査）では、**年間販売額の半分以上**が消費者に対する販売であれば、小売業としています。

- 個人または家庭用消費者のために商品の販売をする事業所
- 商品を販売し、かつ、同種商品の**修理**を行う事業所
- 製造小売（自店で製造した商品をその場で個人または家庭用消費者に販売）する事業所
- 主として個人または家庭用消費者に**無店舗販売**を行う事業所
- **ガソリンスタンド**
- **産業用使用者**に少量または少額で商品を販売する事業所

2　販売対象は消費者

　商品は、**メーカー➡卸売業➡小売業➡消費者**という流通経路で流れています。

　小売業は、この流通経路の最終段階、最終消費者に最も近いところに位置し、中間段階に位置する卸売業とは活動領域が異なっています。

　小売業と卸売業の違いは、最終消費者に直接商品を販売するのか、そうでないのか、というところにあります。

3 流通段階における小売業の役割

①販売代理と購買代理

　小売業は、メーカーに代わって商品を消費者へ販売する**販売代理**をしています。同時に、消費者に代わってメーカーから商品を購入する**購買代理**もしています。

　消費者は、自分の欲しい商品をつくっているメーカーがわからないし、そのメーカーがわかったとしても一般には直接購入することができません。そこで、小売業は消費者に代わって、メーカーや卸売業から商品を調達しています。

②消費者ニーズをメーカーに伝える

　小売業は直接、消費者を販売の対象としているので、変化する消費者のニーズをつかみやすい位置にいます。消費者のニーズは、メーカーにおいても市場調査によってつかむことができますが、小売業は自店の販売データから消費者のニーズを直接、把握しやすい立場にあります。特に近年は、**POSデータ**などを活用して、どのような顧客が、何を、いつ、どれくらい買ったかがリアルタイム（瞬時）にわかるようになりました。そのPOSデータの解析により、精度の高い**マーチャンダイジング**が可能になります。消費者を直接販売対象とする小売業だからこそ得られるPOSデータは、メーカーではなかなか入手することができません。そのため、メーカーは小売業と共同して、こうした販売データを商品開発に役立てています。つまり、小売業は、**消費者のニーズをメーカーに伝える役割**を担っているのです。

▼ 販売代理、購買代理

Theme 2 中小小売業の現状と役割

重要度：★☆☆

一般的に中小企業については、「中小企業基本法」によって資本の額や従業員数を基準に定義されています。

Navigation

要点をつかめ!

学習アドバイス

ADVICE!

中小小売業の事業所数や年間販売額といった現状と中小小売業の活性化策をしっかりと理解しておきましょう。

キーワードマップ

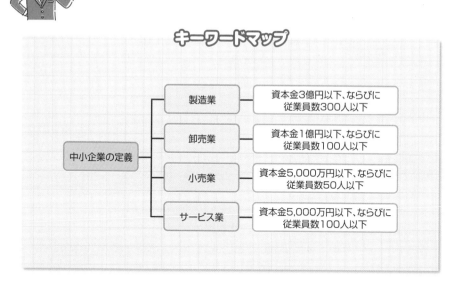

中小企業の定義

製造業	資本金3億円以下、ならびに従業員数300人以下
卸売業	資本金1億円以下、ならびに従業員数100人以下
小売業	資本金5,000万円以下、ならびに従業員数50人以下
サービス業	資本金5,000万円以下、ならびに従業員数100人以下

出題者の目線

●中小小売業の定義、事業所数について出題されています。

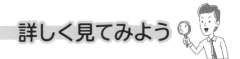

詳しく見てみよう

1　中小小売業の現状

①中小小売業の定義

　一般的に中小小売業については「中小企業基本法」によって資本の額や従業員数を基準に定義されています。小売業については、**資本規模が5000万円以下、ならびに従業員規模が50人以下**とされており、この定義にあてはまる小売業が「中小小売業」となります。

業種	中小企業基本法の定義
製造業・その他の業種	資本金の額または出資の総額が3億円以下、ならびに常時使用する従業員の数が300人以下の会社および個人
卸売業	資本金の額または出資の総額が1億円以下、ならびに常時使用する従業員の数が100人以下の会社および個人
小売業	**資本金の額または出資の総額が5000万円以下、ならびに常時使用する従業員の数が50人以下の会社および個人**
サービス業	資本金の額または出資の総額が5000万円以下、ならびに常時使用する従業員の数が100人以下の会社および個人

②中小小売業の事業所数

　経済産業省「2014年商業統計調査確報」によると、全国の小売業の事業所数は、約102万事業所です。このうち就業者数4人以下の小規模事業所が全体のおよそ49%、5人～49人の中規模事業所がおよそ48.4%、50人以上の大規模事業所がおよそ2.5%となっており、およそ97.4%が中小規模の事業所によって構成されています。さらに、4人以下の小規模事業所を見ると、**パパママストア**と呼ばれる2人以下の規模が小売業全体の25%以上を占めています。

　全国の小売業の事業所数は、1982年をピークに**年々、減少が続いています。**

③中小小売業の年間商品販売額

　2014年の商業統計調査における全国の小売業の年間商品販売額は、122兆1767億円で、2007年の調査と比較すると約9%減少しています。

　小売業の年間商品販売額は、販売額調査を開始した1958年以降、1997年の調査まで連続して増加が続いていましたが、1999年には景気低迷に伴う消費不振に加え、価格の低下などから初めて減少に転じ、以降、**減少傾向が続いています。**

▼ 小売業の年間商品販売額

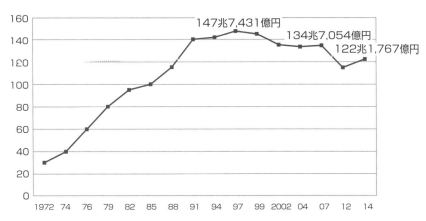

出所：経済産業省「2014年商業統計調査」

④中小小売業のチェーン組織

　ヒト・モノ・カネ・情報などの経営資源に乏しい中小小売業が、その経営基盤の強化を図り活力を取り戻すための、あるいは新規に事業を立ち上げるための方法の1つに、フランチャイズチェーン（FC）やボランタリーチェーン（VC）などのチェーン組織に加盟するという方向性が考えられます。

得点アップ講義

パパママストアは、家族経営の零細小売店の別称です。夫婦、家族などで構成されており、顧客の大半がなじみ客となっています。

Theme 3 組織小売業の種類と特徴

重要度：★★★

組織小売業は、多店舗化を展開するチェーンストア形態といえます。

Navigation

要点をつかめ！

学習アドバイス

ADVICE!

組織小売業は、一般的にチェーンストアと呼ばれ、スーパーマーケットやコンビニエンスストアなどが代表的な形態です。本部によって集中的に管理・運営され、店舗は販売活動に専念する仕組みが特徴です。

キーワードマップ

組織形態の分類

- 資本形態による分類
  - ・単一資本…コーポレート(レギュラー)チェーン
  - ・共同資本…ボランタリーチェーン
  - ・契約による独立資本…フランチャイズチェーン
  - ・消費者の共同出資…生協チェーン

- 店舗形態による分類
  - ・ゼネラルマーチャンダイジング組織
    総合品ぞろえスーパー(GMS)
    スーパーマーケット(SM)
    ホームセンター(HC)
  - ・リミテッドマーチャンダイジング組織
    カジュアルウェアスーパー
    家電スーパー など

- 取扱商品の種類による分類
  - ・食料品小売業、衣類品小売業 など

出題者の目線

●組織小売業は、ほぼ毎回出題されています。組織小売業のねらい、特徴、チェーン3形態の仕組みを押さえておくことがポイントです。

Lecture 詳しく見てみよう

1 組織小売業の定義と特徴

　組織小売業は、「**複数の店舗が同じ店舗名の看板を掲げ、仕入や店舗運営面などにおいて、共通の基盤を活用して事業展開する方式**」と定義されています。

　組織小売業のねらいは、同業種、同運営形態の単独店が水平的に共同することで**規模の経済性**を発揮し、経営の効率化と合理化を図ることにあります。

▼ 組織小売業の特徴

- 中央集権
- 中央本部管理
- 店舗形態の類似性

　組織小売業は、本部と店舗を分離して、多店舗展開を行うことにより、**ローコストオペレーション・システム**を構築し、低価格での仕入と販売を実現します。その本部機能は、仕入、立地選定、店舗開発、在庫管理、棚割、広告などのオペレーションを集中化します。特に、仕入については本部で集中して行うことにより、展開する複数の店舗の仕入量を合わせることで**バイングパワー**を発揮し、取引先であるメーカーや卸売業から仕入単価の低減を図ります。

　一方、店舗は販売活動に専念することになります。**マニュアル**を導入してオペレーションを**標準化**することで店舗運営費用を削減します。

2 ボランタリーチェーン（VC）

　ボランタリーチェーンとは、小規模の独立した小売店が、独立性を維持した状態で、運営上の共同活動を行う組織形態をいいます。

　日本のボランタリーチェーンには、**有力卸が小売業者を組織化し、卸売業自らが本部機能を遂行する**「**卸主宰VC**」と、**複数の独立系小売店同士が結集して新たに本部を設置する**「**小売主宰VC（コーペラティブチェーン）**」があります。

・組織構成

　ボランタリーチェーン（VC）は、資本的に独立した本部と店舗が、契約によって結ばれる**契約型チェーン**です。

▼ VCの組織的な特徴

加盟店同士の横のつながり	VCの契約は組織への「参加」であり、加盟店同士がつながりを持ち、相互に助成し合う体制に特徴がある。
本部への権限付与	VCにおいては、加盟店は構成員であり、戦略決定に主体的に関与できるが、本部に決定の権限を委譲する形になっている。
本部利益の配分	VCの本部は、参加店舗の意思決定代行機関という性格を持ち、加盟店は本部利益からの持続的投資による利益還元を受ける権利がある。

▼ ボランタリーチェーンの本部と加盟店の関係

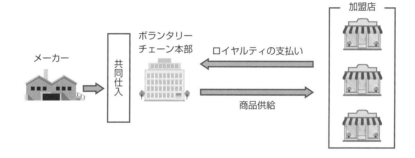

3　フランチャイズチェーン（FC）

　フランチャイズは、**特別許可**、**販売特権**など、権利を意味する言葉です。ビジネスにおけるフランチャイズとは、ある企業が資本関係のない他の事業者に対し、**店舗ブランド名**や**経営ノウハウ**などを提供する見返りに、対価を受け取る契約関係を指します。

▼ FCの特徴

目的と メリット	あらかじめFCの本部が存在し、**異なる資本**のもとにある小売店などと加盟店契約することで、**スピーディに多店舗展開を図り、規模のメリットを実現する**。加盟店は、店舗運営ノウハウや商品および商品情報などを受けることができる。
組織構成	本部と小売店個々がそれぞれ契約を結ぶことで組織化される。小売店同士の横のつながりはない。本部を「**フランチャイザー**」、加盟店を「**フランチャイジー**」という。
運営	本部は店舗運営に関わる商品やすべてのノウハウを**パッケージ**にして、加盟店に提供する。加盟店はその見返りとして、**ロイヤルティ**を本部に支払う。

▼ フランチャイズチェーンの本部と加盟店の関係

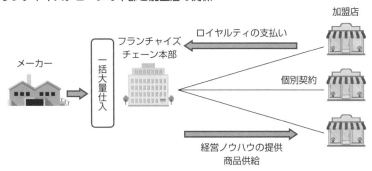

4　レギュラーチェーン（RC）＝コーポレートチェーン（CC）

　チェーンストアの中で、本部と店舗が**単一資本**のもとで同じ事業体（企業）に属しているスタイルを**レギュラーチェーン**（RC）、あるいは**コーポレートチェーン**（CC）といいます。

▼ RCの特徴

目的と メリット	一時的な目的は、大量仕入、大量販売による低価格販売の実現である。多店舗展開によって、企業規模の拡大が望める
組織構成	本部と店舗は、単一資本の中にある。本部と店舗は運命共同体ともいえる
運営	本部は、店舗開発や商品の仕入、販売方法、販売促進などのすべての企画・決定機能を持つ。店舗は本部の指示に従い、主に商品のディスプレイと販売を行う。しかし、最近では、消費者のニーズに対応するために、本部の権限の一部を各店舗に委譲する傾向がみられる

・組織構成

　レギュラーチェーンは、本部も店舗も単一資本の中にあることが前提となります。店舗の出店拡大の際には、巨額の自己資金を必要とし、従業員の確保も自社で行わなければなりません。

▼ レギュラーチェーンの仕組み

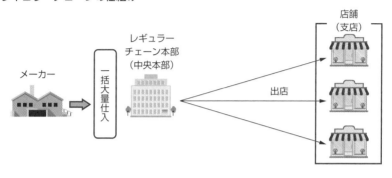

得点アップ講義

バイングパワーとは、1回の仕入において大量数量の買い付けを提示し、仕入コストの低減を図ろうとする取引方法のことです。

Theme 4 チェーンストアの基本的役割

重要度：★★☆

チェーンストアは、「単一資本で11店舗以上の店舗を直接、経営管理する小売業、または飲食業の形態」と定義されています。

Navigation

要点をつかめ！

学習アドバイス

ADVICE!

チェーンストアは、店舗を統一的に管理・運営する本部と、管理される店舗から構成されています。本部による中央集権、一括集中仕入などによる画一的で標準化した店舗運営政策を基本としているところが特徴です。

▼ チェーンストアの仕組み

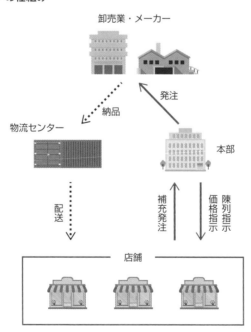

卸売業・メーカー

発注

納品

物流センター

本部

配送

補充発注

価格指示

陳列指示

店舗

Lecture 詳しく見てみよう

1 チェーンストアのねらい

・大規模な売場面積の店舗を広範囲に多数出店
➡**売上高の多さ**で市場の**占拠率を確保**する。
・小規模な売場面積の店舗を一定のエリア内で集中的に出店
➡**店舗数の多さ**で市場の**占拠率を確保**する。
・商品カテゴリーごとに専門化した店舗を出店
➡エリア内の**同一商品カテゴリー市場**で圧倒的な**占拠率を確保**する。

2 チェーンストアの特徴

マス・マーチャンダイジングを基本にしたチェーンストアの運営上の特徴は、次のとおりです。

・本部主導により、店舗運営をバックアップし、コントロールする。
・標準化された売場づくりと画一的な店舗において運営する。
・店舗での作業を標準化、効率化するための各種マニュアルを活用する。
・仕入決定権は本部にあり、店舗は補充発注を行う。
・一括集中仕入方式により、バイングパワーを発揮する。

これらの点を要約すると、次のようになります。

▼ チェーンストアの特徴（要約）

チェーンオペレーション	原則として、**単一資本の企業**が、本部の強力な統制のもとに、同一形態の店舗を出店し、それらを運営し続けること。
本部集中化	大手小売業のチェーンストアでは、本部主導によって各店舗の運営を指導している。**本部の指示・命令のもとに、各店舗では販売に専念する。**
バイングパワー	店舗数の増加により、本部での1品目当たりの仕入量は増加する。メーカーに対しては、各店舗の規模的拡大から生み出されるバイングパワーによって**仕入原価の引き下げ**など、さまざまな有利な取引条件を引き出すことになる。
自社物流センターの設置	大手小売業のチェーンストアは、自社の物流センターをつくり、メーカーから直接商品を仕入れて、物流センターで仕分けたあと、全店に一括納品配送する方式に転換している。卸売業の機能を小売業側で担うことで、**店舗の作業軽減とコスト削減**につなげることをねらいとしている。
情報システムの充実	小売業ではPOSシステム導入のほか、店舗運営のシステム再構築のために、情報システムの充実を図っている。

▼ チェーンストア経営上のメリットとデメリット

メリット	デメリット
• 大量仕入による仕入コストの低減 • 店舗運営の標準化による運営コストの低下 • 企業規模拡大化の資金繰りの容易性 • ＰＢ商品の導入が可能 • 加速度的な知名度アップ • 広告宣伝費の削減	• 出店トラブルの増加 • 優秀な人材の確保が困難 • 店舗間の格差の拡大 • 本部対店舗の組織環境が悪化 • 地域密着性が弱い • 画一化される店舗運営 • 1店舗のリスクが全店に波及

得点アップ講義

チェーンストア経営上の最大のメリットは、大量仕入による仕入コストの低減にあり、次に、店舗標準化による運営コストの低下があります。画一的な店舗運営を行うことで、ローコストオペレーションを可能にします。
そのほかにも、店舗数の増加により、広告宣伝費などの経費の削減が可能となります。

\\POINT UP!/

販売形態の種類と特徴

小売業の販売形態は、「店舗販売」と「無店舗販売」に大別されます。

Navigation

要点をつかめ！

ADVICE!

学習アドバイス

店舗販売は店頭販売ともいわれ、消費者が直接、小売店の店頭で商品を購入する形態です。一方、無店舗販売は、店舗以外の手段を用いて商品を販売する形態です。

キーワードマップ

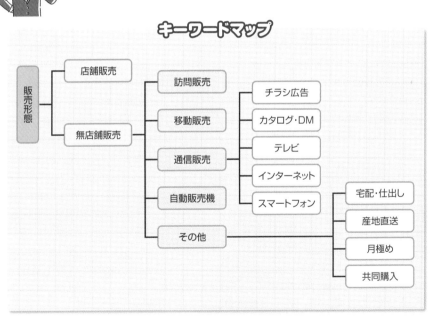

出題者の目線

●時代の進歩や発展、ライフスタイルの変化によって、大きく成長している通信販売やネット販売に関する出題が目立ちます。

Lecture　**詳しく見てみよう**

1　無店舗販売の種類

①訪問販売

訪問販売は、販売員が各家庭や職場を訪問して商品を販売する形態です。

②移動販売

移動販売は、訪問販売のような1軒1軒の家庭への個別訪問による販売は行わず、人が集まりやすい特定の場所で、一時的に商品を販売する形態です。

③通信販売

通信販売には、印刷媒体方式（新聞、雑誌、カタログ）と電波媒体方式（テレビ、ラジオ、インターネット）があります。これらの媒体を活用して、消費者に商品（サービス）を直接訴求して、販売を行う形態です。

④自動販売機による販売

飲料やたばこ、酒などの自動販売機による販売です。

⑤その他

仕出し販売（惣菜、ピザ、寿司、弁当など）、産地直送（生鮮野菜・果実、鮮魚・貝類など）、月極め販売（新聞、牛乳など）、消費生活協同組合（COOP）の共同購入方式などがあります。

2 小売業が兼業するネット販売

　最近では、インターネットの普及に伴って小売業が自社のホームページを立ち上げ、業務内容の紹介などの情報提供をするとともに、インターネット上での販売活動を展開する例が増えています。総合品ぞろえスーパーでは、店舗で顧客が買物した商品の宅配だけでなく、インターネットからの注文にも対応しています。

○小売業が兼業するネット販売の分類

　①総合品ぞろえスーパー……通称、**ネットスーパー**。食料品を中心に扱う。

　②百貨店……衣料品・雑貨などに加え、宝飾品、化粧品、食品など幅広く扱う。

　③コンビニエンスストア……チケットなどの代行販売や食品を中心に扱う。

　④CD・DVDショップ、書籍、中古書店……新品および中古品のCD・DVD・書籍・ゲームソフトの販売。

○総合品ぞろえスーパーによるネット販売

　総合品ぞろえスーパーは、店頭販売に加えて、インターネットで注文を受け、商品を宅配するサービス（ネットスーパー）を行っています。

　現在のネットスーパーは、注文された商品のピッキング場所によって、**店舗型**と**倉庫型**に大別されます。

・店舗型ネットスーパー

　店舗型は、実際に店舗の従業員や売場、**バックヤード**を使うことで、**比較的簡単に参入することができる**といったメリットがあります。ただし、大量受注に対応しにくいといった面や人件費などのコスト面、店舗の作業スペースにも限界があるため利益が上がらず、売上高も一定以上に伸ばしにくいといったデメリットもあります。

・倉庫型ネットスーパー

　倉庫型は、効率的な仕分けをするために専用倉庫をつくり、店舗から運営を切り離します。その結果、誤納率を抑え、受注能力を高めることができるため、効率的な作業がしやすいというメリットがあります。しかし、設備投資が大きいため黒字化するまでに時間がかかることや、青果などの生鮮食品の売れ残りによる廃棄ロスへの対応など在庫管理が課題となっています。

インターネット社会と小売業

従来の情報源は、テレビ、ラジオ、新聞や雑誌などのマスメディアに限られていましたが、今やインターネットは代表的な情報源の1つとなっています。

Navigation　　　　　　　　　　　　　**要点をつかめ！**

学習アドバイス

ADVICE!

電子商取引の種類は、「売り手」と「買い手」の組み合わせに応じて分けられます。それぞれの種類をしっかりと把握しておきましょう。

キーワードマップ

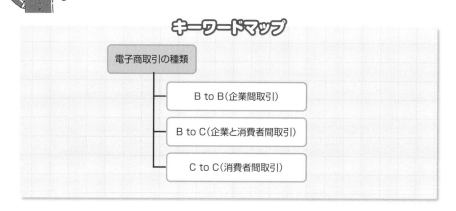

電子商取引の種類

- B to B（企業間取引）
- B to C（企業と消費者間取引）
- C to C（消費者間取引）

出題者の目線

●電子商取引の種類、キャッシュレス、オムニチャネルなどをしっかりと理解しておきましょう。

詳しく見てみよう

1 インターネットの普及

　現代は高度情報社会といわれており、コンピュータによる情報処理とICT（Information and Communication Technology：情報通信技術）が飛躍的に発展し、日々の生活の中で「情報」が大きな意味を持つようになっています。

　総務省「平成30年版 情報通信白書」によれば、2017年のインターネット利用率（個人）は80%を超えています。また、端末別に見ると、「スマートフォン」での利用率が最も高く（59.7%）、「パソコン」の利用率（52.5%）を上回っています。

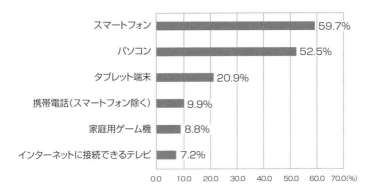

出所：総務省「通信利用動向調査」

○ネットショッピングの普及

　インターネットの普及に伴い、それを通じた商品・サービスの購入が広がっています。総務省「家計消費状況調査結果」によると、ネットショッピングを利用する世帯の割合は2002年には5.3%でしたが、2014年には25.1%に達しており、4世帯に1世帯がネットショッピングを利用していることになります。

　また、ネットショッピングの世帯利用率は、全年代的に上昇しています。総務省「平成27年版 情報通信白書」によると、ネットショッピングの個人利用率は全年代平均で7割を超えており、さらに年代別に見ると、60代以上の利用率は30代や20代以下の利用率をやや上回っています。このことから、少なくともインターネット利用者に限定する限り、シニア層のインターネット利用者が他の年代のインターネット利用者に比べ、ネットショッピング利用に消極的だとはいえないことがわかります。

○ネットショッピングを利用する・しない理由

「平成28年版　情報通信白書」によると、ネットショッピングを利用する、または利用しない理由は、以下のようになります。

ネットショッピングを利用する理由・メリット
• 実店舗に出向かなくても買物ができるから
• 24時間いつでも買物ができるから
• 実店舗より安く買えるから
• 実店舗より品ぞろえが豊富だから

ネットショッピングを利用しない理由・デメリット
• 実店舗で実物を見たり触ったりして購入したいから
• 決済手段のセキュリティに不安があるから
• ネットショッピング事業者の信頼性が低いから

2　成長する電子商取引市場とキャッシュレス対応の進展

日本では、クレジットカードやデビットカード、電子マネーといった支払手段が使われています。近年では、電子商取引 (EC) の拡大やモバイル化が進み、訪日外国人が急増する中、各方面で**キャッシュレス対応**が進展しています。

○電子商取引の種類

電子商取引の種類は、「売り手」と「買い手」の組み合わせによって3つに分けられます。

・企業間取引としての**B to B** (Business to Business)
　企業が企業に向けて商品を販売する取引です。
・企業と消費者間 (消費者向け) 取引としての**B to C** (Business to Consumer)
　企業が個人としての消費者に対して商品を販売する取引です。
・消費者間取引としての**C to C** (Consumer to Consumer)
　個人が個人に商品を販売するビジネスモデルです。

企業間の電子商取引 (B to B)

A社　見積受発注　インターネット　見積受発注　B社
請求書支払い　受領確認

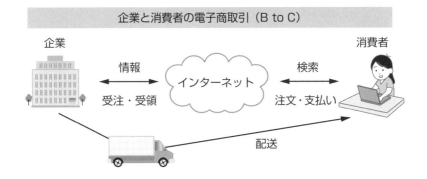

企業と消費者の電子商取引（B to C）

○電子商取引の実態

・企業と消費者間（消費者向け）電子商取引の市場規模

　日本国内の消費者向け電子商取引（B to C -EC）の市場規模は年々拡大しており、2017年は16.5兆円（前年15.1兆円、前年比9.1％増）となっています。また、EC＊の浸透度合いを知るうえでのバロメーターといってもよいEC化率は5.79％と、市場規模の拡大に比例して増加傾向を示しています。

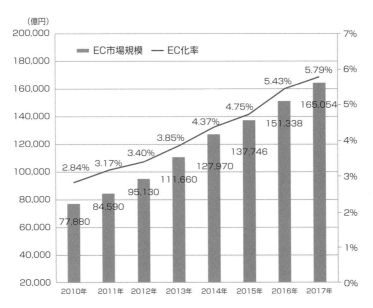

出所：経済産業省「平成29年度　我が国におけるデータ駆動型社会に係る基盤整備」

＊ EC　Electroc Commerce の略。

・消費者間電子商取引の市場規模

　近年、ECチャネルの1つとして、消費者間の電子商取引（C to C）が急速に拡大しています。2017年のネットオークションの市場規模は、1兆1200億円（前年比3.2%増）です。このうち、消費者間の取引部分は3569億円（同3.2%増）となっており、ネットオークション市場の約32%に相当する規模となっています。また、2017年のフリマアプリ市場規模は、4835億円（前年比58.4%増）に急増しています。

○加速するキャッシュレス社会

　キャッシュレスとは、経済産業省の定義によれば、「物理的な現金（紙幣・硬貨）を使用しなくても活動できる状態」をいいます。同省の「キャッシュレス・ビジョン」によれば、日本のキャッシュレス決済比率は、2008年の11.9%から2016年には20.0%へと推移しており、年々上昇しています。

　キャッシュレス決済には、次のようなメリットがあります。

- 会計処理が楽になる。
- 現金管理の手間が省ける。
- 客数・客単価の向上が期待できる。

3　変化する買物スタイル

○リアル店舗からネットショップへのシフト

　近年、インターネット通販市場の大きな伸展が続いています。こうした動きを受けて、リアル店舗を閉鎖してネットショップに専念するという小売業も増加しています。

○オムニチャネルの取組み

　新たな小売業のあり方として注目され、大手小売業が取り組み始めているのがオムニチャネルの考え方です。**オムニチャネル**とは、リアル店舗とネットショップの区別をつけず、あらゆる販売チャネルを統合し、どの販売チャネルからも顧客が同じような利便性を得られる環境のことをいいます。

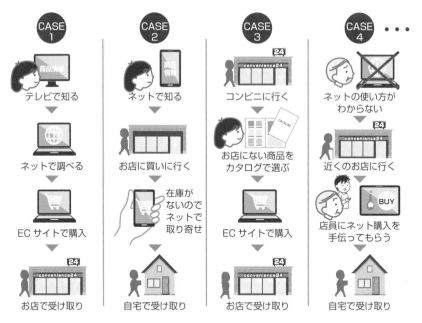

出所：セブン&アイ・ホールディングス

○オムニチャネルのねらいと課題

　オムニチャネルは、リアル店舗とWebサイトが保有する顧客情報や商品の在庫状況、ポイントなどのデータをシステムで統合してサービスを提供するのがねらいであり、顧客はオンラインもオフラインも意識せず商品を購入することができます。

　オムニチャネルで顧客満足度を高めるためには、システム刷新や大幅な社内調整が必要になります。また、O2Oに比べて即効性が劣り、導入のハードルが高いため、全国的な店舗網を持つ大規模小売店や、ネット店舗主体の企業などに向いているといえます。

得点アップ講義

\\POINT UP!//

O2Oとは、「Online to Offline」の略称で、オンラインとオフラインを連携させて消費者の購買を促進させるためのマーケティング施策です。
代表的な方法では、消費者を自店へ誘導するために、お店で使えるクーポンやスマートフォンのGPS機能と連動したチェックインクーポンの配信などがあります。

Theme 7 小売業の基本知識

重要度：★☆☆

小売業経営の基本は、商品の品ぞろえや売り方、仕入方法などを、その時々の消費者ニーズに合わせて変化させていくことにあります。

Navigation

要点をつかめ！

学習アドバイス

ADVICE!

小売業は、変化するニーズへの的確な対応をしていかないと、生き残ることができません。そのためには、「業態」という概念を正しく理解することが必要です。

業種と業態の概念の違いを表すと、「業種」とは「何を売るか」によって小売業を分類する概念であるのに対し、「業態」とは"業"すなわち小売業というビジネスを、どのような"態"勢で行うのか（どのような売り方をするか）という、ビジネスの方法を表す概念といえます。

キーワードマップ

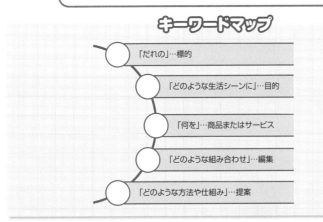

- 「だれの」…標的
- 「どのような生活シーンに」…目的
- 「何を」…商品またはサービス
- 「どのような組み合わせ」…編集
- 「どのような方法や仕組み」…提案

出題者の目線

●小売店は、「業種店」から「業態店」へと変身を遂げる必要があるといわれています。業種店と業態店の違い、業態店の経営形態をしっかり理解することが大切です。

詳しく見てみよう

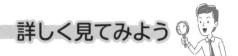

1　業種と業態の違い

　小売業経営の基本は、商品の品ぞろえや売り方、仕入方法などを、その時々の消費者ニーズに合わせて変化させていくことにあります。

　業態とは「経営の方法（オペレーション）や販売など各機能の仕組み（マネジメントまたはマーケティングのシステム）」を指しています。

○**業種**

　業種とは、「何を売るか」によって小売業を分類する概念

○**業態**

　業態とは、「どのような売り方をするのか」というビジネスの方法を表す概念

2　業種店から業態店へ

　こうした視点をふまえ、小売業は「業種店」から「業態店」へと変身していく必要があります。

　業態店は、次のプロセスで経営されています。

---

① 「だれの」……………………**標的**
② 「どのような生活シーンに」……**目的**（ねらい）
③ 「何を」…………………………**商品**や**サービス、顧客ニーズ**
④ 「どのように組み合わせ」………**編集**
⑤ 「どのような方法や仕組み」……**提案**

3　「業態」は顧客の側に立った経営の総称

　もともと**業種**とは、**生産者の立場から見た用語**です。「何をつくる（扱う）」というように、つくるモノを基準として商売の種類を限定する分類の仕方です。しかし、時代はメーカー（製造業）主導ではなく、**顧客が主導権を握って**います。自分にとって本当に価値のある商品に対してだけお金を払うのです。もはや生産者がつくった

モノを小売業が売るような時代ではなく、**顧客が望むモノ、店頭で売れているモノを生産者がつくる**時代へと変わったということです。こうした時代に有効な小売業の経営方法は、メーカー側ではなく、顧客側に立ったものであることは間違いありません。つまり「業態」という、顧客の立場でビジネスを規定する経営形態をつくり上げることが必要なのです。

　「何をつくる（扱う）」かではなく、「顧客に"どう使ってもらうか"」。小売店は、自店の商品特性の専門性を突出させ、**ターゲット顧客のどのような生活シーンに応える小売店なのか**を明確に打ち出したものでなければならないのです。

▼ 業種と業態の違い

業種	
商品の"つくり方"を基準とした分類【生産者側の立場から特定商品を取り扱うビジネスの種類】	商品の種類による分類【何を売るか】
薬屋、酒屋、靴屋、肉屋、時計屋、洋服屋など、取り扱う商品で小売店を分類するときの用語　➡「○○屋」	

業態	
商品の"使い方"を基準とした分類【顧客のライフスタイルの変化に対応した購買促進のタイプ】	売り方、経営方法による分類【どのように売るか】（運営形態）
取り扱う商品では表せないビジネスの仕組みや概念を指す用語➡顧客をセグメント化し、用途・機能から購買需要を喚起	

店舗形態
スーパーマーケット（SM）、コンビニエンスストア（CVS）、ホームセンター（HC）、ドラッグストア（DgS）など、店舗を分類するときの用語

出所：『小売業　新業態革命』（日本実業出版社）

\\POINT UP!//

得点アップ講義

ターゲット顧客とは、小売店の過半数を占める主要な顧客層のことです。標的とする顧客層を決めてから、それに合致する商品構成の検討を行います。

Theme 8 店舗形態別小売業の基本知識

重要度：★★★

小売業の店舗形態には、専門店、百貨店をはじめ、さまざまなものがあります。

Navigation 要点をつかめ！

学習アドバイス

ADVICE！

専門店や百貨店、総合品ぞろえスーパーなど、それぞれの小売業の定義、特徴を理解することが重要になります。

キーワードマップ

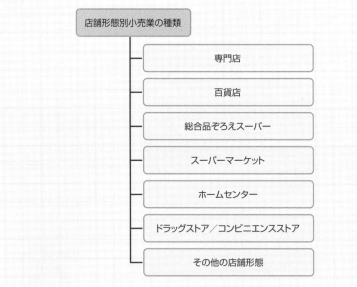

店舗形態別小売業の種類

- 専門店
- 百貨店
- 総合品ぞろえスーパー
- スーパーマーケット
- ホームセンター
- ドラッグストア／コンビニエンスストア
- その他の店舗形態

出題者の目線

●店舗形態別小売業からは、ほぼ毎回出題されています。それぞれの小売業の定義、特徴を理解しておきましょう。

Lecture　詳しく見てみよう

1 専門店の定義

専門店は、経済産業省による商業統計調査の業態分類で「**取扱商品において特定の分野が90％以上を占める非セルフサービス販売（対面販売）店を指す**」と定義されています。また、取扱商品の区分から衣料品、食料品、住関連それぞれの専門店があります。

2 専業（業種）店と専門（業態）店の違い

専業（業種）店と専門（業態）店との相違はマーケティング発想の新・旧として考えることができます。

▼ 専業（業種）店と専門（業態）店の違い

	専業（業種）店	専門（業態）店
戦略	商品の専門性 （品ぞろえの専門化） 商品からの発想	顧客ニーズの専門性 （ライフスタイルの専門化） 顧客ニーズからの発想
目標	客数（売上）の拡大	固定客の獲得と維持
品ぞろえ	多品目	顧客ニーズに合わせる
経営のポイント	商品管理が主体	顧客管理が主体

①戦略

専業（業種）店は、自店は何を売る小売店なのかという発想から始まります。靴なら靴だけ（または靴クリームなどわずかな関連商品）を、既存の取引ルートから仕入れて売場に陳列します。たとえば、ウオノメに悩む顧客がいても、薬局・薬店を紹

介するにとどまります。これに対して、専門（業態）店は、顧客のどのようなニーズに、どのように応えるかを、発想の原点に置きます。顧客のニーズに対応できるのであれば、商品ジャンルの拡大やサービスメニューの拡充を果敢に行います。ウオノメの顧客がいたら、痛くない靴を探して提供するか、関連商品として治療用の絆創膏^{ばんそうこう}を取りそろえます。

②目標

　専業（業種）店は、主に**来店客数の増加**により、売上の拡大を図ります。そのため、売れ筋を中心とした品ぞろえを行い、いったん購入した顧客は流行が変わるまでは、リピーターにはなりません。取り扱う品種の中の品目数を増やしてより多くの顧客に販売しようとします。一方、専門（業態）店は、主に同じ顧客の**リピート購買を売上増加の基本**とします。

③品ぞろえ

　専業（業種）店は、品種ごとに多品目の商品構成を行います。流行のデザインの靴を大量に仕入れ、多くの顧客に売るように心がけます。一方、専門（業態）店は、顧客の欲求に注目して品ぞろえを図ります。

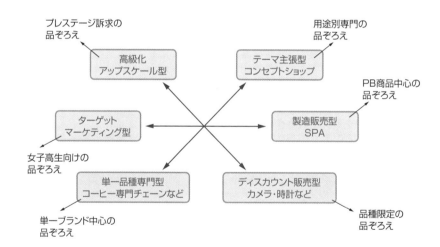

④経営のポイント

　専業（業種）店においては、「何が」、「どれだけ売れたか」に注目し、だれがどのような理由で買ったかはあまり気にしません。そのため、**商品管理に重点**を置きます。

これに対して、専門（業態）店は、「だれが」、「何を」、「どのような目的で買ったか」に注目します。**顧客管理に重点**を置き、個々の顧客情報を蓄積するために情報システムを構築します。

3　百貨店のマーチャンダイジング

　百貨店が取り扱う商品部門の中心は、衣料品を主力として食品、服飾雑貨や室内用品、ギフト用品です。一時期は、家具や家電製品なども主力商品に含まれていましたが、大型専門店チェーンなどの競争店の出現によって、これらの売上構成比は大きく減少しています。

▼ 百貨店の商品別売上構成比（2019年）

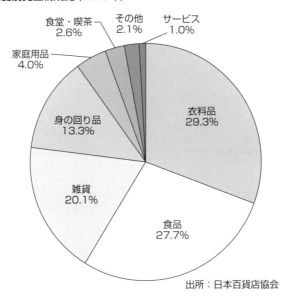

食堂・喫茶 2.6%
その他 2.1%
サービス 1.0%
家庭用品 4.0%
身の回り品 13.3%
衣料品 29.3%
雑貨 20.1%
食品 27.7%

出所：日本百貨店協会

　日本百貨店協会の調査によると、商品別売上構成比では「衣料品」と「食品」で全体の約6割を占めています。

4 百貨店の販売形態

①委託販売

　日本の百貨店の大きな特徴の1つに、委託販売が多いことがあげられます。委託販売とは、メーカーや卸売業などの仕入先企業に売場を貸して商品を販売することです。商品の所有権は仕入先企業にあり、百貨店は在庫を抱えるといったリスクを負わずに済むというメリットがあります。

②自主マーチャンダイジング

　他店との差別化を図るため、百貨店自らが商品を仕入れ、販売にもリスクを負いながら、変化の速いニーズに即時に対応する「自主マーチャンダイジング」を導入するところも増えてきています。

③外商部門

　日本の百貨店の特徴の1つに、外商部門があります。百貨店の担当者が顧客のところに出向いて商品を販売する形態です。"外商"には、企業を対象とした「法人外商」と、個人の顧客が対象の「個人外商」の2つがあります。

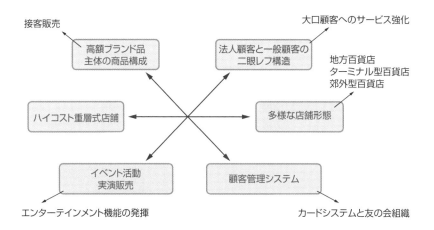

5　百貨店の店舗展開・運営

　百貨店が総合品ぞろえスーパーなどのチェーンストアと違う点は、基本的には**店舗ごとの運営**であることです。

　百貨店が店舗ごと（単店）の運営を行うのは、商圏内に集中して出店する**ドミナント展開**ではなく、人口密度の高い都市に1店舗ずつ出店しているからであり、本部で集中管理することが難しいためです。また、商品の仕入も地域性に即して行わなければならないことも理由にあげられます。

6　総合品ぞろえスーパー（SuS）の定義

　日本で総合品ぞろえスーパー、またはスーパーストアと呼ばれるものは、もともとアメリカで発展してきた店舗形態であるGeneral Merchandise Store（GMS）を日本流にアレンジしたものです。

　日本で発展した総合品ぞろえスーパーは、食品を扱っていることを特徴としています。一般的には、食品の占める割合が70％以上のものがスーパーマーケットで、衣料や家具、日用雑貨など、**食品以外の販売構成比が50％を上回る**のが総合品ぞろえスーパーとされています。

　このように、日本型GMSの特徴は、商品の総合化にあります。すなわち、総合品ぞろえスーパーとは、日常生活に必要なあらゆる商品を総合的に品ぞろえし、顧客に**ワンストップショッピング**の利便性を提供する大型の店舗です。

7　チェーンストア展開による売上拡大

　総合品ぞろえスーパーを運営する小売業は、**チェーンオペレーション**（本部と店舗が同じ資本で運営される企業型チェーン）を採用しています。衣・食・住の広範囲に及ぶ多品種の商品を大量に仕入れ、大型店で量販するためには、**規模のメリット**が不可欠だからです。仕入先企業との交渉を本部で一括して行い、店舗は消費者に商品を販売する機関として機能します。原則として、各店舗が単独で仕入を行うことはありませんが、店舗の立地条件や商圏の性格により、どのような品ぞろえや売場構成を行えばよいかの判断は、店長にゆだねられています。

　本部は、各店舗から報告される販売情報をもとに、どのような店舗をどのように運営すればよいかなど、戦略上のノウハウを蓄積し、活用します。

また、企業型チェーンは出店に際して、フランチャイズのように加盟店を募るのではなく、自らの資金で自己の店舗を開業します。そのためにも、総合品ぞろえスーパーを展開する企業は資本力強化を図りながら、規模の拡大を遂げてきたのです。

8　店舗の基本スタイル

当初、多くの総合品ぞろえスーパーは、駅前などの商業集積地に出店していました。ところが、商業集積地では一定以上の売場面積を確保しにくいため、**モータリゼーション**の普及と並行して、郊外に店舗展開を図るケースが増えてきています。巨大店舗を構えることで、食品や家庭用品、衣料品などを幅広く品ぞろえし、安価で提供することで、郊外でも車による来店を誘引できるようにしたのです。

しかし、その後、都市住民の郊外移住が一段落する頃から、このような展開にも限界が見え始めました。また、大規模小売店舗法（大店法）によって出店が規制されたために、総合品ぞろえスーパー内に地域の小売店をテナントとして迎え入れる形が一般化するようになりました。

この**テナントの共存というスタイルをさらに発展させたのが、総合品ぞろえスーパー自身によるショッピングセンターの開発**です。

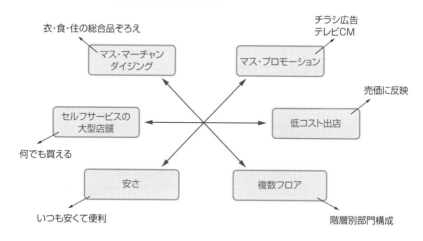

近年、他の専門店チェーンに部門ごとのシェアを奪われ、業績の低迷が続いているため、一部ではスーパーセンターへの移行やプライベートブランド（PB）商品の拡大・強化などに取り組んでいる。

9　スーパーマーケット（SM）の定義

　統計上、スーパーマーケットは、「専門スーパー」に分類されています。経済産業省の商業統計調査における業態分類では、専門スーパーを次のように定義しています。

- 店舗面積**250m²以上**
- **セルフサービス販売方式**
- 取扱商品において衣・食・住のいずれかが**70％を超える**

　この条件の店舗が専門スーパーと定義され、大規模な総合品ぞろえスーパーと区別されています。一般的には、専門スーパーのうち、生鮮食料品を含めて食品の取扱構成比が70％を超える食料品スーパーのことをスーパーマーケットと呼んでいます。

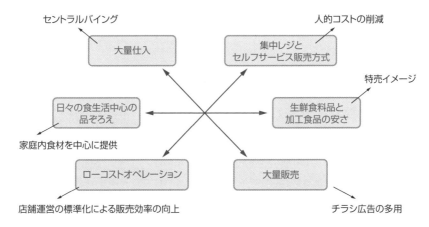

　SMは、生鮮食料品を中心に毎日の食生活に必要な食材の提供および外食と家庭内食の中間食を便利に品ぞろえし、セルフサービス販売方式を主体に、一括集中レジで精算する部門管理型低マージン・低価格販売の店舗である。
　今日でも、完全に全国的チェーン展開を果たしている企業はない。ローカル（地域）またはリージョナル（広域）の出店にとどまり、地域密着性の高さがSMの特徴となっている。

10　非食品からの参入

　戦前から1950年代にかけては、小売店は「鮮魚店」「文房具店」など、扱う商品による業種区分しか存在しませんでした。もともと食料品を扱う店舗がセルフサービス方式を導入してSMに転換していったのとは別に、セルフサービス販売方式を採用した異業種店舗が、取扱商品を食料品へと拡大してSMに転換していく例が1950年代後半から顕著となりました。大阪では薬品店、東京では衣料品店などが、セルフサービス販売方式、品目拡大、チェーン化を並行して導入し、のちの総合品ぞろえスーパーの礎を築きました。

　また、東京では1956年、百貨店からSM企業への分離独立もみられました。「何を売る」という業種の垣根を越え、「いかに売る」という業態へと、小売業経営の主眼が移る時期でした。

　これらの異業種参入組は、当初から規模の拡大のために食料品の扱いを始めたのであり、大企業に成長していった例が多いです。全国規模で多店舗化を展開した例が目につくようになったために、一般市民の中には、スーパーといえば総合品ぞろえスーパーを指すような風潮が起きたことは事実で、チェーンストアやディスカウントストア（DS）とSMの線引きが、社会的には曖昧になっていきました。

11　ホームセンター（HC）

　ホームセンターは、日曜大工の専門店からスタートしました。その後、品ぞろえの幅を広げることで、ノンフード（非食品）系の小売業として消費者からの認知度が高まってきました。現在では、ドラッグストアとともに、流通チャネルの重要なポジションを占めるまでに至っています。

得点アップ講義

\POINT UP!/

セントラルバイイングとは、チェーンストアが複数の店舗で販売する商品を本部が一括集中仕入する方式のことです。
各店舗が個別に仕入れるのに比べ、仕入コストの引き下げや仕入担当者などの効率的活用、取扱商品の統一化などが可能となり、販売効率が向上するメリットがあります。

12　ホームセンターの品ぞろえの特徴

　日曜大工の専門店からスタートした日本のホームセンターは、趣味に関わる広い範囲をサポートする店舗として品ぞろえしました。

　園芸、**ペット**、**カー用品**などは、日本のホームセンターが取り入れた商品群で、欧米ではみられません。

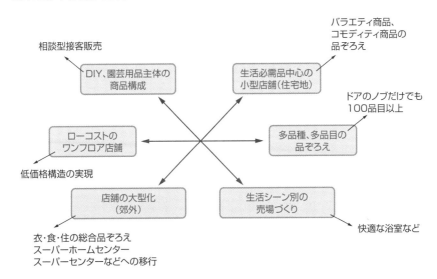

　HCの店舗形態は、取扱商品の特性から二極分化している。市街地の小型店では、シャンプーや紙類など生活必需品を中心としてDIYや園芸用品を付け足すタイプである。一方、郊外の大型店舗は、スーパーホームセンターやスーパーセンターといった新しいタイプとして成長している。

13　売場の拡大と新しい部門への挑戦

①新業態への移行

　ホームセンターの店舗は、当初、150〜300坪タイプが主流でした。当時の大規模小売店舗法（大店法）により、出店加速を促進するために500㎡未満（150坪未満）の店舗が多かったからです。しかし、その後、取扱品目の拡大とともに店舗規模は拡大し続けています。

　ホームセンターとしてのタイプはさまざまですが、最近では、およそ1万㎡（3000坪）の店舗規模のところも増え、食料品部門を加えた**スーパーセンター**として展開す

る企業も出現しています。

②ユーザー市場への対応

・プロの需要への取組み

　ホームセンターはもともと、建築資材や道具・工具を取り扱っているため、プロの建築業者を意識した品ぞろえにも力を注いでいます。現場近くにホームセンターがあれば、建築業者にとっても、資材や金物などの購入に大変便利です。

・農業資材への取組み

　農業資材の流通販売は、これまで農協が担ってきましたが、その求心力が弱くなり、より安く資材の購入ができるホームセンターの存在は、農家にとってもその利便性が増しています。

14　ドラッグストア（DgS）

　ドラッグストア（Drug Store、略して**DgS**）は、医薬品を主体に、日常生活に必要な**健康や美容**に関連した商品を中心に品ぞろえした専門（業態）店です。

15　ドラッグストアの定義と現状

　商業統計調査の業態分類によると、ドラッグストアは特に店舗面積を限定せず、おおむね、次のように定義されています。

- ・産業分類の**医薬品・化粧品小売業**に属する
- ・**一般用医薬品**を扱う
- ・**セルフサービス販売方式**

　ドラッグストアは**H&BC（健康や美に関する）カテゴリー**を主体に販売する専門業態であり、「自分の健康は自分で守る」という**セルフメディケーション**の推進役としての真価が問われています。軽い病気の治療や健康の維持・増進・予防などに際し、市販の医薬品やサプリメントを活用することで、医療機関の受診回数を減らし、医療費の抑制につなげることができるからです。

　しかし、現状では、医薬品などの付加価値の高い商品で得られた利益を、購買頻

度の高い雑貨や食品などの生活必需品の低価格販売にまわして来店客数を増やし、来店した顧客に高粗利益率の商品を推奨し、売上高を増加させる経営を行っているドラッグストアが一般的です。

　また、2009年の改正薬事法施行後は、一般用医薬品は「リスクの程度が特に高い」第一類医薬品、「リスクの程度が比較的高い」第二類医薬品、「リスクの程度が低い」第三類医薬品に分類されました。そして、一般用医薬品を販売できる専門家として登録販売者が新設され、第一類を除く第二類および第三類医薬品といった一般用医薬品の大部分を販売できるようになりました。

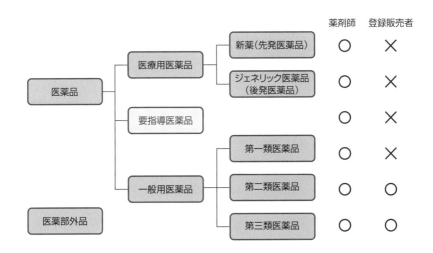

16　ドラッグストアの特徴

①メインターゲットは女性

　ドラッグストアの売れ筋商品は、医薬品ではなく、化粧品やトイレタリー、そして健康食品です。従来の薬局と異なるポイントは、**女性客の消費者心理**に応えたことです。

②美と健康

　「○○を売る」というよりも、**美と健康を提供する**ことで女性客を引きつけています。

③セルフメディケーション

　「美」と「健康」を提供するドラッグストアの独自性には、医薬品を売る店舗であ

るという点があります。

医療機関には頼りすぎず、自分自身の健康管理を心がけていくセルフメディケーションには、医薬品に対する消費者の理解と認識が欠かせません。

17 コンビニエンスストア（CVS）の特徴

商業統計調査の業態分類によると、コンビニエンスストアは、次のように定義されています。

- **飲食料品**を扱う
- 売場面積が**30 m² 以上 250 m² 未満**
- 営業時間**14 時間以上**

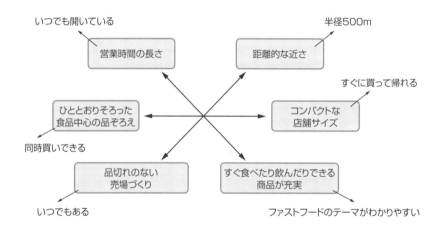

CVSは、アメリカ生まれの日本育ちという店舗形態である。顧客にとっての"利便性"をコンセプトに、日々の暮らしに欠かせないデイリー商品を幅広く品ぞろえしている。
約**30坪**の店舗に、約**3,000アイテム**まで絞り込んだ商品を陳列し、それらを頻繁に入れ替えながら消費者の多頻度な来店の促進を図っている。
原則として、**フランチャイズチェーン方式**によって、各エリアできめ細かな多店舗展開を行う、システム化された小売業態である。

18 運営上の特徴

　コンビニエンスストアは、POSシステムをはじめとする情報武装と表裏一体といっていいほど密接に結び付いています。

　POSシステムは、「何が、何個売れたか」だけでなく、「**どんな人が、いつ、何を、何個買ったのか**」という、より詳細な情報の把握にも役立つため、コンビニエンスストアにとって、顧客情報の収集と活用の両面を管理できるメリットを備えています。

①商圏のさまざまな情報を収集

　フランチャイズチェーン方式を取り入れているコンビニエンスストアでは、1チェーン当たりの店舗数がきわめて多く、しかも全国に広がっています。レギュラーチェーンでさえ1,000店舗以上の商圏から店頭情報を入手することが不可能な中、コンビニエンスストアは住民構成や店舗立地に関するより多くの顧客動向を把握できる強みを持っています。

②店舗情報の徹底活用

　多品種少品目少量の品ぞろえが特徴のコンビニエンスストアでは、迅速、かつ無駄のない受発注と物流が命運を分けます。そのため、コンビニエンスストアの本部は、数多くの加盟店から収集した販売動向を分析、活用し、店舗ごとに最適な品ぞろえと物流を組み立てます。情報インフラへの投資を惜しまず、高度で大規模なシステムを構築しています。

19　ディスカウントストア（DS）

　低価格での販売を最優先する小売業態がディスカウントストアです。仕入費用や店舗費用をできる限り抑えて、薄利多売を目指します。

　仕入費用を抑えるためには、チェーンオペレーションによる大量仕入、大量販売を志向する企業が多くみられます。また、中間流通費用の削減のため、仕入からさかのぼって製造まで自社で手掛ける製販一体を実現している例もあります。

20　100円ショップ

　ディスカウントストアの一形態で、店内のほとんどの品目を100円（税別）で販売する店舗です。アメリカのダラーショップを起源としていますが、当初は総合品ぞろえスーパーやショッピングセンターの店頭で、安物をイベント的に売る行為しかみられませんでした。1990年頃からはナショナルブランド（NB）商品や品質の安定した商品を販売する店舗が台頭、「安かろう悪かろう」のイメージを払拭し、急速にチェーン展開されるようになりました。

　雑貨において製販一体の積極的な導入がみられ、より生活に密着した必要不可欠な日常性の店舗に進化し消費者の間に定着しています。

　統一単価にすることで、「衝動買い」や「ついで買い」の促進に加え、レジや販売報告など事務作業が簡素化できる点に強みがあります。

　また、大手のチェーンでは売価100円にこだわらず、より付加価値の高い独自商品を開発して、同業他店との差別化を図る動きもあります。

得点アップ講義

\ POINT UP! /

POSシステムとは、Point of Salesの略称で、販売時点における商品管理システムのことです。
売れ筋商品や死に筋商品を的確に把握することで、販売機会ロスや過剰在庫を防ぐことが可能となります。

21　アウトレットストア

　アウトレットとはもともと、「出口」、「掃出し口」を意味しています。もともとはブランド品の売れ残りや流行遅れとなったもの、さらには、難ありの物、はんぱ物を格安で売りさばく在庫処分店を意味します。したがって、サイズやデザインなどには限りがあります。

　立地は、該当ブランドの正規の販売店に悪影響のない（離れた）商圏でなければならず、出荷の便利さからも工場の近辺が選ばれました。また、近年は、意図的に複数のアウトレットストアが集まり、アウトレットモールと呼ばれる店舗集積地を形成する例が増えています。

22　COOP（消費生活協同組合）

　COOP（消費生活協同組合）は、**生協**とも呼ばれており、組合員の経済的な厚生を図ることを目的としています。

　生協には、大学の生協のように職域単位で組織される「**職域生協**」と地域単位で組織される「**地域生協**」とがあります。また、生協事業は流通分野の購買事業だけでなく、文化事業や旅行、葬祭事業などの各種の利用事業も行っています。

　生協は、「企業ではない」という点において、ほかのチェーンストアとは根本的に異なります。つまり、協同組合であって、事業主体および販売対象は自らの意思で出資した一般市民の組合員です。その目的は、根拠法である**消費生活協同組合法**により、「国民の自発的な生活協同組織の発達を図り、もって国民生活の安全と生活文化の向上を期すること」と定められています。すなわち、**利益を追求しない**ということが、株式会社としてのほかの小売業と最も大きく異なる点です。出資者は組合員であり、かつ、非営利団体であるという2点が、生協を特徴づける最大のポイントです。

▼ COOP（生協）と株式会社の違い

	COOP（生協）	株式会社
法　律	消費生活協同組合法	会社法・民法
目　的	非営利	営利
経済的基礎	出資金	資本金
出資者の構成員	組合員	株主
意思決定機関	組合員から選出された総代による総代会	株主総会

商店街の現状と特徴

商業集積とは、一定の土地や地区、あるいは地域に、小売業やサービス業、飲食店などが集中して立地している状態のことをいいます。

Navigation 要点をつかめ！

学習アドバイス

ADVICE！

自然発生的に形成された商業集積が商店街です。商店街の現状をしっかり把握しておくことが大切です。

キーワードマップ

```
商店街の役割
    ├── 小売機能の集積地
    ├── 消費者の購買と生活の場
    └── 都市機能の一部
```

出題者の目線

●商店街とショッピングセンターを比較した問題が出題されています。

Lecture 詳しく見てみよう

1 商店街の変遷

　商店街は、駅前や繁華街、街道沿い、あるいは神社仏閣、人の集まる大型施設周辺など、一定地域内に**歴史的に自然発生した商業集積**です。

○**商店街の役割**

　　・**小売機能の集積地**　・**消費者の購買と生活の場**　・**都市機能の一部**

○**商店街の抱える問題**

> ・**ワンストップショッピング機能の欠如**
> 　消費者が必要とする商品を当該商店街内においてまとめ買いさせることができない。
> ・**買物環境の未整備**
> 　駐車場がない、道路が狭い、歩道が整備されていないなど、モータリゼーションの進展に対して基本インフラが追い付いていない。
> ・**権利義務の多様性**
> 　地権者が多く、個々の商店経営者や地権者の間において権利調整の合意形成が困難で、近代化のための再開発が難しい。

▼ **商圏規模による分類**

近隣型商店街	最寄品中心の商店街で、地元主婦が徒歩または自転車などにより日用品の買物を行う商店街
地域型商店街	最寄品および買回品が混在する商店街で、近隣型商店街よりもやや広い範囲であることから、徒歩、自転車、バスなどで来街する商店街
広域型商店街	百貨店、量販店を含む大型店があり、最寄品より買回品が多い商店街
超広域型商店街	百貨店、量販店を含む大型店があり、有名専門店、高級専門店を中心に構成され、遠距離から来街する商店街

2 商店街の現状

　近年の商店街を取り巻く環境は、大型商業施設の進出やインターネット販売などによる購買機会の多様化、少子化による人口減少などの構造的な要因により、厳しい状況が続いています。

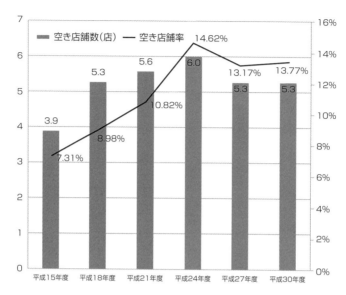

出所：平成30年度商店街実態調査（中小企業庁）

○商店街の最近の景況

　商店街の最近の景況を見ると、「繁栄している」商店街は全体のわずか2.6％にすぎず、「繁栄の兆しがある」とする商店街も3.3％にとどまっています。一方、7割近くの商店街は「衰退している」（37.5％）、「衰退のおそれがある」（30.2％）と感じています。依然として厳しい状況が続いていることがわかるが、前回調査時と比べるとその比率は若干の改善がみられます。

▼ 商店街の抱える問題の推移

	1位	2位	3位
平成24年度	**経営者の高齢化による後継者問題**	集客力が高い・話題性のある店舗・業種が少ないまたはない	店舗等の老朽化
平成27年度	**経営者の高齢化による後継者問題**	集客力が高い・話題性のある店舗・業種が少ないまたはない	店舗等の老朽化
平成30年度	**経営者の高齢化による後継者難**	店舗等の老朽化	集客力が高い・話題性のある店舗・業種が少ないまたはない

出所：平成30年度商店街実態調査（中小企業庁）

Theme 10
ショッピングセンターの現状と特徴

重要度：★★☆

ショッピングセンターは広い敷地と多くの駐車場スペースを持ち、大型小売店（核店舗）と専門店（テナント）とを収容しています。

Navigation

要点をつかめ！

学習アドバイス

ADVICE!

ショッピングセンターは、計画的に大きな集客力を生むように業種・業態構成や店舗配置、営業時間、広告宣伝などを考慮し、実施する商業空間といえます。

キーワードマップ

ショッピングセンター（SC）の類型と種類

- ネイバーフッド型SC（NSC）
- コミュニティ型SC（CSC）
- リージョナル型SC（RSC）
- スーパーリージョナル型SC（SRSC）

出題者の目線

●ショッピングセンターの定義と基準、条件から出題されています。

詳しく見てみよう

1 ショッピングセンター（SC）の概要

ショッピングセンターは、**デベロッパーなどによって計画的に造成・建設され、統一的に運営されている商業集積**のことです。

▼ SCの定義と取扱い基準

定義	SCとは、1つの単位として**計画、開発、所有、管理運営**される商業・サービス施設の集合体で、**駐車場**を備えるものをいう。その立地、規模、構成に応じて、選択の多様性、利便性、快適性、娯楽性等を提供するなど、生活者ニーズに応える**コミュニティ施設**として都市機能の一翼を担うものである。
取扱い基準	①小売業の店舗面積は、**1,500㎡**以上であること。 ②キーテナントを除くテナントが**10店舗**以上含まれていること。 ③キーテナントがある場合、その面積がSC面積の**80%**程度を超えないこと。 ただし、その他テナントのうち小売業の店舗面積が1,500㎡以上である場合には、この限りではない。 ④**テナント会**（**商店会**）等があり、広告宣伝、共同催事等の共同活動を行っていること。

出所：一般社団法人日本ショッピングセンター協会

2 SCの類型と特徴

①商圏規模による分類

ネイバーフッド型SC （NSC）	SMやDgS、DSなどがキーテナントとなる比較的小型のSC
コミュニティ型SC （CSC）	GMSなど1〜2店舗がキーテナントとなる中規模のSC
リージョナル型SC （RSC）	百貨店、GMSなどのキーテナントと専門店が一体となって集積する大規模のSC
スーパーリージョナル型SC （SRSC）	複数の百貨店、GMSなどのキーテナントと専門店が一体となって集積する超大型のSC

②日本固有のSC形態

①駅ビル型SC

鉄道の駅舎に併設された駅ビル内に店舗や飲食店などがテナントとして入居しているもので、「ルミネ」などが代表的である。

②地下街型SC

地下に設置された不特定多数の歩行者の通行のための通路に面したSC。多くは都市の中心部にあるターミナル駅につながる場所に存在している。

③ファッションビル型SC

ファッション分野のテナントに特化して集積した都市型SC。
「PARCO」や「ラフォーレ原宿」、「渋谷109」などに代表される。

③特別なタイプのSC形態

①アウトレットモール

メーカーや小売店の在庫品（サンプル品、型落ち品、過剰生産品など）を割安で処分するための店舗、すなわち「アウトレットストア」が集積したディスカウント型のSC。

②パワーセンター

さまざまな商品カテゴリーに特化して超低価格で販売する「カテゴリーキラー」を複数、意図的に集積させたSC。

カテゴリーキラーとは、紳士服、玩具、家電、スポーツ用品といったように特定の商品カテゴリーに専門特化した奥行の深い品ぞろえと、他の追随を許さない超低価格販売を行う専門ディスカウントストアの一形態。

③エンターテインメントセンター

市場の持つにぎわいや祝祭性を前面に打ち出したSCであり、「フェスティバルセンター」と称する場合もある。

お祭り的な非日常性が重視され、路地裏的な入り組んだ感じや、そぞろ歩きしたりできる回遊型、探索型の施設配置がなされている。趣味性の高い専門店群で構成されており、さまざまなエンターテインメントとしてのイベントも開催されている。

得点アップ講義

\\POINT UP!//

商圏とは、小売店や商業集積から見た潜在的な消費者がいる地域の広がりのことです。消費者が買物のために小売店や商業集積を訪れる地理的、時間的範囲のことで、小売店や商業集積ごとに存在します。

問題を解いてみよう

問1 次の文章は、小売業の販売形態について示している。図中の〔 〕の部分に、下記に示すア〜オのそれぞれの語群から最も適当なものを選びなさい。

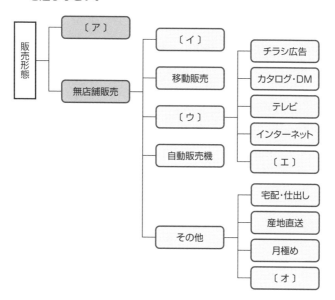

【語群】

ア 1.窓口販売　　2.信用販売　　3.割賦販売　　4.店舗販売
イ 1.信用販売　　2.訪問販売　　3.委託販売　　4.割賦販売
ウ 1.通信販売　　2.割賦販売　　3.委託販売　　4.受託販売
エ 1.スマートフォン　2.POP広告　　3.口コミ　　4.看板
オ 1.割賦販売　　2.百貨店　　3.共同購入　　4.リボルビング

問2 次のア〜オは、チェーンストアについて述べている。正しいものには1を、誤ったものには2を選びなさい。

ア 店舗数が増加すると、本部における1品目当たりの仕入量は減少する。
イ 仕入先の決定権は店舗にあり、本部は補充発注を行う。

> **ウ** チェーンストアでは、セルフサービス販売方式よりも対面販売方式を主体としている。
>
> **エ** 本部主導型により、店舗運営をバックアップし、コントロールする。
>
> **オ** 店舗での作業を標準化、効率化するために各種のマニュアルを活用する。

> **問3** 次のア～オは、小売業態の基本知識について述べている。正しいものには1を、誤ったものには2を選びなさい。
>
> **ア** 業種とは、「何を売るか」によって小売業を分類する概念である。
>
> **イ** 業態とは、「どのような売り方をするか」という、ビジネスの方法を表す概念である。
>
> **ウ** 専門店の特徴は、「顧客の欲求にどのように応えるか」という顧客ニーズへのこだわりにある。
>
> **エ** 日本の百貨店の特徴は、委託販売の売場が多いことにある。
>
> **オ** 商業統計調査における業態分類では、食品スーパー（スーパーマーケット）は食品の取扱構成比が50%を超えるものと定義されている。

Answer 答え合わせ

問1 正解：アー4　　イー2　　ウー1　　エー1　　オー3

解説

　小売業の販売形態は、店舗を通じての「店舗販売」と店舗を介さない「無店舗販売」に大別されます。店舗販売は、「店頭販売」ともいわれ、消費者が直接、小売店の売場で商品を購入するスタイルで、小売業の販売形態の主流となっています。一方、無店舗販売は、店舗以外の手段を用いて消費者に商品を販売する形態です。

問2 正解：アー2　イー2　ウー2　エー1　オー1

解説

ア チェーンストアでは、仕入は本部が一括して行うため、店舗数の増加は仕入量の増加につながります。

イ 仕入先の決定権は本部にあり、店舗は補充発注を行います。

ウ チェーンストアでは、セルフサービス販売方式を主体としています。

エ チェーンストアでは、本部主導型により、店舗運営をバックアップし、コントロールしています。

オ チェーンストアでは、店舗での作業を標準化、効率化するために、マニュアルを作成し、売場づくりに活用しています。

問3 正解：アー1　イー1　ウー1　エー1　オー2

解説

ア 業種とは、酒屋、靴屋、肉屋など、取り扱う商品を基準として商売の種類を限定する分類方法です。

イ 業態とは、特定のニーズを抱く消費者に対して、どのような商品やサービスをどのような方法または仕組みで提供するのかという経営方法で分類する方法です。

ウ 狭義の専門店とは、「顧客の欲求にどのように応えるか」という顧客ニーズへのこだわりを特徴としています。

エ 委託販売とは、メーカーなどの仕入先企業に売場を貸して、それら仕入先企業の商品を販売することです。

オ 商業統計調査によると、生鮮食料品を含めて食品の取扱構成比が70%を超える食料品スーパーを「スーパーマーケット」と呼びます。

第**2**章

マーチャンダイジング

1

重要度：★★☆

商品とは何か

利益を目的に生産され販売されるものを「商品」といいます。

Navigation

要点をつかめ!

ADVICE!

学習アドバイス

市場で売買の対象となる商品は、物財 (モノ) だけではありません。「サービス」や「システム」、「情報」や「技術」、「権利」なども商品に含まれます。

キーワードマップ

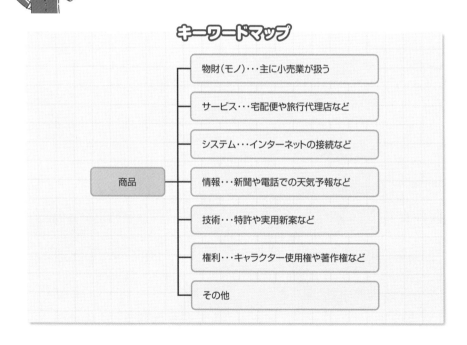

商品
- 物財 (モノ)・・・主に小売業が扱う
- サービス・・・宅配便や旅行代理店など
- システム・・・インターネットの接続など
- 情報・・・新聞や電話での天気予報など
- 技術・・・特許や実用新案など
- 権利・・・キャラクター使用権や著作権など
- その他

●商品の種類に加え、商品の品質3要素がそれぞれどのようなものを指すかについて出題されます。

Lecture

詳しく見てみよう

1　商品の種類

　市場で売買の対象となる商品は、物財（モノ）だけではありません。**サービス**や**システム**、**情報**や**技術**、**権利**なども商品に含まれます。

　市場で売買される商品に共通した特徴は、商品を生産する者や販売する者に**収益**（**利益**）をもたらし、購入者（消費者）には、**便益**（**有用性**）、あるいは**効用**（**満足**）を与えるという2つの目的を実現する点にあります。

2　商品の品質3要素

　消費者が商品によって満足を得る質的な要素を「品質」といいます。品質は、次のように、3つの異なる要素によって成り立っています。

▼ 商品の品質

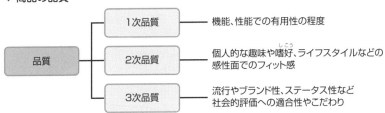

品質	1次品質	機能、性能での有用性の程度
	2次品質	個人的な趣味や嗜好、ライフスタイルなどの感性面でのフィット感
	3次品質	流行やブランド性、ステータス性など社会的評価への適合性やこだわり

3 商品コンセプト

①商品コンセプトの重要性

　消費者は、商品を購入して使用する際に、機能や性能のよい商品でありさえすれば、それだけで満足するとは限りません。

　メーカー、卸売業、小売業のいわゆる「製配販三層」が商品にどのような有用性があるのかを明確にし、さらに2次品質、3次品質のどのような点で消費者に満足をもたらすのかをはっきりと伝えなければなりません。

▼ 消費者への伝達ポイント

生産者・小売業者の行動の例	消費者の行動
①ふさわしい商品名を付ける (ネーミング)	自分の望む商品をスムーズに見つけだし、選択し、購入して、満足を得る
②ふさわしい価格を付ける	
③ふさわしい売場・売り方を明確に設定する	
④わかりやすい商品説明や、内容が的確に伝わる表示をする	
⑤消費者の理解が深まり、購買意欲が高まるような宣伝や、販売に付随するサービスを提供する	

②商品コンセプトの設定

　小売業は、消費者の満足につながる商品の有用性や個人的なフィット感などに関わる内容をわかりやすく示す必要があります。

　商品の「意味」として消費者に提示し、理解されるように努力することが大切です。この**商品**の**意味**が、**商品コンセプト**といわれます。

③商品コンセプトの具体例

商品名	具体的事例
冷蔵庫	出し入れ頻度の多い野菜の冷蔵場所を、調査により最下段から中段に移動し、そのことを強調してネーミングした商品
洗濯機	深夜に洗濯しても近隣に騒音が伝わらないため、集合住宅で利便性がある商品
清涼飲料水	生体機能バランスの調整などを主張したコンセプトで差別化を図る商品
バッグ	社会的評価が高いと感じさせる著名な外国デザイナーズブランド商品

Theme 2 商品の分類

重要度：★★☆

生産された数多くの「製品」がどのようなものであるかは、国や国際的な標準となる統一的な分類が決められています。

Navigation

要点をつかめ！

学習アドバイス

ADVICE!

商品の分類は、「何を知りたいか（問題意識）」によって、その基準が決められます。小売業は、商品を分類することによって販売活動をより正確に理解することができ、さらに、新しい分類を工夫することにより、新たな経営活動に有効に結び付けること（購買促進）が可能となります。

キーワードマップ

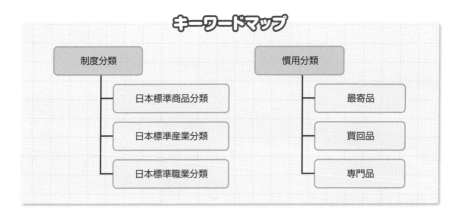

制度分類		慣用分類	
	日本標準商品分類		最寄品
	日本標準産業分類		買回品
	日本標準職業分類		専門品

出題者の目線

● 最寄品、買回品、専門品がそれぞれどのような特性を持っているかを問う出題が多くみられます。

詳しく見てみよう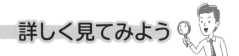

1 分類の意義

　小売業は、商品を分類することによって販売活動をより正確に理解することができ、さらに、新しい分類を工夫することにより、新たな経営活動に有効に結び付けること（購買促進）が可能となります。しかし、このように購買促進を図るためには、商品自体が何であるかを統一的に決めていかなければなりません。

2 制度分類

国や国際的な標準としてきちんと統一され、分類されていることが前提です。

▼制度分類

日本標準商品分類	総務省が定めている**商品分類**
	商品の範囲は、価値ある有体的商品で、市場において取引され、かつ、移動できるもの。
日本標準産業分類	総務省が定めている**産業分類**
	卸売業、小売業など20の大分類の下に、中分類、小分類などがある。
日本標準職業分類	総務省が定めている**職業分類**
	「販売従事者」など12の大分類の下に、中分類、小分類がある。

3 慣用分類

①消費者の購買行動の分類

　マーケティング学者のコープランドは、**「消費者が商品をどのような買い方をするか」という購買習慣**から商品を3つに分類しました。

▼ 消費者の購買パターンから見た商品分類

	最寄品 (もより)	買回品 (かいまわし)	専門品
購買頻度	高い	低い	きわめて低い
商品の価格	低い	比較的高い	きわめて高い
購買コスト	時間や労力をかけない	ある程度の時間と労力をかける	時間と労力を惜しまない
購買パターン	住居などの近隣で便利に購買するタイプ	繁華街などの地域的範囲まで出向き、比較・選択するタイプ	広域的な有名店へ出向き、専門的アドバイスを得て購買するタイプ

▼ 具体例

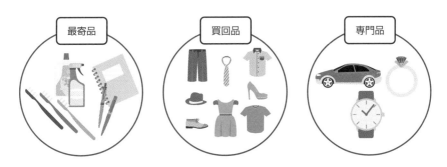

②生活シーンによる分類と売場構成

　以前の消費者は、魚屋、八百屋、乾物屋、肉屋など、業種別の店舗が集まって形成していた商店街をめぐって必要な商品を買い集めていました。このような業種（同一品種）による品ぞろえの専門店（業種店）は、それぞれ魚を食べる、野菜を食べる、乾物を食べるという消費者のニーズに対応した品ぞろえを基本としています。

　しかし近年では、商品の種類や機能によって売場構成を決めるのではなく、**消費者のそれぞれの使用シーン**で必要とする商品（異なる品種）をまとめて、用途別などのシーンを1つの売場で提案する小売店（業態店）が増えています。

3

商品の本体要素

商品を構成する最も基礎的な要素は、商品の
1次品質である「機能」と「性能」です。

Navigation

要点をつかめ！

ADVICE!

学習アドバイス

商品の持つ機能や性能は、商品にとって最も重要な要素で、これを
1次品質と呼ぶことを学習しました。さらにデザインやカラーなど
で人を引きつける「美しさ」や「魅力」を持つことも、商品にとっ
て大切な要素となります。

キーワードマップ

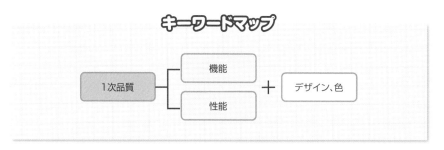

出題者の目線

●商品を構成する最も基礎的な要素を問う「機能」、「性能」については、高い頻
度で出題されています。

詳しく見てみよう

Lecture

1　機能と性能

　商品は、消費者に満足を与える**機能**を持っていなければなりません。消費者が商品を購入するのは、その**商品が持つ機能の発揮**を期待しているからです。たとえば、洗剤は「汚れを落とす」、ボールペンは「文字を書く」という「機能」を持っていなければ、商品として成り立ちません。

　性能は、これらの**機能が発揮される程度**のことをいいます。商品が持っている機能がより高い性能で得られることによって、消費者は、より高い満足を得ることができます。「汚れがよく落ちる」洗剤、「文字の書きやすい」ボールペンは、消費者から高い評価を受けることになります。

2　デザイン（意匠）

　商品の本来の目的を満たす物理的な機能を実現するために、適切な形状、材質、色彩などのデザインが施されます。これがデザインの基本ですが、市場性を考えた場合、人を引きつける美しさや魅力を持つことが必要です。

　このように、商品の情緒的な価値となる**2次品質を向上させて商品の差別化**を図り、競争を有利に展開していくうえで、デザインは重要な手段となります。

　商品のデザイン活動は、「形態は機能に従う」という原則のもとで、**機能性**と**美しさ**と**経済性**という、まったく異なる要素を有機的に結合して「丈夫で使いやすく、見て美しく、買いやすい値段」の商品をつくり出すことだといえます。

①意匠登録制度

　デザインの法的保護には、実用新案などによる場合もありますが、一般的には意匠法による**意匠登録制度**があります。意匠登録を受けるための意匠は、①**工業上に利用できる**もので、②**新規性があり**、③**創作が容易でなく**、④**公序良俗を害さない**ものでなければなりません。

②グッドデザイン賞（デザイン推奨制度）

　優秀なデザインを推奨、普及するために、1957年に通商産業省（現：経済産業省）によって「グッドデザイン商品選定制度（通称：Gマーク制度）」が創設されました。

　この制度を母体とする総合的なデザインの推奨制度として、公益財団法人日本デザイン振興会が主催する「グッドデザイン賞」があります。

グッドデザイン賞は、さまざまな事象の中から「よいデザイン」を選び、顕彰することを通じて生活者の暮らしや産業、そして社会全体をより豊かなものへ導くことを目的としています。対象は家庭用電気製品や自動車などの工業製品から建築物、各種のサービスや研究開発などまで、有形無形を問わず、あらゆる領域にわたっており、受賞したデザインには「Gマーク」をつけることが認められます。

▼Gマーク

3　ブランド（商標）

　ブランド（商標）は、消費者へのメッセージを伝えるための重要なシグナルであり、生産や流通、消費においてさまざまな機能を持っています。

ブランドネーム	ブランドの中核をなすもので、商品を効果的に認知、記憶させ、自社商品の選択を優位に導く有効な手段となる。したがって、ブランドネームは、①**単純で覚えやすい**こと、②**読みやすい**（発音しやすい）こと、③**親しみやすい**こと、④**商品を連想させる**こと、⑤**独自性がある**こと、などを考慮して選定する。
ブランドマーク	商品本体や包装、広告、社内封筒・便箋、その他あらゆる印刷物につけられ、常に消費者の目に触れ、視覚的な印象を与えるものであり、そのデザインはきわめて重要。

Theme 4

重要度：★★★

マーチャンダイジングの基本的考え方

マーチャンダイジングとは、小売業が商品を品ぞろえし、顧客に対し販売する業務のことです。

Navigation

要点をつかめ！

ADVICE!

学習アドバイス

マーチャンダイジングは、主に流通業で用いられる言葉で、ひと言でいえば、商品計画のことを指します。適正な商品を、適正な場所と時期に、適正な数量と価格で、仕入れて販売する活動全般のことです。

キーワードマップ

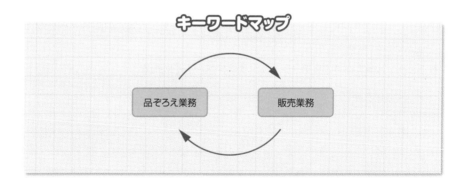

品ぞろえ業務　→　販売業務

出題者の目線

●マーチャンダイジング・サイクルを理解しているかを問う問題が出題されます。本部業務と店舗業務について、しっかりと理解しておくことが大切です。

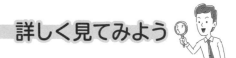

詳しく見てみよう

1 マーチャンダイジングとは

　小売業が商品を品ぞろえし、顧客に対して販売する一連の業務のことを、一般的に「マーチャンダイジング（**商品化政策**または**商品化計画**）」と呼んでいます。小売業界では、品ぞろえ計画という意味で使われるのが一般的です。

　品ぞろえをして販売するという業務は、日々繰り返して行われるので、基本的にはサイクル状の循環プロセスで表すことができます。これをマーチャンダイジング活動と呼びます。

2 マーチャンダイジングの体系

マーチャンダイジング・サイクルとは

　チェーンストア本部の業務活動は、商品計画を起点として販売計画や仕入計画を企画・立案します。その後、サプライヤー（仕入先企業）との間で取引契約を結び、仕入価格等の交渉を経て、初期発注、初期仕入をして、各店舗へ送り込みます。

　各店舗では、本部の指示にもとづき、販売促進活動を行い、その業績を本部にフィードバックします。この繰り返し業務を**マーチャンダイジング・サイクル**といいます。

▼ チェーンストアにおけるマーチャンダイジング・サイクル図

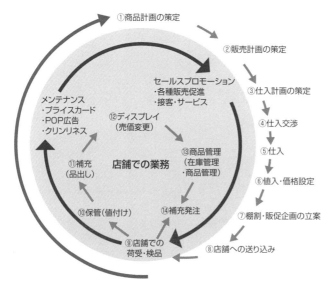

▼ マーチャンダイジング・サイクルの構成要素

①商品計画の策定	**どのような顧客の、どのようなニーズに適合して、どのような商品構成**にすべきかを計画すること。
②販売計画の策定	小売店が品ぞろえする商品を、「どの店舗で、いつ、どのように販売するか」という商品カテゴリーごとの計画を策定する。通常、**52週間**を単位として店舗の規模や商圏特性などを基準に、季節のプロモーション活動などの要素を加えて売上金額などを算出する。
③仕入計画の策定	商品カテゴリーごとの**仕入品目の金額、数量を設定**し、サプライヤーの選定や交渉条件の項目を明確にする。
④仕入交渉	本部の商品担当者（バイヤー）は、仕入品目の金額、数量、仕入時期についてサプライヤーとの間で具体的な交渉を行う。
⑤仕入	本部は、各店舗が必要とする商品を取りまとめて、**初期発注**による**初期仕入**を行う。
⑥値入・価格設定	値入政策にもとづき、個々の商品の売価を決定する。
⑦棚割・販促企画の立案	本部は、**棚割表**（どの商品をゴンドラ〈棚〉のどの位置に陳列するか）を策定する。また、イベントやキャンペーンなどの販売促進の企画を策定する。
⑧店舗への送り込み	初期発注により初期仕入した商品を各店舗に納入する。
⑨店舗での荷受・検品	店舗へ納品されたときに商品を受け取る業務である。
⑩保管（値付）	商品は一度、**バックルーム**に保管しておき、必要に応じ、そのつど売場へ補充する。
⑪補充（品出し）	定番商品は、すみやかに売場に補充する。コンビニエンスストアの弁当類などは**バックルーム**に保管しないで直接売場へ補充する。
⑫ディスプレイ（売価変更）	本部で企画した**棚割表**にもとづき、店舗の商品担当者がディスプレイを行う。
⑬商品管理（在庫管理・商品管理）	在庫量は適切か、売れ筋商品や死に筋商品はどれかを明らかにする。また、本部の仕入計画や売場管理などに活用する。
⑭補充発注	店舗の商品担当者が商品を補充するために発注する業務である。主に、定番商品を対象に、売場にディスプレイされた個々の商品（単品）が販売されたのちに行う。

2

マーチャンダイジング

コンビニエンスストア・チェーンに見るマーチャンダイジングの主な機能

身近にあるコンビニエンスストアでのマーチャンダイジングの主な機能をみることによって、小売業のマーチャンダイジングの全体像が見えてきます。

Navigation

要点をつかめ！

ADVICE!

学習アドバイス

コンビニエンスストアは、およそ3,000品目といわれる商品の中で、約3分の2を1年間に新商品などと入れ替えながら、顧客に飽きられない品ぞろえを実現する仕組みを持っています。

キーワードマップ

商品カテゴリー構成	品種（クラス）による分類……清涼飲料水、シャンプーなど
品目構成	品目（アイテム）による分類……ブランド（商標）

出題者の目線

● POSシステムの活用、仕入計画、商品管理についての出題が多くされています。

1　商品計画の策定

①コンビニエンスストア（CVS）の商品計画策定の基本

　CVSは、日常生活において生活必需性が高く、**消費サイクルが短く、購買頻度の高い商品を、約100 ㎡（約30坪）程度の売場面積の中に品ぞろえ**しています。

②商品構成の基本

　CVSで扱っている多様な品種（弁当、飲料、雑誌など）のことを**商品カテゴリー**といい、その選定や組み合わせを、**商品カテゴリー（品種）構成**と呼びます。また、各商品カテゴリーで扱う個々の商品1点1点のことを**品目（アイテム）**と呼びます。

　商品カテゴリー構成と品目構成を主に本部が編成し、それぞれの店舗では、本部が編成したカテゴリーや品目構成にもとづいて、**売場づくりを行います**。

③POSデータを活用した品目構成の見直し

　CVSは、比較的小規模な販売スペースにおいて、めまぐるしく変化する顧客ニーズに応えていかなければなりません。そのために、品目構成の見直し（改廃）が頻繁に行われます。そのためにPOSシステムを活用し、商品カテゴリー別の**死に筋商品管理**と**売れ筋商品管理**を行います。

▼ 商品管理

○死に筋商品管理 POSデータを活用した品目構成の見直しの基本は、死に筋商品をすみやかに売場から排除し、売れ筋商品や新商品に入れ替えていくことにある。
○売れ筋商品管理 売れ筋商品管理は、一定期間内に販売数量や売上金額が多かった品目から順にリストアップし、品薄状態や欠品とならないように商品管理を行う。

2　仕入計画の策定

　CVSの商品構成の特徴は、**多品種少品目少量の品ぞろえ**という点にあります。多品種少品目少量の品ぞろえを維持するための仕入計画の特徴を要約すると、次のとおりになります。

①在庫単位

店頭に並べられる1品目当たりの在庫（陳列在庫量）が少ない、小口（**小ロット**）の在庫計画です。

②発注単位

陳列する在庫量が少ないため、1品目1回当たりの発注数量（発注単位）も少なく、小ロットの発注計画です。

③発注サイクルと発注リードタイム

発注から次の発注までの時間を**発注サイクル**といい、発注から荷受までの時間を**発注リードタイム**といいます。

CVSでは、商品倉庫（**バックヤード**）を備えていないため、発注サイクルや発注リードタイムが長くなると、売場において品切れ（欠品）が発生しやすくなります。これをできる限り防止するために、発注サイクルの短縮（＝**多頻度発注**）や発注リードタイムの短縮（＝**多頻度小口物流**）に力を注いでいます。

▼ 発注サイクルと発注リードタイム

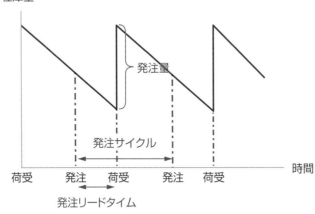

▼品切れ発生の例

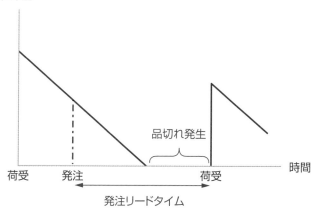

3　荷受・検品

①荷受・検品

　「荷受」とは、小売店がサプライヤー（仕入先企業）から商品を受け取る作業のことをいいます。「検品」は、**発注した商品が発注した数量だけ間違いなく納品されているか**、損傷品や不良品などがないかをチェックすることです。

②在庫登録

　検品が済んだ受入商品は、店頭在庫となるので、的確な在庫管理や再発注を行うためにも、POSターミナルと連動したストアコントローラに、検品した商品の在庫登録（スキャン入力）をします。

4　商品管理（在庫管理・商品管理）

①在庫管理

　CVSにおける在庫管理の重要課題は、**精度の高い発注によって品切れや過剰在庫が発生しないようにすること**です。的確な検品や商品管理を行い、常に正確な在庫量を把握し、**適正在庫**を保つことが重要です。

②商品管理

　CVSにおける商品管理の重要課題は、以下のとおりです。

店舗	**死に筋商品**や**売れ筋商品**の管理を的確に行って、**品目構成の見直し**に役立てる。
本部	各店舗がPOSシステムで収集した**販売データを一元管理**し、店舗が補充発注する際に仮説を立てやすくするための**情報を提供**する。

③商品管理の範囲

　商品管理は、「売上管理や仕入管理、発注管理、在庫管理、会計管理」というように広い分野と関連しています。

▼ 商品管理の範囲

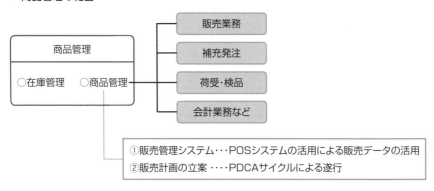

5　補充発注

①発注における仮説・検証サイクル

　CVSチェーンでは、商品カテゴリー（品種）ごとに1日のうち発注回数や発注時間帯が決められた**定期発注システム**を採用しています。

　計画（仮説）を立てて発注（実行）し、売上高を計画と比較して評価・改善し、再び計画を立てて発注するという**計画➡実行➡評価➡改善**の繰り返しが精度の高い補充発注につながります。

▼補充発注におけるPDCAサイクル

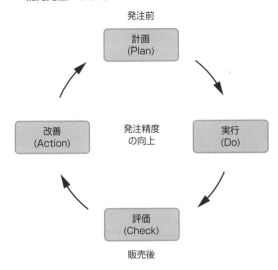

②**携帯端末よる発注**

　CVS業界では、発注の情報伝達ツールとして、**電子発注台帳（EOB）** などの携帯端末装置を活用しています。EOBによって、迅速かつ的確な**仮説・検証型発注作業**が可能となっています。

▼EOB

6 物流

　CVSの物流は、多品種少量多頻度納品を実現した一括総合型物流システムです。多品種少量多頻度納品とは、小売店の店頭在庫を品種ごとにできるだけ抑え、販売効率を高めるための配送方法のことをいいます。

得点アップ講義

EOBとは、補充発注用の携帯端末のことです。液晶のカラー画面を搭載しており、発注の手助けとなる販売動向、天気予報、季節や催事ごとの重点商品情報などを画像やグラフ、文章形式で表示することができます。
チェーンストアによっては、GOT（グラフィック・オーダー・ターミナル）、HOT（ハンディ・オーダー・ターミナル）などとも呼ばれる方式を採用しています。

\ POINT UP! /

Theme

6

重要度：★☆☆

商品計画の
基本知識

顧客が商品を購入するのは、何らかのニーズ
を満たすためです。

Navigation　　　　　　　　　　　　　　　　　**要点をつかめ！**

ADVICE!

学習アドバイス

商品計画は、マーチャンダイジング活動の出発点となる重要な業務
です。その基本は、顧客のニーズに的確に応えることにあります。

キーワードマップ

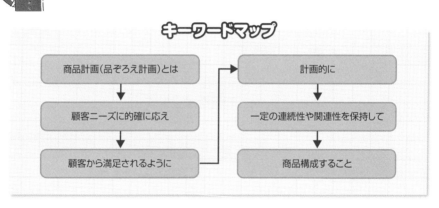

商品計画（品ぞろえ計画）とは	計画的に
顧客ニーズに的確に応え	一定の連続性や関連性を保持して
顧客から満足されるように	商品構成すること

出題者の目線

●商品計画（品ぞろえ計画）の策定は、実務上も大変重要なものです。
出題頻度の高い内容です。

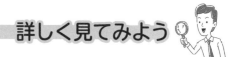

詳しく見てみよう

1 顧客ニーズへの対応

①商品計画の意義

　小売業の商品計画は、一般的には**品ぞろえ計画**といいます。品ぞろえの意味は、単にさまざまな商品を仕入れて提供することではありません。**ターゲット**（標的、対象）と定めた**顧客ニーズ**に応えるために商品を選別し、計画的に一定の連続性や関連性を保持しながら商品構成をしていくことを「商品計画」といいます。

②差別化政策

　自店で購買してもらうためには、どのような属性（年代、性別、家族構成、職業、ライフスタイルなど）の消費者を**主要購買層**（**ターゲット顧客**）とすべきなのか、また、ターゲット顧客が抱いているニーズに、どのように応えるのかを明確にしたうえで、商品構成を行わなければなりません。

　顧客の絞り込みにより、店舗の品ぞろえの特徴が明確になるとともに、競争する他店との品ぞろえの違いをアピールすることも可能となります。これを通常、**差別化（顧客の絞り込み）政策**といいます。

2 商品構成の基本と手順

　1店舗における商品構成の基本は、**一定の分類基準にもとづいて、大分類、中分類、小分類という順に細分化しながら階層ごとに商品カテゴリーを構成**し、次に小分類で扱う商品カテゴリーごとの品目（アイテム）構成を行うことです。これによって商品間に連続性や関連性が保たれ、比較選択購買や関連購買が可能となります。

▼ 商品構成の階層と手順

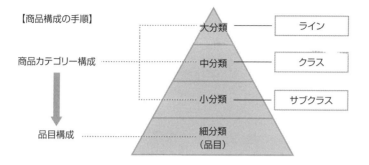

【商品構成の手順】

商品カテゴリー構成 ……………

品目構成 ……………

大分類 ——————— ライン

中分類 ——————— クラス

小分類 ——————— サブクラス

細分類
（品目）

3　品ぞろえの幅と奥行

　商品カテゴリー（品種）構成は、「品ぞろえの幅（ワイス）」、品目（アイテム）構成は「品ぞろえの奥行（ディプス）」という表現に置きかえることできます。

　品ぞろえの幅はカテゴリー数の多さを表し、奥行（深さ）とは、1つの商品カテゴリーの中での品目（アイテム）数の多さを意味しています。

▼ 商品構成の基本類型

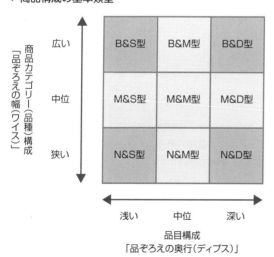

商品カテゴリー（品種）構成
「品ぞろえの幅（ワイス）」

広い　　B&S型　　B&M型　　B&D型

中位　　M&S型　　M&M型　　M&D型

狭い　　N&S型　　N&M型　　N&D型

浅い　　中位　　深い

品目構成
「品ぞろえの奥行（ディプス）」

4 総合化と専門化

品ぞろえの幅を広げることを商品構成の「総合化」、狭める（絞り込む）ことを商品構成の「専門化」 といいます。

たとえば、衣料品に絞り込んだ店舗が、紳士服、子供服、ベビー服というように幅広く品ぞろえすれば総合化（総合衣料専門店）であり、絞り込めば専門化（紳士服専門店、婦人服専門店）です。

▼商品構成の総合化・専門化

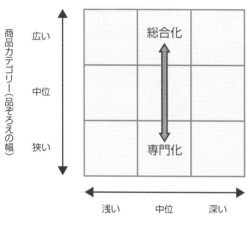

品目構成（品ぞろえの奥行）

得点アップ講義

比較選択購買には、いくつかの小売店を回って、店舗間で気に入った商品を選んで購入する場合と、1つの店舗の売場においていくつかの商品を見比べて、最も気に入った商品を選んで購入する場合があります。

関連購買とは、目的の商品を購入したときに、一緒に使用すると、ライフスタイルにぴったりとあてはまるような商品を同時に購入することです。

Theme

7

重要度：★☆☆

販売計画・仕入計画策定の基本知識

販売活動の第一歩は、しっかりとした販売計画を立てることから始まります。

Navigation 要点をつかめ！

ADVICE!

学習アドバイス

販売に携わるスタッフ共通の目標は、売上高、利益高を増やすことです。この目標を具体的な活動計画に落とし込んだものが「販売計画」です。

キーワードマップ

企業理念・経営ビジョン

▼

経営計画・経営戦略

▼

販売計画

出題者の目線

●販売計画が、商品展開計画だけを指すのではなく、売場配置計画や販売促進計画などを含む広範囲な計画であるということを理解しておきましょう。

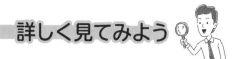

Lecture 詳しく見てみよう

1 販売計画とは

　販売計画は、それぞれの企業の経営方針や予算などにもとづいて、市場環境や人材、商品、売場スペースといった経営資源を効果的に組み合わせ、**販売目標**と**予算達成**のための指針（方針）と具体的な方策（手段）を明らかにするものです。

　販売計画には、全社レベルの計画があれば、店舗レベルや部門レベルの計画もあるほか、期間や季節ごとのもの、また月別、週別、日別などさまざまなものがあります。

2 販売計画の内容

　一般的に、売上目標とその費用を定めた**売上計画を軸**にして、それを実現するために、次のようなさまざまな計画を立てていきます。

▼ 売上計画の分類

商品展開計画	いつ、何を、どのように販売していくかを策定
部門別計画、売場配置計画	部門別またはカテゴリー別の売上や売場配置を策定
販売促進計画	店舗全体や各売場でのイベント、広告活動について策定
キャンペーン等実施計画	メーカーなどのサプライヤー（仕入先企業）との協働で策定

▼ 販売計画の体系

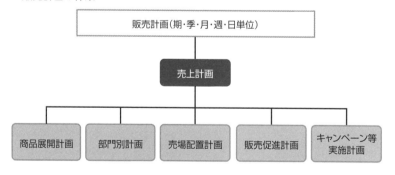

3　仕入計画の策定

　小売業は、設定された販売目標を達成するための年間**販売計画にもとづき**、商品カテゴリーごとにサプライヤー（仕入先企業）の選定、仕入方法、仕入時期および仕入数量などに関する全体の仕入方針とその実行計画を、年間、四半期、月別などの単位で策定します。策定にあたっては、自店（自社）における**過去の仕入**や**販売の実績**と、**市場環境の変化**などを考慮することが重要です。

　仕入計画を実行する仕入活動は、販売活動と連動した業務であり、車の前輪（販売）と後輪（仕入）のような関係にあります。

▼ 販売計画と仕入計画の関連

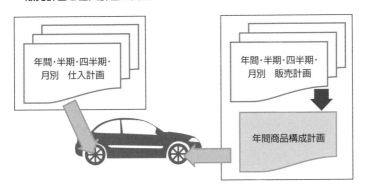

4　仕入予算管理

　当然のことながら、商品を仕入れるためには資金が必要です。そのためには、予算の範囲内で計画的な仕入活動を行わなければなりません。計画性に乏しい仕入は**品切れ（欠品）**や売れ残りによる**過剰在庫**を招き、企業の利益を圧迫する要因となります。

　仕入計画は、販売計画にもとづいて、**金額ベースの仕入枠**（仕入予算）によって管理するのが一般的です。

　しかし、現実には販売計画どおりに実績をあげることができるとは限りません。販売計画と実績に「ズレ」が生じた場合は、当初の計画にこだわることなく、臨機応変に仕入枠を変更することが必要になります。

仕入業務の基本知識

小売業にとっては、取引をする仕入先企業が多い状態は、必ずしも好ましいとはいえません。

Navigation

要点をつかめ！

ADVICE！

学習アドバイス

自店（自社）の経営に役立つサプライヤー（仕入先企業）は、「主力となる仕入先」、「準主力の仕入先」、「その他の仕入先」といったように選別し、仕入の重要度を設定することが重要です。

キーワードマップ

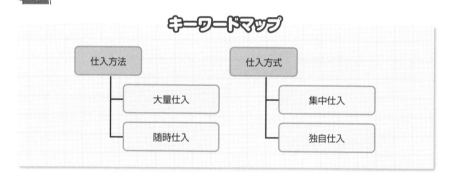

仕入方法
大量仕入
随時仕入

仕入方式
集中仕入
独自仕入

出題者の目線

●試験では、仕入方法について、それぞれの意味やメリット、デメリット、また仕入方式と仕入担当部門から出題されています。

Lecture 　詳しく見てみよう

1　仕入先企業の選定と取引条件

　主力となる仕入先企業 (サプライヤー) に求められる取引条件には、次のようなものがあります。

- 商品の安定供給ができる。
- 契約を確実に履行できる。
- 経営上の指導・助言ができる。
- 的確な市場情報の提供ができる。
- 販促ツールなどのサービスの提供ができる。

2　仕入 (バイング)

　仕入 (バイング) とは、買い付ける品目、量、時期、仕入先企業 (産地を含む) の決定など、商品部の商品担当者 (バイヤー) による買い付けの一連の行為をいいます。

　買い付けのためにバイヤーは店舗での売れ行き状況や商品カテゴリー別のトレンドを考慮に入れた仕入を行います。それと同時に、タイミングのよい売場展開ができるような仕入を試みなくてはなりません。

3　仕入方法

　仕入方法には、大量仕入と随時仕入の2つがあります。

○**大量仕入**

　大量仕入とは、一度に大量の商品を仕入れる方法です。その最大のメリットは、**量的取引による仕入原価の引き下げ**にあります。また、一度に大量発注することにより、事務手続きなどの**仕入経費の低減**ができます。

○**随時仕入**

　随時仕入は、必要に応じてそのつど商品を発注する方法です。**手持ち在庫量が少なくて済み**、資金面では有利な方法ですが、頻繁な**発注のため発注業務に時間とコストがかかる**というデメリットがあります。

4 仕入形態と仕入担当部門

　本部集約型のチェーンオペレーション形態をとる企業（スーパーマーケットや総合品ぞろえスーパーなど）と、店舗別の独立経営を行う百貨店とでは、仕入方式は異なります。

○集中仕入（セントラルバイング）方式

　集中仕入方式は、本部で商品を一括大量仕入し、それを各店舗に配荷するという方式で、スーパーマーケットや総合品ぞろえスーパー、コンビニエンスストアなど、チェーンオペレーションをとる小売業が採用しています。

▼ 集中仕入の効果と課題

効果	課題
・仕入原価の低減が図れる。 ・一括大量仕入により有利な仕入条件を得ることができる。 ・全社的に統制された販売促進や在庫管理ができる。	・流行品やファッション商品などは、的確な予測が困難なことから、集中仕入によるメリットを得ることが難しい。 ・本部による一括大量仕入であるため、各店舗の立地特性（地域性など）に合致した商品の導入が難しい。 ・大量仕入のため、販売量の見込み違いから多大な在庫ロスが生じるおそれがある。

○店舗ごとの独自の仕入方式

　百貨店や専門店（中小小売店）では、店舗ごとに独自の販売や仕入を行う**「支店経営」ともいわれる独立店舗経営**を行っています。したがって、仕入方式も店舗によってさまざまです。

　大手百貨店などでは、地域ごとの消費者ニーズにきめ細かく対応するため、各店舗に地元の衣料品や雑貨、食品などを仕入れる担当者（バイヤー）を配置し、売場での販売も担当させるなどしています。

Theme 9 棚割とディスプレイの基本知識

重要度：★☆☆

棚割によって商品の売れ行きは大きく変わってきます。

Navigation

要点をつかめ！

学習アドバイス

ADVICE!

売場では、棚（ゴンドラ）スペースの中の商品配置パターンを考えたり、「見やすく」「比較しやすく」「取りやすい」などの工夫をしています。
この商品配置パターンを棚割といいます。

キーワードマップ

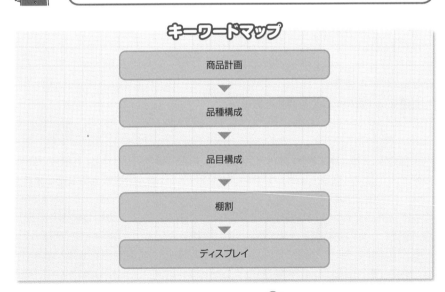

商品計画

▼

品種構成

▼

品目構成

▼

棚割

▼

ディスプレイ

出題者の目線

● 商品計画➡品種構成➡品目構成➡棚割➡ディスプレイという品ぞろえの具現化の流れ、棚割の意味と重要性について出題されています。

詳しく見てみよう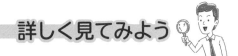

1 棚割とディスプレイの基本と重要性

商品計画によって、大分類から中分類の**商品カテゴリー（品種）構成**、そして、小分類で扱う各カテゴリー内における**品目構成が決定**されると、**棚割が計画**され、**棚割にもとづくディスプレイ（陳列）**という形で売場の品ぞろえが具現化されます。その基本は、顧客にとって目的の商品が探しやすく、見やすく、選びやすく、手に取りやすくすることです。

①棚割と科学的経営

IT化の進む小売業では、POSシステムの導入とそのデータの戦略的な活用が不可欠となってきています。POSデータの活用による死に筋商品のカットや市場動向の予測による新商品導入などの作業が棚割に結び付いていきます。

棚割の主導権を握っているのは、直接的に顧客に対応する小売業です。棚割は、小売業がより多くの利益を獲得するための重要な戦略として位置づけられています。それだけに、**棚割戦略**はディスプレイと同様に、売場スペースの効率性と密接に関係してきます。

②棚割の意味と重要性

棚割を行うためにつくる図表を棚割表といいます。商品分類基準にもとづいて作成する棚割表は、小売業が目指すべき経営の方向を確立するための基本的な商品政策の前提となるものです。

棚割とは、**「棚（ゴンドラ）スペースの中で、多種多様な商品（単品）を顧客が発見しやすく、かつ、比較・選択しやすいよう計画的に分類・配置する前段階の業務」**です。つまり、一定のゴンドラスペースの中で、いかに売上に貢献する場所を広くとるか、また、より多くの商品を販売しながら、どれだけ多くの利益を獲得するようにするか、その効率をアップさせることが店舗マネジメントの基本です。

棚割で確保したゴンドラの定番位置は、継続的に顧客に訴求できる強みがあり、安定的な売れ行きを示します。ゴンドラエンドにディスプレイされた特売商品とは、継続的な安定利益の確保という面で大きく異なります。また、棚割の方法によって、売れ筋商品や育成商品などのデータベース化が容易となります。

ゴンドラスペースには、テーマを持たせ、いかにして最大限の利益を生み出す商品の組み合わせを行うかが重要となります。ゴンドラスペース全体の商品が一部に偏ることなく、できるだけ多くの商品が売れるようにスペース配分することがポイントとなります。

棚割戦略なくして効果的なディスプレイはできませんし、また、マーチャンダイジングの効果も期待できません。

③棚割変更

商品カテゴリー（品種）構成の変更や、品目の改廃による品目変更、さらには、品目ごとの**フェイス数（フェイシング）**やディスプレイ方法の変更などは、棚割を変更するきっかけとなります。棚割変更を行うときは、**棚割表やディスプレイ台帳を作成して管理**します。当然、商品を補充する際にも定められた棚割表にもとづいて行います。

売場の発注や在庫管理をする従業員が、自己の意思で勝手に棚割を変更してはなりません。たとえば、品切れした商品の空スペースをほかの商品で埋め合わせるのはルール違反となります。なぜなら、その商品が廃番になったと顧客に勘違いされたり、また、従業員が品切れ状態を見過ごして発注忘れをすることにもつながるからです。

▼ 棚割の例

by Dick Thomas Johnson

物流の基本知識

1回の配送の量を減らし、回数を多くするのは、店舗の在庫を抑えるなどの効果があります。物流は、ただ、商品を移動させるだけではありません。

Navigation 要点をつかめ！

学習アドバイス

ADVICE!

メーカーによって生産された商品が消費者の手に渡るまでには、生産地と消費地が異なるという場所の隔たり、生産から消費に至るまでの時間の隔たり、生産者と消費者が異なるという人の隔たりがあります。この隔たりを結ぶのが物流の役割です。

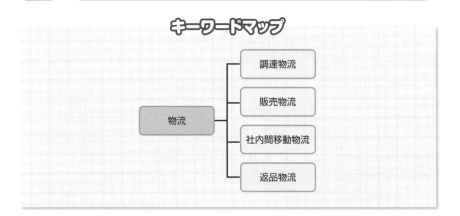

キーワードマップ

物流 ─┬─ 調達物流
　　　├─ 販売物流
　　　├─ 社内間移動物流
　　　└─ 返品物流

出題者の目線

●多頻度小口（少量）配送のメリット、デメリットについての出題が目立ちます。

Lecture

詳しく見てみよう

1　小売業の物流の分類

小売業の物流活動は、次の4つに分類されます。

▼物流活動の分類

調達物流	メーカー（生産者）、卸売業などのサプライヤー（仕入先企業）から、小売業の店舗に商品を届けるための仕入商品に関する物流活動
販売物流	店舗から顧客（消費者）の指定した場所に正確に商品を届けるための小売店と消費者との商品の受渡し（配送）に関する物流活動
社内間移動物流	チェーンストアなどにおける、社内の店舗間における商品移動に関する物流活動
返品物流	店舗や物流センターからサプライヤーに商品を返品する際に発生する物流活動

2　多頻度小口（少量）配送の進展

　小売店が売場の在庫をできるだけ抑え、販売効率を高めるための配送手段を**多頻度小口（少量）配送**といいます。メーカーや卸売業にとっては、少ない量の商品を頻繁に小売店に配送することになります。

　売れ筋商品をいかに迅速に補充していくか、商品の鮮度をいかにして保持していくかは、店舗運営の重要な鍵となっています。多頻度小口（少量）配送が定着した背景には、POSシステムやEOSなどによる情報化の進展によって、商品の販売状況が納入者（ベンダー）側にすばやく伝わるようになったこともあげられます。その反面、店舗側では納品に関わる作業の削減が、物流業者側にとっては物流コスト（ドライバーの人件費、燃料費など）の削減が大きな課題となっています。

　こうしたことから、今日では必要な商品を、必要なときに、必要な量だけ、必要な場所に、納入する**ジャスト・イン・タイム物流**が定着しています。

　今後は、サプライチェーン全体として物流システムの再構築を図る必要があります。

3 物流センターの機能

　物流センターとは、商品を一定期間、保管しておくことを目的とする**貯蔵機能**と、商品の入荷から出荷までの流れをコントロールし、商品を運びやすいように加工する**輸送・配送の基地としての機能**を備えた倉庫のことです。

　各店舗に対して、納入者（ベンダー）から個々に商品が直接納入されると、荷受が煩雑となり、作業コストも増加していきます。そこで、物流センターで一括集約して荷受・検品し、店舗別、カテゴリー別に商品を仕分けして配送しています。これにより、店舗は荷受・検品作業に追われることなく効率的なストアオペレーションができ、配送トラックの到着回数も大幅に削減できるようになりました。

▼ 保管機能の進化

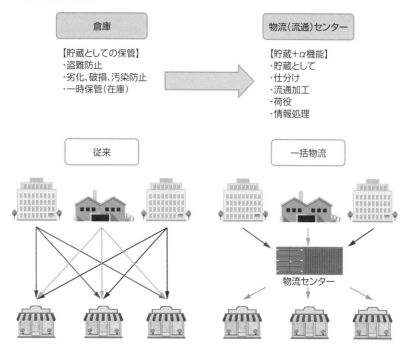

Theme 11 価格の設定要因と価格政策

重要度：★★★

価格次第で商品の売れ行きが変わってきます。
そのため、価格の設定にもさまざまな工夫が
凝らされています。

Navigation 要点をつかめ！

ADVICE!

学習アドバイス

売価（販売価格）の設定にあたっては、コスト面に加えて、競争、
需要といった市場環境が加味されます。

キーワードマップ

コストに応じた価格設定法 （コストプラス法）	⇒	売り手都合の価格
地域需要に対応した価格設定法 （マーケットプライス法）	⇒	消費者にとって買いやすい "値頃感"のある価格
競争を意識した価格設定法	⇒	ある商品に関しては、 ライバル店より安い価格

出題者の目線

● 9種類の価格政策と、4つの価格に関する諸問題は、試験ではよく出題される
ところですので、しっかりと理解しておきましょう。

詳しく見てみよう

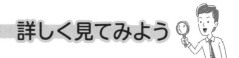

1　価格設定の基本

　メーカーや卸売業から商品を仕入れる取引価格は、小売業では**仕入原価**になります。これに一定の利益を加えて、**売価**（**販売価格**）を決定します。

2　価格設定の方法

　小売業が取り扱う商品は、価格設定の仕方によって売れ行きが左右されます。価格設定の方法には、大きく分けて次の3つがあります。

○コストに応じた価格設定法（**コストプラス法**）

　仕入原価に販売に要する諸コストと一定の利益をプラスして、「売価」とするもので、**マークアップ法**とも呼ばれています。

○地域需要に対応した価格設定法（**マーケットプライス法**）

　消費者にとって、買いやすい**値頃感**のある価格を設定します。

○競争を意識した価格設定法

　ストアコンパリゾン（競争店調査）によって、競争店の価格より安く、あるいは価格競争に負けないように自店の価格を設定する方法です。

3　価格政策の種類

　小売業の価格政策には、次のようなものがあります。

①正札政策（通常価格政策）

　その小売店の通常の価格で販売する方法です。

②端数価格政策

　98円、4,980円など、**端数のついた価格を意図的に設定する**ことによって、実際の価格以上の割安感を与え、購買意欲を高めようとするものです。

③段階価格政策（階層価格政策）

　品種ごとに、**高級品（アッパープライス）**、**中級品（ミドルプライス）**、**普及品（ローワープライス）** というように、販売価格に品質や品格によってクラスを設け、顧客の商品選択や購入の意思決定を促す価格政策です。

④慣習価格政策

　清涼飲料水、たばこのように購買習慣上、**消費者の意識の中に単価が定着している商品**があります。この価格を慣習価格といいます。

⑤名声価格政策（プレステージ価格政策）

　高級品（高級ブランド品、宝石、貴金属類など）に対して、**意図的に高価格を設定**することによって、稀少性や高品質であることを顧客に連想させます。

⑥割引価格政策

　通常の価格から、いくらかの金額を差し引いて販売します。

⑦均一価格政策

　シーズンの終わりなどに用いられる価格政策で、**仕入原価の異なる商品に対して同一の低価格**をつける方法です。

⑧特別価格政策

　目玉商品など、特定の商品に対して著しく安い価格を設定し、その他の商品の売上を高める方法です。

⑨見切価格政策

　シーズン商品の売れ残り品や、はんぱ物、きず物など、不良在庫を処理するために極端に安い価格を設定する方法です。

4　価格に関する諸問題

①再販売価格維持行為

　メーカーや卸売業が、それぞれ卸売業や小売業との間で、特定の商品をほかに転売（再販売）する際に、転売する価格（**再販売価格**）を指示し、市場での価格が維持されることを目的に行われる制度です。このときの価格を再販売価格といい、**原則的には独占禁止法で禁止されていますが、新聞、書籍、雑誌、レコード盤、音楽用テープおよび音楽用CDの6品目については例外的にこの行為が認められています。**

②二重価格表示

メーカー希望小売価格や小売店の通常価格に対して、そのときに値下げした販売価格の両者を並べて表示することを**二重価格表示**といいます。このような比較対照表示は、割引としての意味を持つことが多いので、販売促進の効果を高めることにもつながります。ただし、実売価格と比較対照価格が著しく異なる場合は、**景品表示法の不当表示**となる可能性があります。

③オープン価格

メーカーが希望小売価格を示さずに、卸売業や小売業が自主的に販売価格を決定し、その販売価格だけを店頭で表示するものです。

④単位価格表示

単位価格はユニットプライスともいわれ、100 g ○○円、1L ○○円など、単位当たりの換算価格のことです。同じような品質の商品の場合には、この表示によって、どちらが割安なのかひと目で判断できるため、消費者にとっては、商品の選択にあたって便利な表示です。

得点アップ講義

\\ POINT UP!/

再販売価格維持行為は、原則的には不公正な取引方法に該当し、独占禁止法によって禁止されています。また、特別価格政策において、極端な安売りを日常的に行った場合、独占禁止法の不当廉売に抵触するおそれがあります。

Theme 12 売価設定の基本

重要度：★★☆

小売業は、需要動向や競争店の動き、商品の
ライフサイクルなどを総合的に考えて売価を
設定します。

Navigation

要点をつかめ！

ADVICE! 学習アドバイス

EDLPとは、継続的に低価格で商品を提供することで、リピーター
を獲得していこうとする政策です。日本のスーパーの多くは、チラ
シ広告などによる特売商品戦略で集客を図っています。

キーワードマップ

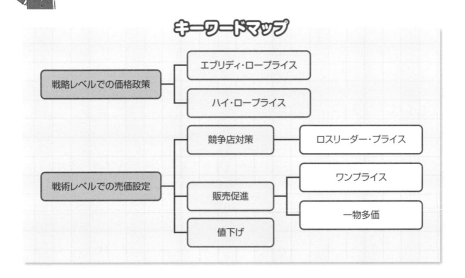

戦略レベルでの価格政策 ── エブリディ・ロープライス
　　　　　　　　　　　　└─ ハイ・ロープライス

戦術レベルでの売価設定 ── 競争店対策 ── ロスリーダー・プライス
　　　　　　　　　　　　├─ 販売促進 ── ワンプライス
　　　　　　　　　　　　│　　　　　　└─ 一物多価
　　　　　　　　　　　　└─ 値下げ

出題者の目線

●ロスリーダー・プライスや一物多価は、なじみが薄く、試験においてねらわれ
やすいところです。混同しないようにしっかりと理解しておきましょう。

詳しく見てみよう

1 売価の意味と種類

　売価とは、販売する商品につけられた販売価格のことです。売価の設定は、商品の売れ行きを大きく左右する要因であるため、小売業のみならずメーカーにとっても重要な経営課題といえます。

　価格設定（売価）の考え方とその方法には、小売業の戦略としての価格政策と、競争店対策や販売促進といった戦術レベルの価格政策の2つに分かれます。

2 戦略レベルの売価設定

①エブリディ・ロープライス

　エブリディ・ロープライス（**EDLP**＊）とは、小売業のトータルコストの削減努力によって、大部分の商品を**毎日、継続的に、競争店を下回る低価格で販売し続ける**という低価格販売志向の価格設定の考え方です。顧客がその店舗で1年間買物をしたとき、他のどの店舗よりもトータルの購入金額が低くなることを意味します。

②ハイ・ロープライス

　ハイ・ロープライスとは、チラシ広告などによって、特売価格をつけ、週間単位で商品の売価を上げたり下げたりすることです。休日、月末、歳末といった特定日に限り、通常価格を大幅に下回る価格を設定する場合も、これに含まれます。日本の小売業の多くが採用している伝統的な価格設定の方法でもあり、メリハリをつけた売価設定法です。

＊ **EDLP**　Everyday Low Price の略。恒常的低価格政策のこと。

3　戦術レベルの売価設定

①ロスリーダー・プライス

　競争店対策などで、ときには原価を下回る売価設定をする場合があります。ナショナルブランドの生活必需品などを目玉商品として、一定期間に限ってきわめて低い価格をつける方法を**ロスリーダー・プライス**といいます。

　ロスリーダー価格のねらいは、**安さで多数の顧客を店に呼び込み、他の商品を"ついで買い"させる**ことにより、店全体の売上や利益を増加させることにあります。

②ワンプライス（単一価格）

　「どれでも100円」というように、店内あるいは特定売場内の商品すべての売価を均一価格で設定するもので、顧客への心理的効果と販売促進効果を併せ持つ売価設定方法です。

③一物多価（割引）

　同じ商品でも、1個よりも2個買ったほうが割安である、箱単位であればより割安になるといったように、対象商品に複数の値段を表示することです。

④値下げ

　商品を仕入れたときにつけた売価を、やむを得ず下げて販売しなければならない場合もあります。これが値下げであり、その主な理由には、次のようなものがあります。

・商品にキズや汚れがついたため
・売出しのため
・競争店の安売りに対抗するため
・大量に売れ残った商品の処分のため

得点アップ講義

\\POINT UP!//

ロスリーダーは、利益幅を少なくしてロス（損）をしても、他の商品の販売促進につなげるという意味を持ち、仕入原価を下回るような安い価格を設定した商品のことです。

13 利益の構造

商品の売上が、そのままお店の利益になるわけではありません。

要点をつかめ!

Navigation

ADVICE!

学習アドバイス

店舗の売上は、一つひとつの商品の売上高、一人ひとりの顧客の売上高、1日1日の売上高の積み重ねの結果です。こうして積み上げた売上高の中から利益が生み出されます。その利益にも、粗利益や値入、営業利益など、いくつかの種類があります。

キーワードマップ

売価 － 仕入原価 ＝ 値入高
売上高 － 原価 ＝ 粗利益高

出題者の目線

●計算問題として出題される可能性は低いですが、公式を問う問題が出題されています。値入率、売価値入率、粗利益率の公式はしっかりと覚えておきましょう。

1　商品単位での利益

　店舗の売上高は、一つひとつの商品の売上高、一人ひとりの顧客の売上高、1日1日の売上高の積み重ねの結果です。

　商品1個について、売上高と原価、利益の関係は次のようになります。

○売上高（売価）

　値札に表示されている価格が売価であり、この売価に販売した数量を掛けたものが売上高になります。

○原価（仕入原価）

　原価とは、サプライヤー（仕入先企業）から買った仕入値のことをいいます。つまり、サプライヤーに商品代金として支払う金額です。

○粗利益高（値入高）

　店舗の儲けを利益といいます。一般的に利益という場合は、売上高に対しての利益を指します。利益にはいくつかの段階がありますが、基本は粗利益高です。粗利益高は、「売上高−原価」で求めます。

▼「原価」と「利益」の関係

2　値入高と値入率

○値入高

　販売価格のことを通常、**売価**と呼びます。商品を仕入れた価格（仕入原価）などに、いくらかの利益を加えて売価とします。この商品の売価を決めることを**値入**といい、仕入原価に加えた金額を**値入高**といいます。

たとえば、6,000円で仕入れた商品に、10,000円の売価を設定すると、10,000円－6,000円となって、「値入高は4,000円」となります。

▼ 売価と値入の関係

売価10,000円	
仕入原価6,000円	値入高4,000円

○ **値入率**

売価に対する値入高の割合を**売価値入率**といいます。売価値入率は、売価から見た利益率であり、売価値入率の高いほうが値入高（利益）は大きくなります。

▼ 売価値入率の計算式

$$売価値入率（\%）= \frac{値入高}{売価} \times 100$$

$$売価値入率（\%）= \frac{売価－仕入原価}{売価} \times 100$$

3 粗利益高と粗利益率

○ **粗利益高**

仕入れた商品を売価（販売価格）どおりに全部売り切ると、値入高と粗利益高は等しくなります。しかし、現実には値下げや割引、破損、万引などによるロス（品減り）が発生します。店舗段階での値下げやロスを加味したものが粗利益高です。

▼ 値入高と粗利益高の違い

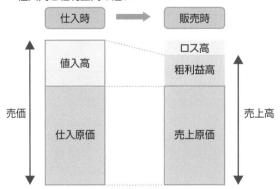

○**粗利益率**

　売上高に対する粗利益高の割合を粗利益率（売上総利益率）といいます。店舗の営業成績を判断する場合は、売上高の大小も重要ですが、粗利益高や粗利益率が重要な判断指標となります。

▼ **粗利益率の計算式**

$$
粗利益率（\%） = \frac{粗利益高}{売上高} \times 100
$$

得点アップ講義

一定量の商品をまとめて仕入れて販売する場合や部門別に値入高や売価値入率を求める場合は、値入高は値入高合計、売価値入率は平均値入率と呼び名を変えることによって単品の場合と区別します。

\\POINT UP!//

在庫管理の
基本知識

在庫は、売上や利益を実現するための資本と
なります。

Navigation

要点をつかめ!

ADVICE!

学習アドバイス

在庫を少なくすると品切れの危険性があります。一方、在庫を多く
すると売れ残ってしまうかもしれません。
小売店には、正確な販売予測を行い、適正な在庫管理を行うことが
重要です。

キーワードマップ

| 過少在庫 | → | 品切れリスク・販売機会ロス | → | 顧客満足の低下 |
| 過剰在庫 | → | 売れ残りリスク | → | 資金繰りの悪化 |

出題者の目線

●過少在庫、過剰在庫の影響については、よく出題されています。内容をしっか
りと理解しましょう。

Lecture 詳しく見てみよう

1 在庫とは何か

小売業は、メーカーや卸売業から商品を仕入れて販売するビジネスであるため、店頭に並べる商品そのものが在庫となります。つまり、店頭に並べられている商品も、**バックヤード**や倉庫に保管されている商品も、仕入れてから販売するまでの間は、そのすべてが「在庫」であるといえます。在庫の条件としては、いずれ近いうちに「売上」になる見込みがあることを基本とします。

2 在庫管理の重要性

○**過剰在庫の影響**

在庫が増えるということは、活用されていない資産が増加することを意味します。その分、**資金の流動性が低下し、資金繰りを悪化させる**ことになります。在庫が売れ残ってしまうと、品質の劣化、流行遅れによる陳腐化などのため、場合によっては、在庫を廃棄処分しなければならなくなります。また、在庫には、その保管場所となるスペースが必要となります。増えた在庫のために新たに倉庫を借りたりすれば賃借料が増加します。さらに、古い在庫がたくさん残っていると新商品への切り替えのタイミングを逸し、競争店に後れをとってしまい、結果として店舗間の競争力を低下させることになります。

○**過少在庫の影響**

商品の在庫量が少ないと**欠品の発生率が高まり、販売機会ロスにつながり**ます。それが頻繁に起こると、仕入先企業や顧客から「商品の管理レベルが低く、品ぞろえができていない。あの店は信用できない」と判断されてしまいます。

○**在庫管理の目的**

在庫が多すぎても少なすぎても、小売店の経営に悪影響を及ぼします。在庫管理の目的は、**在庫（仕入）に投資した資金を有効に運用して、小売店の利益の源泉となるように管理する**ことです。

①将来の需要を的確に予測する。
②適正な時期に適正な量を発注する。
③適正な価格または原価で確保する。
④適正な在庫レベルを維持する。

3 経営計画と在庫計画

　小売業では、最初に経営計画を定めてから、それにもとづいて仕入や販売計画などが決まってきます。在庫計画も経営計画にもとづいて進められます。

　在庫管理は、次の4つの体系で構成されます。

①総枠管理

　売上目標を達成するために、いつ、どれくらいの量の仕入が必要なのかを総枠で決定します。

②単品管理

　過剰・過少在庫を起こさないために、どのような方法で発注すればよいかを決定します。

③重点管理

　在庫を効率的、合理的に管理するためにはどうするかを検討します。在庫の種類により管理方法やウェイトを変えます。

④入出庫管理

　商品の入庫や出庫の動きを確実に把握し、円滑に在庫をコントロールすることです。

2

4　在庫管理の方法

①金額による在庫管理

　金額による在庫管理（**ダラーコントロール**）は、在庫に関する基本計数を把握するのに適しています。具体的には、「一定の期間に、どこの店舗で、いくら商品が売れたか」を、金額によって管理するもので、仕入枠数などを金額からに読み取ることができます。

②数量による在庫管理

　金額による在庫管理だけでは、「どのような種類の商品を、どれだけ仕入れたらよいか」という数量面の把握は困難です。これを補うのが、**数量による在庫管理**（**ユニットコントロール**）です。数量による在庫管理は、金額による在庫管理と補完関係にあり、「品種ごとに、どのような品目が何個売れたか」を把握する方法です。

5　商品回転率

　商品回転率は、**商品の仕入に投下した資本の回転効率を示す指標**です。一定期間に手持ち商品が何回転したかを表します。通常は、1年間、または半期の売上高を期首、期末の平均在庫高で割って算出します。**商品回転率が高いほど、投下した資本を早く回収でき、資本効率が高い**という判断ができます。

　計算方法の詳細は次のTheme15で解説します。

　小売業の業績は在庫の質によって左右されます。そのため、小売業は、売れない在庫（死に筋商品）を排除する一方、売れる商品（売れ筋商品）が欠品を起こさないような仕組みを構築しなければなりません。

データによる
在庫管理

販売計画や仕入計画の立案には、売場データ
が不可欠です。

Navigation

要点をつかめ！

ADVICE!

学習アドバイス

商品回転率は、売れ行きや在庫水準が適切かどうかを判断する際に
役立つ指標です。商品回転率から過剰在庫や不良在庫の存在もわか
ります。

キーワードマップ

```
データによる          販売計画・
在庫管理      →       仕入計画の立案
```

出題者の目線

●売場のデータを活用して在庫管理を行うことの重要性や、そのための指標であ
る「商品回転率」については、よく出題されています。内容をしっかりと理解
しておきましょう。

詳しく見てみよう

1　在庫データの活用

　在庫管理を進めるうえでは、在庫の金額と数量の両面から売場データを把握することが必要となります。在庫の金額と数量の両方を把握することには、次のようなメリットがあります。

- どのような商品を、いつ、どれだけ（金額・数量）、どこから仕入れたかに関するデータが得られ、効率的な仕入管理が可能になる。
- 売れ筋商品や死に筋商品が発見でき、適切な補充、追加発注や商品の返品、入れ替え、またはタイムリーな値下げが可能になる。
- 商品の売れ行きに合わせた品ぞろえの修正に役立つ。
- 次年度の販売計画や仕入計画を立てる際の参考データとして活用できる。

2　商品回転率の計算方法

①商品回転率

　商品回転率という場合の「商品」とは、「在庫としての商品」を指します。商品回転率は、商品の動きを示し、売れ行きがよいほど回転率は高くなります。

▼ 商品回転率の計算式

$$商品回転率（回）= \frac{年間売上高}{商品在庫高（売価）}$$

　商品回転率を計算する際には、どの時点での商品在庫高を基準とするかについて次の3つの方式があります。

▼ 商品在庫高を求める3つの計算式

(1) 商品在庫高 ＝ 期末商品棚卸高

(2) 商品在庫高 ＝ $\dfrac{\text{期首商品棚卸高＋期末商品棚卸高}}{2}$

(3) 商品在庫高 ＝ $\dfrac{\text{期末商品棚卸高（12 カ月合計）}}{12}$

②商品回転期間

商品回転率は通常1年間における回転数ですから、365日を商品回転率で割れば、商品在庫が1回転するのに要する期間を算出できます。

▼ 商品回転期間の計算式

商品回転期間(日) ＝ $\dfrac{\text{1年間(365日)}}{\text{商品回転率}}$

この数字は、次の2点を表しています。

・今日仕入れた商品が何日後に売れるのか（販売に要する日数）
・1日の売上高に対して何日分の在庫を持っているのか（日数換算の在庫量）

③交差比率

商品回転率は、販売効率を表す重要な指標ですが、商品回転率の良し悪しだけで小売業の経営状態を判断するのは早計です。**売れる商品は何か**（**商品回転率が高い商品**）と、**儲かる商品は何か**（**粗利益率が高い商品**）の両方を含めて検討する必要があります。

そこで、商品回転率に加え、単品レベルでの利幅の度合いを組み込んだ**交差比率**が使われます。交差比率は、商品回転率に粗利益率を掛けて得られた数値で、**在庫の生産性**（**販売効率**）を表すものです。つまり、**交差比率の数値が高いほど商品の販売効率がよい**ことを意味しています。

▼ 交差比率の計算式

交差比率 ＝ 粗利益率(%) × 商品回転率(回)

▼ 商品の交差比率

商品	粗利益率	商品回転率	交差比率
A	30%	5回	1.5
B	40%	15回	6.0
C	20%	18回	3.6
D	20%	6回	1.2

　4つの商品の中で、最も販売効率がいいのは、商品Bで、次いで商品C、商品A、商品Dとなります。

得点アップ講義

\\POINT UP!/

粗利益率とは、売上高に占める粗利益高の割合のことで、「売上高総利益率」ともいいます。粗利益率は、取扱商品によって違いがあり、一般的に、食料品や日用雑貨は粗利益率が低い傾向にあります。

販売管理の基本知識

Theme

16

重要度：★☆☆

販売段階の実績管理は、マーチャンダイジング活動に必要不可欠なものです。

Navigation　　　　　　　　　　　　**要点をつかめ！**

ADVICE!

学習アドバイス

「管理」という言葉は、指揮をするとか、そのとおりにやらせるというイメージが強いですが、それは販売管理の一部分でしかありません。PDCAサイクルを意識して販売管理を考えてみましょう。

キーワードマップ

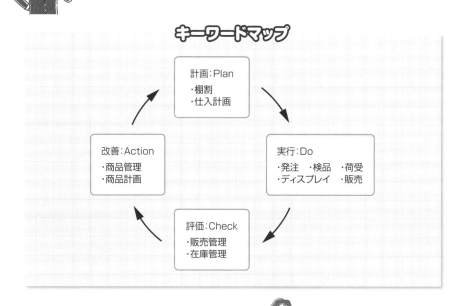

計画：Plan
・棚割
・仕入計画

実行：Do
・発注　・検品　・荷受
・ディスプレイ　・販売

評価：Check
・販売管理
・在庫管理

改善：Action
・商品管理
・商品計画

出題者の目線

●販売管理を行うまでのプロセスについては問われやすい箇所です。それぞれの内容を理解しておきましょう。

2

マーチャンダイジング

1 販売管理とは何か

販売管理とは、「**販売計画をもとに**小売業が実施する販売活動の方針や方法などを**指揮・統制**すること」です。

販売管理は、マーチャンダイジング活動から見ても重要な役割を果たしています。一連のマーチャンダイジング・サイクルにおいて、「販売」段階での実績を管理することだからです。この役割を果たさなければ、的確なマーチャンダイジングを遂行することはできません。

2 販売管理の目標

販売管理の重点目標は、商品カテゴリー別の**販売分析**と**販売計画**を重視して、販売活動の管理にあたることです。

①販売分析

販売分析とは、**小売業の内部（社内情報）、外部（社外情報）を収集、整理、分析すること**です。それによって、販売活動の実態や、その傾向、問題点などを把握し、販売目標の設定や計画の策定に活用する資料（情報）を作成します。

販売分析の目的は、小売業の営業活動を取り巻く環境要因やその変化の動向をできるだけ正確に把握し、その実態を明らかにするとともに、それらと販売実績などとの関連性を検討することにあります。

②販売計画の立案

販売計画は、次の点を考慮した内容でなければなりません。

▼ 考慮すべき事項

①努力範囲で実現可能なレベルを設定すること
②小売業が必要とするだけの適正な利益が確保されていること
③公平に担当部門ごとに割り振ること
④明確な月別活動目標に反映させること
⑤その目標達成の活動の裏付けが必要であること
⑥定期的にその実績を分析・評価し、活動の修正をする必要があること

③販売活動の管理

　作成された販売計画にもとづき、販売に関する諸活動を指揮・統制するために、計画の達成にとって最も望ましいと考えられる具体的な方法（5W1H）を決定します。さらに、その実行を促すとともに実行の結果をチェックし、必要な指示を与えながら、販売計画の実現に努めることが必要です。

　小売業に求められる販売管理の原点は、次のようにまとめることができます。

・**発注精度の向上（的確な補充発注）**
　売れ筋と死に筋商品や、発注点の把握、在庫量の把握、品切れ防止など。
・**販売数量と作業スケジュールのマッチング**
　バックルームの効率化のために、販売数量と作業スケジュールをマッチングさせることも販売管理の一環となる。
・**単品管理の徹底**
　POSデータを活用することによる単品管理の徹底。

▼ 販売管理の内容と作業の流れ

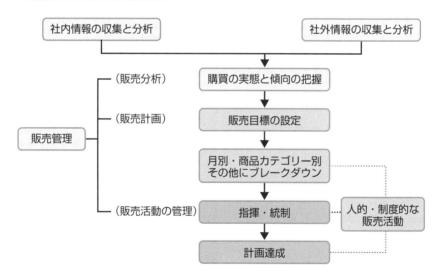

Theme

17

重要度：★★☆

POSシステムによる販売データの活用

POSシステムは、コンピュータを活用した情報管理システムです。

Navigation
要点をつかめ！

ADVICE!

学習アドバイス

POSシステムは、小売業のコンピュータ活用の代表的なものです。POSの機能や仕組みなどは、販売活動にとって重要な知識ですので、しっかりと理解してください。

キーワードマップ

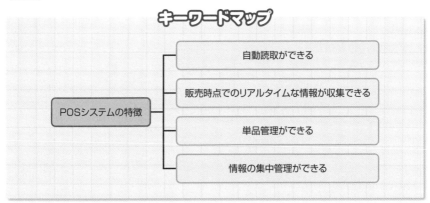

POSシステムの特徴
- 自動読取ができる
- 販売時点でのリアルタイムな情報が収集できる
- 単品管理ができる
- 情報の集中管理ができる

出題者の目線

● POSシステムに関する出題は、非常に多いです。POSシステムの特徴、仕組みについてしっかりと理解しておきましょう。

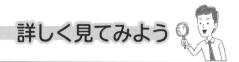

詳しく見てみよう

1 POSシステムとは

① POSシステムの定義

POS（Point of Sales：販売時点情報管理）システムは、「光学式自動読取方式のレジスターにより、商品を単品別に収集した販売情報（どの商品が、いつ、いくつ売れたのか）や仕入、配送などの段階で発生する各種の情報をコンピュータに送り、各部門がそれぞれの目的に応じて有効利用できるような情報に処理、加工し、伝送するシステム」と定義されています。

② POSシステムの特徴

・**自動読取ができる**

バーコードを光学式スキャナで読み取るだけで簡単に精算業務を行うことができます。

・**販売時点でのリアルタイムな情報が収集できる**

どの商品が、いつ、いくらで、何個販売されたかなどのデータがリアルタイムでコンピュータに登録、蓄積されます。常に最新データを把握することができます。

・**単品管理ができる**

POSシステムによる販売データは、単品ごとに記録されます。

・**情報の集中管理ができる**

小売業のマーチャンダイジング・サイクルの各種データを結び付けることで、情報の集中管理ができます。

2　POSシステムの活用

　POSシステムによって得られた商品の売上データは、売場生産性の向上に活用したり、小売業の経営改善に役立たせることが重要です。

▼ POSシステムの活用方法

販売管理	品ぞろえ計画
・時間帯別の売上管理 ・部門別の売上管理 ・商品別の売上管理	・売れ筋商品、死に筋商品の管理 ・季節商品、新商品の導入計画
販売促進	発注・納品管理
・売価の決定 ・販売促進の評価 ・チェックアウト・クーポンの発行	・単品管理 ・販売数量の予測

3　POSシステムの仕組み

　小売業におけるPOSシステムは、一般に**POSターミナル**（POS端末またはPOSレジスターともいいます）と**ストアコントローラ**から構成されています。

▼ POSシステムの仕組み

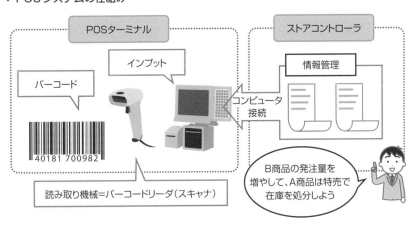

POSターミナル

インプット

バーコード

40181 700982

読み取り機械＝バーコードリーダ（スキャナ）

ストアコントローラ

情報管理

コンピュータ
接続

B商品の発注量を
増やして、A商品は特売で
在庫を処分しよう

①POSターミナル

POSターミナルは、**レジスター（精算業務）機能とPOS（販売時点での売上情報）機能**を持っています。

・レジスター機能

レジスター機能とは、買上商品の入力（商品登録）をはじめとして、入金処理や支払処理、現金割引、返品処理などのレジスターとしての基本機能のことです。

・POS機能

POS機能とは、POSターミナルとストアコントローラを連携させて、高度な**販売データ処理**をする機能です。

②ストアコントローラ

ストアコントローラとは、POSデータを利用して各種の情報管理と分析（商品在庫管理や発注管理など）を行うパソコンです。店舗内の事務部門や後方（**バックルーム**）に設置するのが一般的です。

③PC-POSの普及

PC-POSとは、WindowsやAndroidなど汎用性のあるOSを搭載したスキャナ付POSターミナルシステムのことで、POSシステム全体の8割以上を占めるほど主流となっています。

得点アップ講義

\\ POINT UP! /

チェックアウト・クーポンは、小売業が設定した商品を消費者が購入すると、レジと連動して、次回の購入時にその商品が割引されるクーポン券がもらえる仕組みのことです。レシートの裏側に印字されるクーポンもあります。

Theme
18
重要度：★★☆

バーコードの
基本知識

POSシステムの活用において理解すべき基本
知識がバーコードです。

Navigation

要点をつかめ！

ADVICE!

学習アドバイス

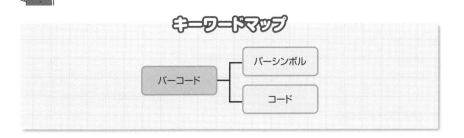

バーコードは、コンピュータをはじめとする各種の情報機器への
データ入力作業を容易かつ正確にするために誕生した情報入力手段
です。

キーワードマップ

```
                     ┌─── バーシンボル
         バーコード ──┤
                     └─── コード
```

出題者の目線

● JANコードの種類、標準タイプと短縮タイプ、JAN企業（メーカー）コードの
桁数などについて出題されています。

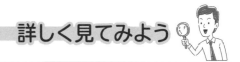

詳しく見てみよう

1 バーコードの仕組み

バーコードは、**バーシンボル**と**コード**から構成されています。

▼ バーコードの区分

	区分	内容	見本
バーコード	バーシンボル	白と黒のバーの列 情報媒体	
	コード（番号）	数字 データ主体	4569951116179

※ 「バーコードの基礎」（一般社団法人流通システム開発センター）より

2 JANコード

JANコードは、日本独自の呼び方で、国際的にはEANコードと呼ばれています。このEANコードは、世界100カ国以上で利用されている共通商品コードです。

①JANコードの種類

JANコードには、標準タイプ（13桁）と短縮タイプ（8桁）の2種類があります。

▼ JANコードの構成

標準タイプ（13桁）

9桁JAN企業（メーカー）コード

4 580444 500015

GS1事業者コード
（JAN企業コード）（9桁）

商品アイテムコード（3桁）

チェックデジット（1桁）

7桁JAN企業（メーカー）コード

4 912345 678904

GS1事業者コード
（JAN企業コード）（7桁）

商品アイテムコード（5桁）

チェックデジット（1桁）

短縮タイプ（8桁）

4900 0122

GS1事業者コード
（JAN企業コード）（6桁）

商品アイテムコード（1桁）

チェックデジット（1桁）

②JAN企業（メーカー）コードの申請

JAN企業（メーカー）コードは、一般財団法人流通システム開発センターが国際運用規約にもとづき、番号が重複しないように一元管理し、企業に貸与しています。

企業は、最寄りの商工会議所や商工会を通じて申請します。

　また、JAN企業（メーカー）コードは、**3年ごとの更新手続き**が必要になります。

③**商品アイテムコードのつけ方**

　商品アイテムコードをつける際の原則は3つあります。

・JAN企業（メーカー）コードの貸与を受けた企業が番号を付番する。

・単品（容量・色・味など）別に付番する。

・重複や付番ミスがないように担当者を決めて管理する。

▼ **商品アイテムコードのつけ方**

商品が異なる場合	希望小売価格が異なる場合
素材（原材料）が異なる場合	サイズが異なる場合
容量が異なる場合	包装形態が異なる場合
色が異なる場合	味が異なる場合
香りが異なる場合	販売単位が異なる場合
セット商品で価格または中身（組み合わせ）が異なる場合	

※「バーコードの基礎」（一般社団法人流通システム開発センター）より

④ソースマーキングとインストアマーキング

・ソースマーキング

　製造・出荷段階でJANコードを商品包装に表示することを「ソースマーキング」といいます。ソースマーキングは、商品の供給責任者（製造元・発売元・輸入元・ブランドオーナーなど）がどの企業なのか、また、何という商品かを識別するために行います。

・インストアマーキング

　小売業が**販売段階でJANコードを表示することを「インストアマーキング」**といいます。インストアマーキングは、バーコードの作成とそれを読み取る企業が同じ場合に使うため、社内システムとして位置づけられます。さらにインストアマーキングは、PLU方式とNonPLU方式に区分されます。

〈PLU方式〉

　PLUとは、Price Look Upの略称です。POSシステムの商品マスターデータベースに商品の売価を登録しておき、JANシンボルをスキャナで読み取った際に、商品マスターから売価を検索し、POS端末に表示・処理する仕組みのことをいいます。

〈NonPLU方式〉

　JANシンボルの中に売価を登録しておき、JANシンボルを読み取った際に、その金額を表示する仕組みのことをいいます。

問題を解いてみよう

問1 次の文章は、在庫管理の基本知識について示している。図中の〔　〕の部分に、下記に示すア〜オのそれぞれの語群から最も適切なものを選びなさい。

在庫管理の質によって小売業の〔ア〕は左右される。小売業は〔イ〕を排除し、その一方で、売れる商品の在庫を確保して欠品を防ぐための仕組みを構築しなければならない。

在庫が増えることは、活用されていない〔ウ〕が増加することを意味する。資金の〔エ〕は低下し、資金繰りを悪化させることになる。また、商品の在庫数量が少ないと欠品の発生率が高まり、〔オ〕につながる。

【語群】
ア	1. 顧客管理	2. 棚割	3. 業績	4. 業種
イ	1. 売れ筋商品	2. 死に筋商品	3. 新商品	4. 定番商品
ウ	1. 顧客	2. 買上客数	3. 資産	4. 負債
エ	1. 値入率	2. 粗利益率	3. 安定性	4. 流動性
オ	1. 万引	2. 販売機会ロス	3. 商品廃棄ロス	4. 棚卸ロス

問2 次のア〜オは、価格政策について述べている。正しいものには1を、誤ったものには2を選びなさい。

ア 端数価格政策は、598円や99円など、売価の末尾を8、もしくは9などの数字で統一し、顧客に心理的に安い印象を与え、販売数量を増加させる価格政策である。

イ ガムやチョコレートなどの価格のように、すでに一般に商品価格が心理的に浸透し、なじんでいる価格を「割引価格」という。

ウ 仕入原価に、販売に要する諸コストと利益を加えて価格を設定する方法を、マーケットプライス法という。

エ 慣習価格政策とは、アッパープライス、ミドルプライス、ローワープライスというようにクラスを設け、顧客の商品選択や意思決定を促す価格政策である。

オ 特別価格政策とは、高級品に対して意識的に高価格を設定し、高品質であることを連想させるものであり、プレステージ価格政策とも呼ばれる。

問3 次のア〜オは、販売計画策定の基本知識について述べている。正しいものには1を、誤ったものには2を選びなさい。

ア 販売計画は仕入計画にもとづいて策定され、その仕入計画に部門別計画などが含まれる。

イ 販売計画は、人材、商品、売場スペースといった経営資源を効果的に組み合わせることが基本となる。

ウ 販売計画の構成内容は、店舗の規模や業態によって異なり、一般的には、「売上計画」を軸に策定される。

エ 売場配置計画は、いつ、何を、どのように売っていくかを策定することである。

オ 販売計画には、全社レベル、店舗レベル、部門レベルなどがあり、さらに期間によって、期や季、月、週、日のようにさまざまな計画がある。

Answewer　 答え合わせ

問1 正解　ア−3　イ−2　ウ−3　エ−4　オ−2

解説

　売場に並べられている商品、**バックヤード**や倉庫で保管されている商品はすべて「在庫」となります。在庫は多すぎても少なすぎても、小売業の経営に悪影響を及ぼします。在庫管理の目的は、適正在庫を維持して、仕入に投資する資金を有効に運用し、在庫が小売店の利益の源泉となるように管理することです。

解説

ア 端数価格政策は、売価の末尾を8や9でそろえる価格政策であり、主にディスカウントストアやスーパーマーケットなどでみられる価格政策です。

イ 通常の価格から、いくらかの金額を差し引いて販売することを「割引」といいます。問題文は、慣習価格について述べています。

ウ マーケットプライス法とは、一定の地域ごとに消費者の立場で価格を設定しようとするもので、消費者にとって、買いやすい値頃感のある価格設定方法です。問題文は、コストプラス法について述べています。

エ すでに一般的に商品価格が心理的に浸透し、なじんでしまった価格を「慣習価格」といいます。問題文は、段階価格政策について述べています。

オ 特別価格政策とは、目玉商品など、特定の商品に対して、年間を通して著しく安い価格を設定し、その他の商品の売上を高める価格政策です。問題文は、名声価格政策について述べています。

解説

ア 販売計画は、商品計画をもとに策定されます。

イ 販売計画は、経営資源を効果的に組み合わせ、販売目標と予算達成のための指針と具体的な方策を明らかにすることがねらいです。

ウ 販売計画は、売上目標とその費用を定めた売上計画を軸に、「商品展開計画」「部門別計画や売場配置計画」「販売促進計画」「キャンペーン等実施計画」が付帯し構成されています。

エ 売場配置計画は、部門別またはカテゴリー別の売上や売場配置を策定する計画です。問題文は、商品展開計画について述べています。

オ 販売計画には、全社レベルの計画があれば、店舗レベルや部門レベル、さらには、期間によって、期、季、月、週、日のようにさまざまな計画があります。

第**3**章

ストアオペレーション

開店準備の業務

店舗の入口は、お客さまを最初に迎え入れる場所ですが、店舗の第一印象が決まる場所でもあります。

Navigation

要点をつかめ！

学習アドバイス

ADVICE!

小売店の業務は、お客さまを迎えるための開店準備から始まっています。開店準備の業務には、小売店の店舗内外のクリンリネスをはじめ、金銭管理や商品の補充とディスプレイの確認、POP広告やプライスカードのチェック、従業員の身だしなみチェックなどさまざまな内容があります。

▼ 店舗の業務

開店準備
・クリンリネス
・レジ操作の準備
・朝礼
・身だしなみチェック

➡

日常業務
・運営業務
・作業割当
・チェックアウト業務
・セールスプロモーション

➡

閉店業務
・クリンリネス
・レジの金銭チェック
・翌日の準備

出題者の目線

● 「クリンリネスの3S」、「朝礼」、「レジ業務」は、試験においてよく出題される重要なところです。

Lecture

詳しく見てみよう

1　クリンリネス

クリンリネスを実践するには、**清掃**、**整理**、**整頓**の**3S**が基本的な作業項目としてあげられます。

○清掃……常に売場をきれいに維持・管理すること
○整理……乱れた商品を所定の場所に戻すこと、不要な商品を売場から取り除くこと
○整頓……商品や資料などをきちんと片づけること

2　レジ操作の準備

レジでのチェッカー（会計係）の顧客対応は、その店舗の印象を左右し、来店頻度や売上に大きな影響を及ぼしかねません。レジでの業務では、**買上金額登録**、**接客**、**代金の受渡し**が基本的要素になります。

▼ チェッカーの開店前作業

①チェックアウトの周辺整備	④つり銭の準備
②備品の点検と補充	⑤連絡事項の確認
③レジスターの点検	⑥身だしなみチェック

3　朝礼

小売店の経営は、「朝礼」から始まるといっても過言ではありません。朝礼には、従業員のプライベートから仕事への意識の切り替えや、仕事への意欲を高める役割があります。さらに、全従業員が今日のスケジュールや売上目標などを確認し、顧客満足度の高い店舗づくりに向けて意思統一を図る時間でもあります。

通常、小売店の朝礼では、次のような確認事項や伝達事項があります。

・小売業または**店舗の経営理念、経営方針の徹底**
・**前日の業務引き継ぎ事項**と**反省点の確認**
・**今日の作業予定**と**販売目標の確認**
・従業員の身だしなみチェック　など

4　服装、身だしなみ

アメリカの心理学者であるアルバート・メラビアンは、コミュニケーションの３大要素の影響力は、「言葉」＝7％、「声や声の調子」＝38％、「視覚（動作、服装、化粧など）」＝55％の割合を示しているとしています。

販売員は、服装や身だしなみに十分な注意を払う必要があります。

▼コミュニケーションの３大要素

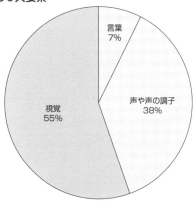

言葉
7%

声や声の調子
38%

視覚
55%

▼ さわやかで清潔さを感じさせる身だしなみ

①毎日、入浴したり、シャワーを浴びる。
②男性の場合は、ひげを毎朝そる。
③頭髪の手入れをする。
④洗濯したシャツ、ブラウスを着る。
⑤化粧は、ナチュラルメイクで品よくする。
⑥爪の手入れを常に怠らない。
⑦マニキュアは、自店の基準に合わせた色にする。
⑧髪の色は、自店の基準に合わせる。あまり明るすぎる色は避ける。
⑨香水やオーデコロンは好みが分かれるので、きつい香りは避ける。

Theme

2

重要度：★★☆

日常の運営業務

荷受、検収、補充（リセット）は、正確でスピーディ、かつ丁寧に行うべき作業です。

Navigation

要点をつかめ！

ADVICE!

学習アドバイス

売場の商品が減ってきたら、**バックヤード**から商品を**品出し**して補充しますが、先に仕入れた商品を手前から並べるようにします。これは、商品を補充するときの原則です。

キーワードマップ

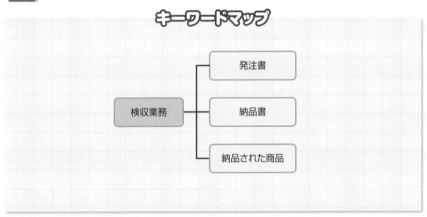

```
                    ┌─── 発注書

      検収業務 ──────┼─── 納品書

                    └─── 納品された商品
```

出題者の目線

●お客さまが求める商品が、常に適切な形で売場に並んでいないと、購買には結び付きません。そのため、発注した商品の荷受や検収作業を正確に行い、売場の商品が不足する前に、すみやかに補充しておくことが大切です。

詳しく見てみよう

1 荷受・検収

①荷受

　荷受とは、メーカーや卸売業などの仕入先企業 (サプライヤー) から配送されてきた商品を受け取ることをいいます。

②検収

　荷受のあと、発注した商品がすべて間違いなく店舗に入荷 (納品) されたかどうか検品・確認する作業が検収です。具体的には、**発注書**をもとに、**納品書**と、**納品された商品**の3つで欠品や数量不足、不良品の有無、誤納などを照合、確認します。この一連の検品と収納を**検収作業**といいます。

2 補充 (リセット)

　顧客の求める商品が売場に適切な形でディスプレイされていなければ、当然、購買には結び付かず、売上は増加しません。売れ筋商品や人気商品を絶えず確認し、それらの商品が**欠品**や**品薄**にならないように補うのが**補充 (リセット) 作業**です。
　商品が売れて、ディスプレイ什器に並べた商品数量が少なくなったら、**バックルーム**などから商品を選び出して補充します。これを**品出し**といいます。

①補充 (リセット) 作業の原則
○先入れ先出し陳列の遵守

　先入れ先出し陳列は、日付の新しい商品を棚の奥に入れ、必ず先に (早く) 入庫した日付の古い商品から販売できるように、ディスプレイする方法です。

▼**先入れ先出し陳列**

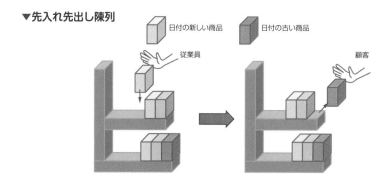

○前進立体陳列の強化

常に顧客の目や手が届く手前に商品を前進させて、陳列棚に余裕があるときは崩れない程度に商品を積み上げて立体的にディスプレイする方法です。

3　補充発注

①補充発注の目的

店舗における補充発注とは、適品、適時、適量を販売する体制を実現するための作業といえます。売れた商品を売場に必要なだけ補充するために、仕入先企業に商品を発注することを指しています。

②適正な品ぞろえの維持

商品管理は通常、「品ぞろえ計画」➡「補充発注」➡「荷受・検収」➡「値付」➡「補充（品出し）・ディスプレイ」➡「販売」のサイクルで行われます。このサイクルにおける補充発注の目的は、**欠品や過剰在庫の発生を防ぎ、適正な数量の品ぞろえを維持**していくことにあります。

▼ 店舗における商品管理サイクル

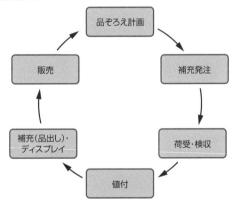

③補充発注の重要性

店舗における補充発注業務では、欠品や品薄状態にしないように気を配る一方、必要以上の在庫を持たないようにしなければなりません。

○過剰在庫の悪影響

・鮮度の劣化や**商品ロス**につながる。

・死に筋商品の増加と売れ筋商品の減少を招く。

・在庫チェック機能や**作業効率が低下**する。

・**在庫金利の負担が増加**する。

4 発注システム（EOS・EDI）

①発注の形態

発注の形態には、初期発注と補充発注があります。

○**初期発注**

定番商品と定める**新規の取扱商品**や**臨時の販売促進商品**に関する発注です。チェーンストアの場合は、本部が卸売業などの仕入先企業と仕入数量、納期、価格などの条件を打ち合わせて、そのつど契約して注文する形態です。

○**補充発注**

主に定番商品などを店舗の商品担当者が**継続的**に一定の仕入先企業へ必要な数量を発注する形態です。EOSやEDIなどを利用して、必要なときに商品コード（または商品名）と発注数量を仕入先企業に通知します。効果的な補充発注を行うためには、的確な数量による在庫管理が前提となります。

②EOS（電子発注方式）

小売業の店舗で入力された商品の発注データは、オンラインで本部や物流センター、あるいは仕入先企業のコンピュータに伝送されます。このように企業間をオンラインで結ぶ受発注システムのことを**EOS**といいますが、通常は店舗での**補充発注システム**のことを指しています。

▼ オンライン受発注システムの仕組み（チェーンストアの例）

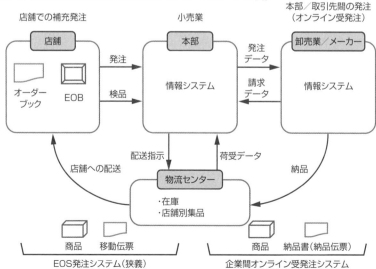

138

③EDI（電子データ交換）

EDIとは、一般的には**電子データ交換**のことを指します。企業間の商取引で発生する受発注などの取引データを、専用回線や付加価値通信網を通じて電子的にやり取りする、オンラインデータ交換システムのことです。

EDIは、異なる企業や組織間でやり取りする情報を、あらかじめ取り決めておいた標準方式（プロトコル）により、専用回線を介してコンピュータ相互間で電子的に交換する方式です。見積書や注文書、請求書などの書類を一切使わずに、ペーパーレスで取引に関わるデータを送受信するため、発注から納品、決済段階までの手間を大幅に省くことができます。

▼ EDIの例

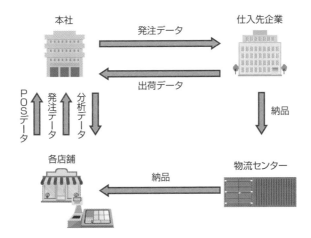

\POINT UP!/

得点アップ講義

商品の保管業務の一環として、値付作業があります。値付作業とは、設定した売価の札（タグ）を商品に添付する作業のことです。
棚ラベルの売価表示だけでは、購買の決定をしにくいと考える消費者も多く存在します。それだけに、値付は購買促進に欠かせない作業となっています。

3

メンテナンス
業務

重要度：★☆☆

POP広告とは、購買時点での情報をワンポイ
ントでPRする広告をいいます。

Navigation

要点をつかめ！

学習アドバイス

ADVICE！

"気持ちよく買物ができる店舗"というイメージを、常にお客さま
に持っていただくためには、きめ細やかな売場の維持・管理が欠か
せません。

キーワードマップ

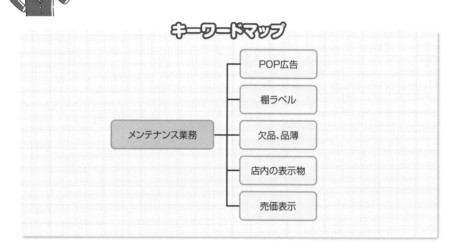

- メンテナンス業務
  - POP広告
  - 棚ラベル
  - 欠品、品薄
  - 店内の表示物
  - 売価表示

出題者の目線

● POP広告の書き方、サイン（案内図記号）、ピクトグラムなどは、試験によく
出題される重要なところです。

詳しく見てみよう

1　POP広告のチェック

　セルフサービス販売方式の売場では、重点商品や特定商品にはPOP広告をつけて、顧客に商品の特徴や用途などを瞬時に訴えかけることが必要になります。

○POP広告の書き方

- カードの枠いっぱいに、太く大きな字で書く。
- 字と字の間隔は、広がりすぎず、密着しすぎないようにする。
- 色を多く使いすぎると散漫になるため、3色以内でまとめる。

2　棚ラベルの管理

　商品一つひとつに棚ラベルをつけることは、売場管理の基本原則です。棚ラベルの未貼付や内容の不備、商品と棚ラベルが一致していないと、**商品の発注漏れや欠品を発生させる原因**となり、売場の生産性（販売効率）に支障をきたすことになりかねません。

　棚ラベルは、商品の中心に合わせて、棚板に漏れなく貼付するか差し込みます。商品と棚ラベルが一致していれば、補充発注業務がしやすく、顧客にとっても商品名や価格が見やすいといったメリットがあります。

3　欠品、品薄状況のチェック

　必要な商品を求めて来店する顧客にとって、その商品が店舗になければ、来店した意味もなくなってしまいます。商品の欠品1つで、顧客の信頼を失いかねません。

　売場において、商品の欠品や品薄が発生する原因には、次のようなものがあります。

①担当者の発注ミス
- 特定のサイズや色柄などに偏った発注
- 売れ行きや自店の顧客ニーズを考えない見込発注
②爆発的、予想外の売れ行き
- テレビ番組で該当商品が取り上げられたり、メーカーによるCMが放送されるなど
③仕入先企業（サプライヤー）の未納・遅納
- 商品発注後の仕入先企業による納期の遅れや未納など

4 店内の表示物などのチェック

①店内の表示物・サイン表示の有効性

　店舗を訪れた顧客が目的の売場にたどりつく手段として、店内に表示される案内図がよく利用されます。店舗からの告知や催事を案内する看板、記号などの総称を**サイン**（**案内図記号**）といいます。サインは、識別のしやすさ、目に止まる確率の高さなどから、文字よりもビジュアルな表現を用いた絵文字が好ましいとされています。

②標準化された案内図の絵文字

　表示物・サインの汚れや破損には十分注意し、汚れに気づいたらすぐに取り替えるなどの対応が必要です。

　案内用の絵文字（**ピクトグラム**）は、公益財団法人である交通エコロジー・モビリティ財団が設置した「一般案内用図記号検討委員会」において策定されました。

▼ ピクトグラムの例

お手洗い
lavatory
洗手间
洗手間
화장실

案内所
Drinking water
饮用水
飲用水
식수

身体障害者用設備
Accessible Facility
残障人士洗手间
殘障人士洗手間
장애인 편의 시설

案内所
Information office
问讯处
問訊處
안내소

5 売価表示のチェック

①プライスカード（値札）やプライスシールのチェック

　商品の売価表示が正しくても、数字の表記が小さかったり、汚れや破損があると、顧客の誤解を招いたりしかねません。定期的に汚れや破損のチェックをする必要があります。

②消費税の総額表示

　「総額表示（内税方式）の義務化」に伴い、商品の売価が消費税込の総額表示になっていることの確認も、売場での欠かせないチェック事項です。

Theme 4 チェックアウト業務

重要度：★☆☆

レジでの応対が店舗の印象を決定づけるといわれるぐらい、レジは大切な接客場所です。

Navigation

要点をつかめ！

学習アドバイス

ADVICE!

レジ部門は重要な接客場所であり、お客さまの買物の最後にあたるところです。お客さまに満足してもらえるよう、販売員には日頃から接客販売技術と商品知識の習得が欠かせません。

キーワードマップ

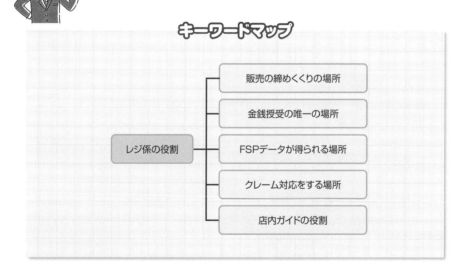

レジ係の役割
- 販売の締めくくりの場所
- 金銭授受の唯一の場所
- FSPデータが得られる場所
- クレーム対応をする場所
- 店内ガイドの役割

出題者の目線

●レジ係の役割、レジ係の仕事における４つの機能については、重要なところですので、しっかりと覚えておきたいところです。

詳しく見てみよう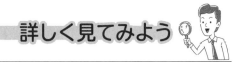

1 レジ業務の役割

①セルフサービス販売の場合

　顧客が自分で商品を選び、店内の1カ所に集中的に設置したレジで代金を精算する**セルフサービス販売**の店舗では、レジ係だけが顧客に接します。顧客への人的サービスの水準は、**レジ係のサービスで評価**されます。

○セルフサービス販売の店舗におけるレジ係の役割

> **①販売の締めくくりの場所**
> 　販売員が顧客に応対するのはレジ係が最初であり、最後でもある。顧客が満足して買物ができるかどうかを左右する重要な役割を担う。
>
> **②金銭授受の唯一の場所**
> 　POSレジで登録するときは、顧客の買上金額や預かり金、つり銭に注意を払う必要がある。小さなミスが原因でクレームになるおそれがある。
>
> **③FSPデータ**が得られる場所
> 　商品の買上金額だけでなく、登録された顧客情報や商品情報のデータが集計され、即時に出力される。
>
> **④クレーム対応をする場所**
> 　顧客からの"声"を直接聞きやすい場所なので、適切な処理が要求される。
>
> **⑤店内ガイドの役割**
> 　"店内のどこに、どのような商品をディスプレイしているか"などをわかりやすく案内する「店内ガイドの役割」も担っている。

○レジ係の仕事における4つの機能

- ・サービス係………　レジ周辺の様子に注意しながら、チェッカーや顧客の要望に対応する役割
- ・サッカー…………　商品を包装、袋詰めし、顧客に渡す役割
- ・チェッカー………　顧客をレジで迎え、商品をスキャン（登録）して金銭授受を行う役割
- ・キャッシャー……　チェッカーの仕事のうち、金銭授受だけを行う役割

②対面販売の場合

　百貨店に代表される対面販売においても、買上金額はいくらで、つり銭はいくらかをしっかり把握し、金銭授受は間違いなく行うことが大切です。

　カウンターでの商品包装は素早く丁寧に行い、なるべく顧客をお待たせしないようにし、つり銭を渡すときには金額を復唱し、確認の時間をつくるようにすれば、丁寧な接客となります。

2　レジでの接客

　"いらっしゃいませ"という顧客への呼びかけは、接客の導入部分であり、心から挨拶することが、接客を成功させる前提となります。レジ係も同様で、歓迎する気持ちで顧客を迎えることが大切です。

　レジ係の顧客への言葉遣いや態度、接客話法の注意点は以下のようになります。

①表情は明るく、やさしい笑顔。
②顧客への話し方には、思いやりがある。
③敬語を正しく使う。
④顧客にわかる言葉を使う(業界用語や専門用語は使わない)。
⑤顧客の言葉を否定したり、言い争ったりしない。

▼ レジでの接客話法

場面	言葉遣い
待ってもらうとき	「おそれいりますが、少々お待ちください」
待ってもらったとき	「大変お待たせいたしました」
こっちに来てほしいとき	「どうぞ、こちらにお越しください」
よいかどうかの確認をするとき	「よろしいでしょうか」
名前や住所を聞くとき	「おそれいりますが、お名前とご住所をお聞かせいただけますでしょうか」
並ばない顧客がいるとき	「おそれいりますが、お並びいただけますでしょうか」

○セルフサービス販売を主体とする小売店の「レジ業務における7大用語」

① 「いらっしゃいませ」
② 「(大変)お待たせいたしました」
③ 「○○円のお買い上げでございます」
④ 「○○円お預かりいたします」
⑤ 「ひとまず○○円お返しいたします。残り○○円のお返しでございます。お確かめくださいませ」
⑥ 「ありがとうございました」
⑦ 「またお越しくださいませ」

Theme

5

重要度：★☆☆

ミーティング

短時間の朝礼では伝えられない重要な事項を
伝達、調整する場がミーティングです。

Navigation

要点をつかめ!

学習アドバイス

ADVICE!

店舗で働く全員が共通の目標や考え方を持って仕事に取り組むこと
が必要になります。そのために、ミーティングを行い、関係者間の
意見調整や重要事項の周知徹底を図り、一致団結する必要がありま
す。

キーワードマップ

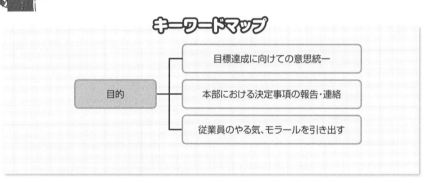

目的	目標達成に向けての意思統一
	本部における決定事項の報告・連絡
	従業員のやる気、モラールを引き出す

出題者の目線

● ミーティングの意義、目的、進め方については、しっかりと理解しておきましょ
う。

詳しく見てみよう

1　ミーティングの意義

　小売店が販売目標を達成していくためには、従業員全員の協力、**チームワーク**が大切です。そのため、それぞれの従業員が納得できる話し合いを通じて、お互いの**コミュニケーション**を深めていくことが必要です。

2　ミーティングの目的とテーマ

　ミーティングの目的と主なテーマは、以下のようになります。

○目標達成に向けての意思統一
　売上目標や利益目標などの数値目標の確認、さらには小売店の方針や商品の売出し日程などの説明により、従業員の理解を深め、目標達成に向けての意欲を高めていくことが大切である。

○本部における決定事項の報告・連絡
　・販売促進の実施に関する事項
　・店舗での作業に関する調整・連絡事項
　・新商品の導入および売価に関する事項
　・会議決定事項の連絡・報告事項

○従業員のやる気、**モラール**を引き出す
　正規社員はもちろんのこと、直接現場で顧客と接するパートタイマーやアルバイトも、店舗をよくするための意見や情報を持っている。だれもが自分の考えや意見を気兼ねなく発信できるミーティングの場を定期的につくることで、従業員一人ひとりの仕事への**参画意識**を高めることができる。

3　ミーティングの進め方

　ミーティングの実施にあたっては、リーダーはスピーディな進行を心がける必要があります。活発に議論することは当然ですが、店舗運営に支障が出るような長時間に及ぶミーティングは避けなければなりません。

　ミーティングの際にリーダーが心得ておくべきことには、次のような事項があります。

・テーマや目的の設定など、事前準備を入念に行う。
・リーダーは調整役にまわり、メンバーの発言を優先し、議論が活発に行われるように配慮する。
・メンバーの発言に対して賛同しかねる場合でも、他のメンバー全員で意見を言い合えるように、リーダーは中立のスタンスを保つ。
・少数意見のメンバーにも配慮し、発言の機会を与えるようにする。
・議論が大きく脱線した場合は、適宜、問題を整理する。
・1つのテーマで、できる限り全員の意見を求める。

4　ミーティングのまとめ方－結論を導き、まとめる段階でのポイント

　結論を導き出す際には、店舗の経営理念や方針から外れないようにまとめていくことが重要です。
　議論する内容によっては、すぐには結論が出ないこともあります。このようなときは、安易に多数決で結論を出したり、だれか1人の独断で決めてしまうことは避けなければなりません。場合によっては持ち越しとし、再度、ミーティングの場を設けることも必要です。

Theme

6

重要度：★★☆

包装（ラッピング）技術の基本知識

商品包装には商品価値を高めるさまざまな目的があります。

Navigation

要点をつかめ！

学習アドバイス

ADVICE!

店舗では、包装によるディスプレイ効果がお客さまの購買意欲を著しく喚起します。包装は、"もの言わぬ販売員"の機能を果たしています。

キーワードマップ

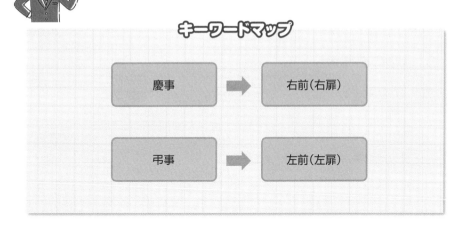

| 慶事 | ➡ | 右前（右扉） |

| 弔事 | ➡ | 左前（左扉） |

出題者の目線

●包装の基本、斜め包み、合わせ包みなどの包み方については、よく出題されています。

詳しく見てみよう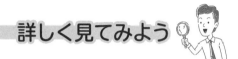

1 包装の意義

JIS（日本産業規格）の定義では、包装は「物品の輸送、保管などにあたって、価値および状態を保護するために適切な材料・容器などを物品に施す技術および施した状態をいう」と定義しています。

包装を大別すると、パッケージなど、商品そのものを入れる容器として、それぞれの商品価値を高めるための**個装**、個装された商品を外部圧力（熱、光、振動など）から守る**内装**、さらに捺印とラベルを付加して、保管や内容表示、輸送に必要な梱包となる**外装**になります。

2 包装の目的

商品包装の目的には、**商品の保護**、**取扱いの利便性**、**販売単位の形成**、**販売促進**、**情報伝達の手段**があげられます。

3 包装の心構え

販売員が包装する際に必要な心構えは次のようになります。

①商品の状態をよく調べる。
②商品に合わせた細かい配慮をする。
③スピーディに包む。
④美しく包む。
⑤過剰包装は行わない。
⑥責任を持って感謝の念を込めて包む。

4　包装の基本

　包装する目的や商品の形状によって包装の方法は変わりますが、その基本形は、「斜め包み（回転包み）」、「合わせ包み（キャラメル包み）」、「ふろしき包み（スクエア包み）」、「斜め合わせ包み」の4種類です。

　なお、慶事（お祝いごと）と弔事（お悔み）に使用する商品の包装の違いを知っておくことも大切です。**慶事**では、包装の合わせ目が、向かって右側が上に重なる**右前（右扉）**、**弔事**では、向かって左側が上に重なる**左前（左扉）**という方法で包装します。

○斜め包み（回転包み）

　斜め包みは、箱を回転しながら包む方法で、破れにくく丈夫に包めるうえ、包み終わりが1カ所にまとまるため、手早くきれいに包むことができます。

▼斜め包みの折り方

①箱は、天（上）を左に、表面を上に置きます。箱の3つの角が、紙に入る位置で、なるべく対角線に沿って置きます。

②手前の紙を起こし、箱の左角に沿って、左側の紙を折り上げます。

③タックは、内側へ折り込んでください。

④箱の高さ（A）に沿って、左側の紙を折り上げる（B）と、きれいに仕上がります。

⑤折り上げた左側の紙を、箱の上にかぶせます。

⑥折り目を、箱の左向こう側の角に沿わせながら、箱の手前から起こしてください。

⑦そのまま、箱を向こう側へ倒します。このとき、箱の左縁に沿うように紙の左側を内側へ折り込んでください。

⑧右側の紙も同じ手順で折ります。最後に、向こう側の紙を手前に持ち上げて、箱にかぶせます。

⑨右からかぶせた紙と、向こう側からかぶせた紙を、箱の対角線に沿うように、内側に折り込みます。

⑩向こう側からかぶせた紙を、もう一方の対角線に沿うように再度、内側に折り込みます。

⑪セロテープ、両面テープ、シールなどで止めます。

○合わせ包み（キャラメル包み）

アレンジの幅が広く、比較的簡単に包むことができる方法です。

▼ 合わせ包みの折り方

①右側の紙の端を、1～2cm折ります。
紙の中央に箱を置きます。箱の底面を
上にします。

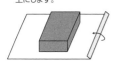

②右側の紙が箱の中央にくるように、
箱の位置を調整してください。

③先に、左側の紙を折ります。

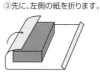

④次に、右側の紙を折ります。

⑤合わせ目をセロテープや
両面テープで止めます。

⑥上下の紙が均等になるように、
箱の位置を調整してください。
手前の上の紙を、箱に沿って
下へ折ります。

⑦左右の紙を、箱に
沿って折ります。

⑧下の紙を、箱に沿って折り上げ
ます。左右の紙と交わる位置に、
軽く印を付けてください。

⑨下の紙を、先に印をつけた
位置で内側に折ります。
下の紙を持ち上げます。

⑩持ち上げた紙をセロテープで止めます。
反対側も同じ手順で止めてください。

※http://www.print-ribbon.com

得点アップ講義

\\ POINT UP! //

包装は、商品の保護と輸送、取扱いの利便性といった物理的条件を満たすだけでなく、強力な販売促進の機能を持っています。商品を差別化する手段として利用され、消費者に強いインパクトを与えて購買決定に影響します。包装は、商品の販売促進にも役立つ「もの言わぬ販売員」の機能を果たすようになっています。

○ふろしき包み（スクエア包み）

　ふろしき包みは、箱を回転させずに包む方法で、包装紙の4つ角を立ち上げて包みます。

▼ ふろしき包みの折り方

①紙の対角線の中央に箱を置きます。箱は底面を下にして置きます。手前の紙を折って、箱にかぶせます。

②左側の紙を、箱に沿って折り上げます。箱にかぶせるとき、折り上げた紙の手前側を、対角線に合わせて、内側に折り込みます。

 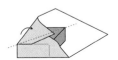

③次に、右側の紙を、同じ手順で折ってください。

④最後に、向こう側の紙を箱に沿って折り上げます。箱にかぶせるとき、紙の両側を対角線に合わせて、内側に折り込みます。

⑤セロテープ、両面テープ、シールなどで中央を止めます。

※http://www.print-ribbon.com

○斜め合わせ包み

　斜め合わせ包みは、正方形に近い箱の包装に使われます。包装紙をムダなく使える経済的な包み方です。

▼ 慶弔時の包装

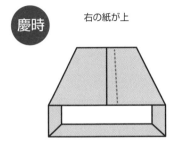

慶時　右の紙が上

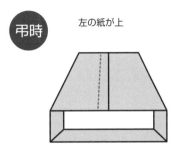

弔時　左の紙が上

○ひものかけ方

ひもを結ぶときの注意点としては、商品との間にすき間が生じてゆるまないようにすることです。ひもをかけるときは、**商品の角で結ぶ**とゆるみが生じにくくなります。

また、大きな商品や重い商品にひもをかけるときは、ひもをかけ、さらにひもにハンガーを付けて持ちやすくします。ハンガーをかけることで指にひもが食い込むことがなく、バッグなどのように運びやすくなります。ハンガーをかけたあとに下の部分のひもをハの字になるように広げると、ゆるみを防止し、外れにくくなります。

▼ ひものかけ方

| 十文字 | N字 | キの字 |

出典：「販売士検定試験3級ハンドブック」（2016年改訂版）

○リボンのつくり方

リボンは、商品に華やかさや愛情表現を加味することができます。かわいらしい、またはきれいなリボンがついていることで、受け取った人の喜びは大きくなるものです。

▼ リボンのかけ方

Theme 7 和式進物包装

重要度：★★★

和式進物包装には、古くからのしきたりがあります。

Navigation　　　　　　　　　　**要点をつかめ！**

学習アドバイス

ADVICE!

日本には、昔からの習慣やマナーというものがたくさんあります。

キーワードマップ

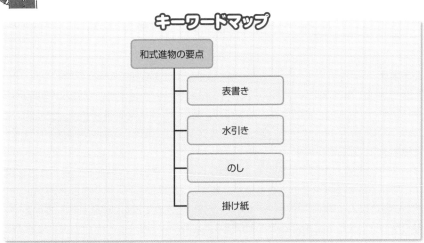

和式進物の要点
- 表書き
- 水引き
- のし
- 掛け紙

出題者の目線

●和式進物包装は、出題頻度が非常に高くなっています。和式進物様式の表は、しっかりと覚えておきたいところです。

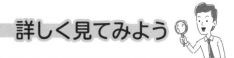

詳しく見てみよう

1 和式進物包装

和式進物の包装は、古くからのしきたりにのっとって整える必要があります。

▼ 和式進物の要点

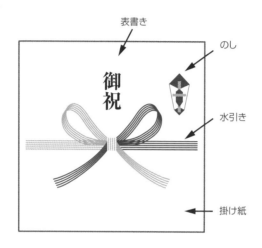

①表書き

表書きは、掛け紙に書く「御祝」や「御霊前」などの文字のことです。進物の目的により、どんな文字を書くかの決まりがあるので、きわめて重要です。

②水引き

水引きの色は、**慶事では紅白や金銀**が使用され、**弔事では黒白や銀白、黄白**が用いられます。水引きは結び方が重要で、**蝶結び（花結び）**と、**結び切り**の2種類があり、蝶結びは、出産など、何度もこの**喜びが繰り返されてほしい**ことを表しています。結び切りは、逆に、**二度とそのことが繰り返されぬように**という祈りを表します。

③のし（熨斗）

　のしは、“のしあわび（熨斗鮑）”とも表現されるように、もともとはアワビの肉を長く引き伸ばし、生干しにして木づちなどで引き伸ばしたものです。

④掛け紙

　現在は、半紙や白紙を多く用いますが、正式には檀紙または奉書紙を用います。また、通常ではのし、水引きが印刷された「のし紙」を使うことが一般的です。

和式進物のポイント

①表書きは、**慶事では黒の色を濃く、弔事の際は悲しみのために薄い墨**で書く。

②のし紙を品物にかけたときは、裏側で端が重なる場合は、**慶事は向かって右を上**に、**弔事は向かって左を上**にする。

③のし紙が品物よりはみ出るときは、切らずに下から折り曲げる。

④慶事の場合でも、品物が魚のときは、のしをつけない。

▼ 和式進物様式

行事の種類	内容	表書きの例	のし有無	水引きの色	水引きの種類
婚礼	結婚祝い	御結婚御祝、寿	○	紅白・金銀	結び切り
	結婚内祝い	内祝、結婚内祝	○	紅白	
結婚記念	金婚式	祝金婚式、御祝	○	紅白・金銀	蝶結び
成長	出産祝い	祝御出産、祝御誕生	○	紅白	蝶結び
	卒業	祝御卒業、御祝	○	紅白	
社会人	就職	祝御就職、御祝	○	紅白	蝶結び
	定年退職	御餞別、おはなむけ	○	紅白	
長寿	還暦	還暦御祝、御祝	○	紅白・金銀	蝶結び
見舞い	病気・けが見舞い	御見舞	×	紅白	結び切り
季節の贈答	迎春	御年始、御年賀	○	紅白	蝶結び
仏事	葬儀・通夜	御霊前、御香典	×	黒白・銀白	結び切り
神事	葬儀・通夜	御玉串料	×	黒白・銀白	結び切り
キリスト教	葬儀・前夜式	御花料	×	黒白・銀白またはなし	結び切り

ディスプレイの目的と基本的役割

ディスプレイは、商品をお客さまに認めてもらい、購入に結び付けるという大切な役割を担っています。

Navigation

要点をつかめ！

学習アドバイス

ADVICE!

ディスプレイは、お客さまが求める商品を見やすく、選びやすく工夫することが大切です。商品の売上アップにつながる大切な技術でもあります。

キーワードマップ

```
                              ┌── 見やすい
                              │
                              ├── 触れやすい
                              │
                              ├── 選びやすい
   ディスプレイの評価基準 ──────┤
                              ├── 豊富に見える
                              │
                              ├── 魅力的に見える
                              │
                              └── 効率的である
```

出題者の目線

● ディスプレイは、お客さまの購買意欲を高め、より多くの購買に結び付けるための演出技術です。効果的なディスプレイを行うには、6つの評価基準とその注意点を認識しておくことが重要です。

Lecture 詳しく見てみよう

1　ディスプレイの原則

　店舗には、顧客が短時間で楽に買物ができる**ショートタイムショッピング**や、1カ所で必要な商品を同時に買える**ワンストップショッピング**、さらに、もっとエキサイティングで楽しめる体験の"場"を提供することが求められています。

　ディスプレイとは、**小売店の対象とする顧客が求めている商品を、店舗内で最も見やすい適切な場所に、できるだけ少ない作業時間で、効果的に組み合わせて最適な数量を並べ、関心度の低い顧客にもPRし、買いたくなるように動機づけること**といえます。

2　ディスプレイの評価基準

　商品を魅力的に演出し、多くの顧客の購買意欲を促す効果的なディスプレイを行うには、次の点に気をつける必要があります。

①商品が**見やすいこと**

　売れ筋商品やお薦めの商品がいくら豊富な売場でも、商品が見やすくないと顧客にその商品の価値が伝わりません。

○見やすいディスプレイのポイント
- 商品の形状に大きなバラつきがないようにする
- 商品と、その後方の色彩や、照明の工夫にも注意する

②商品に**触れやすいこと**

　商品を気軽に手に取れるようなディスプレイにすることも、顧客の購買心理を高めることに大きく影響します。

○触れやすいディスプレイのポイント
- オープン（裸）陳列の手法を使って触れやすくする
- 陳列台の高さや奥行を考え、手の届く位置にディスプレイする

③商品が**選びやすいこと**

ディスプレイを行うにあたり、商品の関連性を基準にしてグループ化（商品分類）することが重要です。

○選びやすいディスプレイのポイント
- ・使用目的や価格帯、色などで商品を分類する
- ・仕切り板などで商品を明確に仕切る
- ・どんな基準で商品を分類しているか、顧客にわかるようにする
- ・POP広告を目的の商品に添えてアピールする

---

④商品が**豊富に見えること**

品ぞろえの豊富さを演出することも、ディスプレイの大切なポイントの1つです。商品（品ぞろえ）の豊富感を高めるためには、**品種の中で品目の数を多くする、品種の数を多くする、品目と品種の数を多くする**といった方法があります。

⑤商品が**魅力的に見えること**

ほこりなどがつかないように清潔さを保ち、顧客が比較して選べる楽しみを考えてディスプレイすること、照明や後景の色彩、並べ方に工夫を凝らしてディスプレイすることが大切です。

⑥ディスプレイの方法が**効率的であること**

商品を多く販売するためには、顧客が手前の商品から順序よく手に取って購入できるように、整然とディスプレイする必要があります。しかも、ディスプレイになるべく時間をかけずに、効率的に多くの商品を補充することが大切です。

ひっかけのポイント

品種とは、シャンプーやリンスなどの単位を表し、品目とは、シャンプーの中のブランドの単位を表します。品目をさらに細かく分けた単位が単品です。

2 見やすさと触れやすさの範囲

　売場面積や売り方の違いなどによって、見やすさと触れやすさの範囲が異なるのは当然です。しかし、日本人の平均身長を考慮すると、ゴンドラにディスプレイされた商品が最もよく見える範囲は、目線を中心としたスペース（125～170cmまで）といえます。

▼ 商品の見やすい範囲

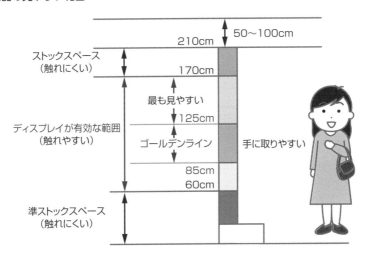

	50～100cm
210cm	
ストックスペース（触れにくい）	
170cm	
最も見やすい	
125cm	
ディスプレイが有効な範囲（触れやすい）	ゴールデンライン　手に取りやすい
85cm	
60cm	
準ストックスペース（触れにくい）	

得点アップ講義

\\ POINT UP! //

床上85～125cmまでの水平部分をゴールデンラインと呼びます。ゴールデンラインは、消費者にとって、最も取りやすい位置（高さ）のことです。したがって、目線ではなく"手線"の高さを指します。

9

重要度：★★★

ディスプレイの
基本パターン

ディスプレイの基本パターンは、商品の品質
や形状を基本として、陳列器具や販売方法に
よって違いが生じます。

Navigation

要点をつかめ！

ADVICE!

学習アドバイス

" ディスプレイは、陳列器具や位置、販売方法と並べ方の組み合わせ
など、さまざまな要素から形成されます。

キーワードマップ

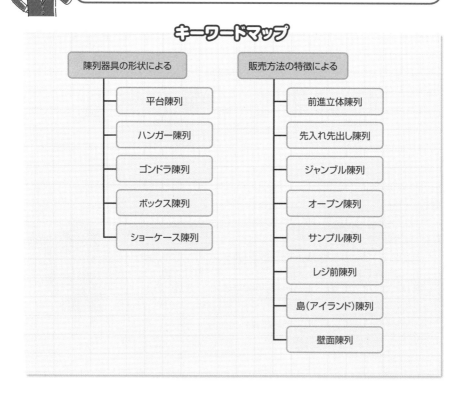

陳列器具の形状による	販売方法の特徴による
平台陳列	前進立体陳列
ハンガー陳列	先入れ先出し陳列
ゴンドラ陳列	ジャンブル陳列
ボックス陳列	オープン陳列
ショーケース陳列	サンプル陳列
	レジ前陳列
	島（アイランド）陳列
	壁面陳列

●ディスプレイの基本パターンは、試験において1問ないし2問出題されます。それぞれのディスプレイのメリット、デメリットは必ず覚えておきたいところです。

Lecture

詳しく見てみよう

1　陳列器具の形状によるディスプレイの基本パターン

陳列器具の形状によるディスプレイパターンは、次のようなものがあります。

①平台陳列

平台陳列は、衣食住のすべての部門で広く使われているディスプレイの1つです。

メリット	デメリット
・全体が見渡せる ・**大量販売しやすい** ・商品に触れやすい ・店内の移動が楽 ・**安さ、テーマ性を強調できる**	・売場のスペースを広くとってしまう ・高く積みすぎると、崩れやすい ・商品が傷みやすい

②ハンガー陳列

衣料品のディスプレイに多く使われます。

メリット	デメリット
・**型崩れしにくい** ・**触れやすい** ・作業がしやすい ・売場が乱れない	・間違いを発見しづらい ・**商品のフェイスが見づらい** ・ほこりがつきやすい ・商品を詰めすぎると、出し入れしづらい

▼平台陳列

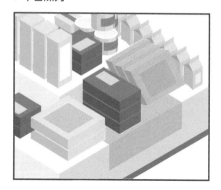

▼ハンガー陳列

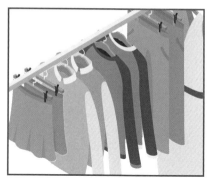

③ゴンドラ陳列

ゴンドラ（棚）陳列は食品スーパーや、コンビニエンスストアなどで多く使われます。定番商品を中心に、わかりやすく見せることができる陳列方法です。

メリット	デメリット
・**商品のフェイスをそろえやすい** ・**数量を管理しやすい** ・商品が崩れにくい ・商品が傷みにくい	・**商品の前出し作業が必要** ・**補充と前出しに手間がかかる** ・ディスプレイが単調になる

④フック陳列

フック陳列は、歯ブラシなどのように、あらかじめフック陳列用にパッケージされた商品をフックバーに直接かけてディスプレイする陳列方法です。文具や家庭用品の売場でよく使われています。

メリット	デメリット
・商品が見やすい ・在庫管理がしやすい ・整理しやすい	・大量陳列できない ・パッケージが傷みやすい ・大きな商品をディスプレイできない ・商品が取りづらい

▼ゴンドラ陳列

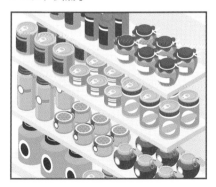

▼フック陳列

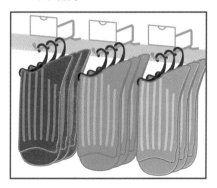

⑤ボックス陳列

　ボックス陳列は、ボックス（箱）をいくつか積み重ねたような仕切りの陳列機器に、それぞれの分類基準に従って商品をディスプレイする方法です。

メリット	デメリット
・色やサイズで分類しやすい	・商品全体のデザインが見にくい
・選定基準がわかりやすい	・商品整理に時間がかかる
・ほかの売場と異なるイメージがつくれる	・顧客が手に取りにくい

⑥ショーケース陳列

　対面販売方式を採用している売場で多く使われています。また、ショーケース陳列には3つのタイプがあります。

○ウインドウタイプ
　ショーウインドウとショーケースの両方の機能を備え、あるテーマにもとづいて関連商品を組み合わせたディスプレイをするのに適している。
○カウンタータイプ
　最も一般的なショーケース。対面販売でのカウンターを兼ねるものが多くなっている。
○アイランドタイプ
　店頭や店内の広い空間に独立して設置される島型のショーケース。

メリット	デメリット
・商品が汚れにくい	・ディスプレイと整理に時間がかかる
・高級感が演出できる	・商品に触れにくい
	・専門知識を持つ販売員が必要

▼ボックス陳列

▼ショーケース陳列

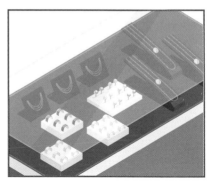

⑦エンド陳列

エンド陳列は、ゴンドラ陳列を変形させたものです。

メリット	デメリット
・大量陳列できる ・推奨商品、新商品をPRできる ・**価格の安さをアピールできる** ・**季節感を演出できる**	・作業の手間がかかる ・売場が乱れやすい

⑧ステージ陳列

ステージ陳列は、売場にステージをつくって商品をディスプレイする方法です。店内の**クローズアップ・ポイント**をつくるためのもので、ショーウインドウとしての役目もあります。

メリット	デメリット
・**流行品や季節商品を強調できる** ・**高級感を演出できる** ・**装着感を訴求できる**	・汚れやすい ・**スペースコストが高くなる** ・演出に時間と技術を要する

⑨カットケース陳列

商品の入っている段ボール箱をカッターで切り、ディスプレイに活用します。

メリット	デメリット
・**ボリューム感が出せ、大量陳列できる** ・**商品の安さを訴求できる**	・ダンボールのカット作業に時間がかかる ・**安っぽい商品のイメージを与えてしまう**

▼エンド陳列

▼ステージ陳列

▼カットケース陳列
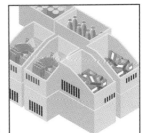

2　販売方法の特徴によるディスプレイの基本パターン

販売方法に応じたディスプレイパターンは、次のようなものがあります。

①前進立体陳列

前進立体陳列は、商品の迫力を出すために、商品のフェイスをそろえて盛り上がったように見せる方法です。鮮度を重視する食品や販売効率の高い日用雑貨などの商品で最も多く活用されています。

メリット	デメリット
• 見やすい • 触れやすい • **迫力感を演出できる**	• 前出し作業が必要 • 作業コストがかかる

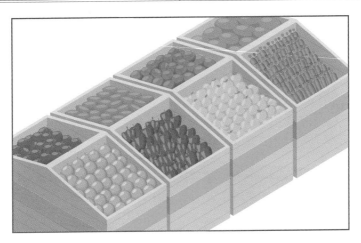

②先入れ先出し陳列

先入れ先出し陳列は、在庫管理や商品管理の面から求められる方法です。つまり、商品の鮮度を維持していくために、古い商品から売場に補充し、売場にすでに陳列してある商品を前方上方に移し、新しい商品を後方下方に補充する方法です。

メリット	デメリット
・商品の鮮度を維持できる ・古い商品が売れ残らない	・作業に手間がかかる

③ジャンブル陳列

ジャンブル陳列は、商品の形を整えずに、わざとバラバラにして投げ込んだようなディスプレイです。「投げ込み陳列」とも呼ばれています。

メリット	デメリット
・手間がかからない ・安さのイメージが出せる ・**衝動買いに結び付きやすい**	・商品が少なくなると売れ残りのイメージが強くなる ・商品が傷みやすい ・**品質イメージが悪くなる**

④コーディネート陳列

コーディネート陳列は、いくつかの関連する商品を一緒にディスプレイする方法です。

メリット	デメリット
・**商品のイメージアップになる** ・**売場に変化がつけられる** ・関連商品の販売に結び付く ・**使用した感じがつかめる** ・選びやすさを訴求できる	・ディスプレイに手間がかかる ・**商品を組み合わせるための感性や技術が必要となる**

⑤オープン(裸)陳列

オープン陳列は、顧客が商品に自由に触れるようにする方法です。

メリット	デメリット
・自由に手に取り、直接確認できる ・商品説明の手間を省ける	・商品にほこりがたまったり、照明で色あせたりする ・商品のメンテナンスに手間がかかる

▼ジャンブル陳列

▼コーディネート陳列

▼オープン陳列
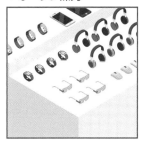

⑥サンプル陳列

商品サンプル（見本品）をディスプレイする方法です。

メリット	デメリット
• 使ったときの価値を伝えやすい • **作業コストが下げられる** • **商品ロスが少ない**	• 商品の量感が出せない • **在庫スペースをつくらなければならない**

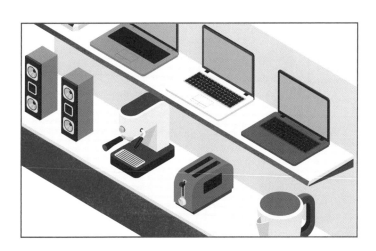

ひっかけのポイント

ディスプレイの際、商品を立体的に、ボリュームをつけて陳列するために使われる発泡スチロールなどの資材のことをアンコと呼びます。

平台陳列の場合、商品を高く積みすぎると崩れやすくなります。その場合、アンコを活用し、十分な横幅スペースを確保することで崩れることを防ぎます。

　顧客に“ついで買い”や“衝動買い”を促す機能があります。エンド陳列の形を変えて小さくしたようなもので、スーパーマーケットやドラッグストアなどで多く利用されています。セルフサービス販売の店舗で、集中レジの前にディスプレイされます。

メリット	デメリット
・多くの顧客の目にとまる ・商品に触れやすい ・ついで買いをしてもらうことができる	・レジ前が混雑するので、ゆっくり選べない

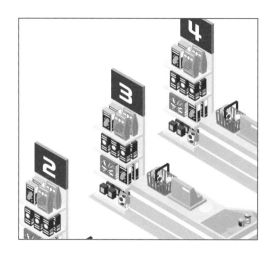

⑧島 (アイランド) 陳列

　島陳列は、店内通路の真ん中に平台などの什器で小さな陳列部分をつくり、店内を回遊する顧客の注目を引くディスプレイです。さまざまな分野の商品が対象となりますが、日常的に使われる方法ではなく、特売やイベントなどの特別な場合に用いられます。

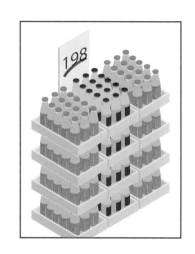

メリット	デメリット
・取りやすく、衝動買いを起こさせる ・安いイメージを出せる ・大量販売ができる	・品質面でよいイメージを与えられなくなる ・**通路が狭くなり、買物の邪魔になる** ・商品を積み上げたりするので、煩雑になる

⑨壁面陳列

　壁にあつらえた陳列棚に商品を並べる壁面陳列は、ディスプレイの中でも最もポピュラーなタイプです。ドラッグストアなどでは、2階の売場に上がる階段の壁面を使い、上の階の売場に顧客を誘導させています。

メリット	デメリット
・迫力が出せる ・商品の豊富さを強調できる	・天井に近い商品は、手に取って確かめることができない ・ディスプレイに時間がかかる

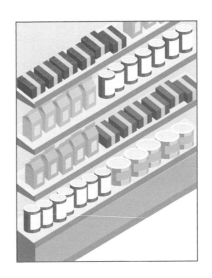

\\ POINT UP! //

得点アップ講義

ショーケース陳列は、主に対面販売方式を採用している売場でよくみられます。ショーケース陳列に適した商品は、①消費者に説明を要する商品、②趣味性や嗜好性に富み、比較的単価の高い商品、③少量の手持ち在庫で販売する場合の商品、④保存・整理などを重視する商品などになります。

ファッション衣料品業界のディスプレイ技術

視覚情報の中で、最初に目にとまるのが「色」であり、売場演出において重要な要素を持っています。

Navigation

要点をつかめ！

学習アドバイス

ADVICE！

ファッション衣料品のディスプレイに必要な技術は、「空間コーディネート」と「カラーコントロール」です。まず、空間コーディネートでディスプレイ全体をコントロールし、カラーコーディネートで細かい部分まで含めて衣料品の見え方や印象をつくり上げていきます。

キーワードマップ

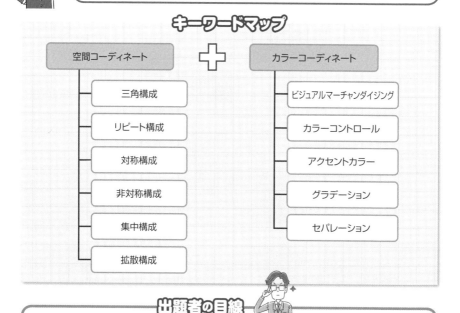

空間コーディネート	カラーコーディネート
三角構成	ビジュアルマーチャンダイジング
リピート構成	カラーコントロール
対称構成	アクセントカラー
非対称構成	グラデーション
集中構成	セパレーション
拡散構成	

出題者の目線

●カラーコーディネート関連用語、ディスプレイパターン・什器備品関連用語は、試験においてよく出題されています。

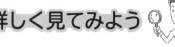

詳しく見てみよう

1　ファッション衣料品のディスプレイの基本

　ファッション衣料品のディスプレイに必要な技術は、「空間コーディネート」と「カラーコーディネート」です。このうち空間コーディネートの主な技法は以下のとおりです。

●空間コーディネートの主要技法
①三角構成
　商品、マネキンのボディ、プロップなどの配置や空間構成を行う際に、最も基本となる構成パターンです。ディスプレイ・スペースの全体を対象とし、立体的三角形を意図した枠（ゾーン）にまとめる方法。

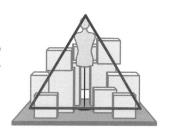

②リピート構成
　同一品目の色違いやサイズ違い、または同一カラーのデザインや価格でのバリエーションなど、同じ陳列展開を繰り返して見せる構成パターン。

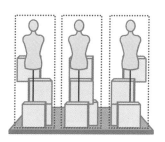

③対称構成（シンメトリー構成）
　左右対称にディスプレイする構成パターン。

④非対称構成（アシンメトリー構成）
　左右のバランスを意図的に崩して非対称にする構成パターン。

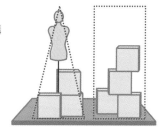

⑤集中構成
　商品を1カ所に集中させた構成パターン。

⑥拡散構成
　ウインドウ（陳列フレーム）からはみ出すように配置した構成パターン。

2 カラーコーディネート関連用語

①ビジュアルマーチャンダイジング

　売場にある重点商品をどのように主張させるかという視覚効果や、顧客の購買意欲をどのように刺激して買ってもらうかという提案方法を具体化した**視覚面での品ぞろえ政策**をいいます。

②カラーコントロール

　売場にディスプレイする商品のさまざまな色を、ある基準で分類・整理して、店舗固有のトータルイメージを醸し出すディスプレイ技術です。

③アクセントカラー

　さまざまな商品の中で、少量の商品に特別の配色を施すことによって、売場やディスプレイの全体を引き立てる**強調色**を指します。

④グラデーション

　色の濃淡や明暗、色相などが**規則正しく段階的に変わっていく**ことを意味します。

⑤セパレーション

　商品を分離させる、引き離すという意味があり、配色の中間に入れる色をセパレーションカラーといいます。

3 ディスプレイパターン・什器備品関連用語

ハンギング	商品をハンガーにかけて見せる陳列
フォールデッド	商品を畳んで見せる陳列
フェースアウト	商品の正面を見せて陳列（ハンギングの一種）
スリーブアウト	商品の袖（サイド）側を見せて陳列（ハンギングの一種）
プロップ	ディスプレイで使用する演出用小道具
リアルマネキン	人体を忠実に再現したマネキン
アブストラクトマネキン	頭、手、肩などの体の一部をデフォルメ（誇張）したマネキンや顔のつくりが抽象的なマネキン
スカルプチュアマネキン	ヘアと肌が1色などのように、頭部を彫刻的に製作したマネキン
トルソー	布張りや合成樹脂などでつくられた上半身のボディ
ライザー	卓上トルソー、帽子スタンドなどの陳列補助器具

問1 次の文章は、包装の種類と特徴について示している。図中の〔 〕の部分に、下記に示すア〜オのそれぞれの語群から最も適切なものを選びなさい。

包装の基本形としては以下の4種類がある。

〔ア〕:「回転包み」とも呼ばれ、箱を回転しながら包む方法で、破れにくく丈夫に包めるうえ、包み終わりが1カ所にまとまるため、手早くきれいに包むことができる。

合わせ包み:「〔イ〕」とも呼ばれ、アレンジの幅が広く、比較的簡単に包むことができる方法である。うれしい出来事があったときのパーソナルギフトなどに用いられる。

〔ウ〕:回転させられない、あるいは高さのある箱の場合に便利な包み方で、箱を包装紙の中心に斜めに置いて、紙の4つの角を立ち上げて包む方法である。「〔エ〕」とも呼ばれる。

〔オ〕:正方形に近い箱の包装に使われる。包装紙をムダなく使える経済的な包み方。

【語群】

ア 1.斜め包み   2.キャラメル包み   3.ふろしき包み
     4.斜め合わせ包み

イ 1.スクエア包み   2.ふろしき包み   3.キャラメル包み
     4.斜め包み

ウ 1.キャラメル包み   2.合わせ包み   3.斜め包み
     4.ふろしき包み

エ 1.スクエア包み   2.キャラメル包み   3.斜め包み
     4.斜め合わせ包み

オ 1.スクエア包み   2.斜め合わせ包み   3.ふろしき包み
     4.キャラメル包み

問2 次のア～オは、POP広告と棚ラベルついて述べている。正しいものには1を、誤ったものには2を選びなさい。

ア POP広告のPOPとは、Point of Purchaseの略称であり、POSシステムによる購買促進のことをいう。

イ POP広告は、一般に対面販売方式よりもセルフサービス販売方式の売場で多用される。

ウ POP広告は、3色以内でまとめると効果的である。

エ セルフサービス販売方式を主体とする売場では、原則として品種ごとに棚ラベルを貼付する。

オ EOSでオンライン発注を実施している店舗では、一般に商品名や売価などのほか、ピクトグラムが印刷された棚ラベルを使用している。

問3 次のア～オは、ファッション衣料品における什器備品について述べている。正しいものには1を、誤ったものには2を選びなさい。

ア 体の一部をデフォルメ（変形・歪曲）したマネキンや顔のつくりが抽象的な個性の強いマネキンなどをスカルプチュアマネキンという。

イ ヘアと肌が1色などのように、マネキンの頭部を彫刻的に製作したマネキンをリアルマネキンという。

ウ 布張りや合成樹脂などでつくられた上半身のボディをライザーという。

エ ステージやショーウインドウなどのディスプレイで使用する演出小道具をプロップという。

オ レリーフ型ボディ、帽子のスタンドなどの陳列補助器具のことをトルソーという。

答え合わせ

問1 正解：アー1　　イー3　　ウー4　　エー1　　オー2

解説

　回転包みは「斜め包み」のことであり、手早くきれいに包め、破れにくく丈夫なため、フォーマルな包装にも使われます。ただし、高さのある箱や正方形の箱は包みにくいので、その場合は「ふろしき包み」「斜め合わせ包み」の方法を用います。ふろしき包みは「スクエア包み」とも呼ばれ、回転させられない、あるいは高さのある箱の場合に便利な包み方です。斜め合わせ包みは、正方形や正方形に近い箱に適した方法で、箱の底面を上にして、左・右・下・上の順で包装します。

問2 正解：アー2　　イー1　　ウー1　　エー2　　オー2

解説

ア POPとは、Point of Purchaseの略語であり、"顧客が商品を購買する時点"という意味です。

イ POP広告は、一般にセルフサービス販売方式の売場で多用されます。

ウ POP広告は、色を多く使いすぎると散漫になるため、3色以内でまとめると効果的です。

エ 原則として単品ごとに棚ラベルを貼付します。

オ EOSでオンライン発注を実施している店舗では、一般に商品名や売価などのほか、バーコードが印刷された棚ラベルを使用しています。

解説

ア　スカルプチュアマネキンは、ヘアと肌が1色などのように、マネキンの頭部を彫刻的に製作したマネキンのことです。問題文は、アブストラクトマネキンについて述べています。

イ　リアルマネキンは、人体を忠実に再現したマネキンのことです。問題文は、スカルプチュアマネキンについて述べています。

ウ　ライザーとは、陳列補助器具のことです。問題文は、トルソーについて述べています。

エ　プロップはもともと、映画や舞台における小道具を意味します。

オ　トルソーとは、布張りや合成樹脂などでつくられた上半身のボディのことです。問題文は、ライザーについて述べています。

第**4**章

マーケティング

小売業のマーケティングの基本知識

小売業のマーケティングの特徴を4つの視点からとらえることが大切です。

Navigation

要点をつかめ！

学習アドバイス

ADVICE！

マーケティングとは、対象となる市場において企業が自己の優位性を得ようとするための販売に関する諸活動の革新といえます。

キーワードマップ

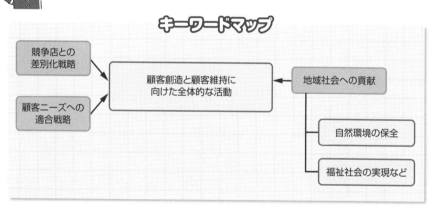

競争店との差別化戦略

顧客ニーズへの適合戦略

→ 顧客創造と顧客維持に向けた全体的な活動 ← 地域社会への貢献

自然環境の保全

福祉社会の実現など

出題者の目線

● メーカーと小売業のマーケティングの違いは、多頻度で出題されています。それぞれの違いをしっかりと理解しておくことが重要です。

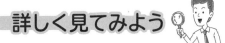

Lecture　詳しく見てみよう

1　マーケティングとは何か

　マーケティングは、「**対象となる市場において企業が自己の優位性を得ようとするための販売に関する諸活動の革新**」といえます。

　商品をただ単に店頭に並べておくだけでは売れなくなった今日、小売業には、店頭を活用して新たな購買需要を創造するマイクロ・マーケティングの展開が求められています。

2　メーカーと小売業のマーケティングの違い

	メーカー	小売業
タイプ	マクロレベルのクラスター（集団）マーケティング	マイクロレベルのパーソナル（個）マーケティング
展開の範囲	広域的エリア（グローバル志向）	狭域的エリア（リージョナル志向）
標的	マジョリティ市場（特定の多数派消費者）	マイノリティ（自己商圏の少数派顧客）
ねらい	ブランド（市場）シェアの拡大	顧客（来店率と購買率）シェアの拡大
手法	E・J・マッカーシーの4P理論にもとづく手法（少品目大量販売型）	E・J・マッカーシーの4P理論にもとづく手法の応用（多品種少量販売型）
コスト	テレビCMなどマス媒体を中心とする高コスト化	チラシ広告などリージョナル媒体を中心とする低コスト化

出所：『小売業の新戦略　マイクロマーケティング入門』（PHP研究所）

3　小売業のマーケティングとは何か

　従来、マーケティングは、消費財メーカーが中心となって4P理論にもとづくさまざまな実践的戦略として展開されてきました。ここでは、大量生産に伴う大量販売方式が採用され、いわゆるマクロレベルのマジョリティ市場に向けたマーケティングによる市場シェアの拡大をねらいとしてきました。これに対して、小売業のマーケティングは、近年になってようやく一部の有力な小売業によって、マイクロレベルのパーソナルマーケティングが形成されようとしているところです。

▼ メーカーと小売業の4Pの違い

	メーカー	小売業
プロダクト Product	**プロダクトプランニング** **製品化計画** 計画的、継続的な製品開発 （マイナーチェンジに偏重）	**マーチャンダイジング** **商品化政策** 品種の効果的な組み合わせと品目の選定および数量の決定
プロモーション Promotion	**マスプロモーション** **大規模広域型広告宣伝** テレビCMや雑誌などのマス媒体による大規模な広域的広告宣伝活動	**リージョナルプロモーション** **店頭起点の狭域型購買促進** 店頭での各種イベントの実施、チラシ広告などによる商圏内に限定した活動
プライス Price	**スタンダードプライス** **全国標準価格** メーカー主導型の希望小売価格から参考価格の示唆へと移行	**エブリディフェアプライス** **地域基準の公正価格** 地域の需要や競争状況などを考慮に入れ、公平で偽りのない適正売価を設定
プレイス Place	**マーケティングチャネル** **流通経路戦略** 最も効果的な流通経路の選択とコントロールによる市場シェアの確保	**ストアロケーション** **立地・店舗配置** 商圏調査にもとづく立地選定と適切な業態の開発による戦略的出店

出所：『小売業の新戦略　マイクロマーケティング入門』（PHP研究所）

Navigation

Theme 2

4P理論の小売業への適用

重要度：★★★

メーカーが行うマス・マーケティングに対して小売業が行うマーケティングは、マイクロ・マーケティングです。

要点をつかめ！

学習アドバイス

ADVICE!

小売業は、限られた商圏（地域）に立地する自己の店頭で、さまざまな商品を一人ひとりの顧客に少量ずつ販売するローカルマーケティングです。

キーワードマップ

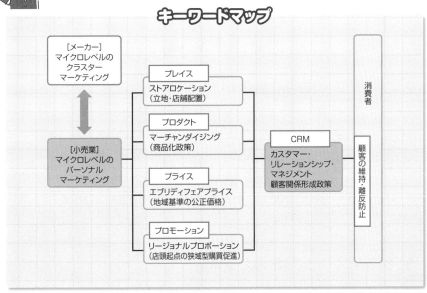

出所：『小売業の新戦略　マイクロマーケティング入門』（PHP研究所）

Lecture **詳しく見てみよう**

1 プレイス（立地・店舗配置）

「自社商品を、どのような流通経路を通じて、末端の消費者まで、いかに効率的に
届けるか」を検討するのが、**メーカーの流通チャネル（経路）政策**です。

これに対して、小売業のプレイスとは、**商圏（立地）の選定と業態開発による出店**
が基本となります。

商圏（立地）の選定とは、最適な業態（店舗）を出店するために、どの場所（立地）に
そのようなニーズを持った顧客をターゲットにするかを決定することです。

2 プロダクト（商品化政策）

メーカーの製品化計画は、新製品の開発ラッシュによって、自社の**市場シェア**を
維持することです。

これに対して小売業は商品化政策が重要な課題となります。各メーカーが製造し
たさまざまな製品がある中で、商圏内の顧客のライフスタイルやニーズ、自社の業
態特性に合わせて、「**どのようなカテゴリー（品種）の売場構成にすべきか**」を考慮し
ます。

3 プライス（地域基準の公正価格）

従来のメーカーの価格政策は、メーカーが主導権を握り、希望卸売価格や希望小
売価格を設定するという**建値制**でした。しかし近年では、建値制が崩壊し、小売業
が市場価格を決定する**オープンプライス**へと変化しています。

小売業の価格政策は、仕入れた商品の値入にもとづく地域基準の適正な売価設定
です。自己の業態、競争店の状況、商圏の特性を考慮し、店舗ごとに適正な売価を

設定します。

▼ 価格設定方法の種類

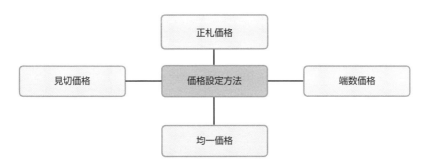

4　プロモーション（店頭起点の狭域型購買促進）

　消費財メーカーは、テレビCM、ラジオ、雑誌などのマス媒体によるマス・プロモーションを展開します。大規模な広告・宣伝によって、大量生産に見合った大量販売を実現するため、**全国的な市場シェアの拡大化**を目標としてきました。

　これに対して小売業は、店頭でのイベントやキャンペーンの実施、クーポンの発行などのリージョナルプロモーション（店舗〈売場〉起点の狭域型購買促進）を中心とした活動をします。地域の購買需要を刺激することで顧客の継続的来店（**固定客化**）を促し、1店舗当たりの売上と利益の増加が目標となります。

▼ 販売志向とマーケティング志向の違い

	販売志向	マーケティング志向
主たる目的	商品を売ること	顧客を満足させること
対象者	不特定多数の消費者	特定多数の顧客
主たる活動	商品と代金の交換活動	需要を生み出す創造活動
完結時点	販売した時点	顧客が満足した時点

得点アップ講義

CRM（カスタマー・リレーションシップ・マネジメント）とは、一人ひとりの顧客情報の活用によって顧客満足度を高め、長期間にわたって良好な友好関係を維持していくための仕組みづくりのことです。

Theme 3

重要度：★★☆

顧客満足経営の基本知識

企業主導型・売上至上主義から顧客主導型・顧客志向の経営へ

Navigation

要点をつかめ！

学習アドバイス

ADVICE!

顧客志向の小売業は、「顧客が何を望んでいるか」を常に把握し、「どのような解決策を提供すべきか」ということを念頭に置き、親身な接客を基本としたサービス活動を強化しています。

▼ 顧客を満足させる

顧客満足

顧客不満足

期待　　解決策　　解決策

顧客　　　　　　小売店

出題者の目線

● 顧客満足、顧客満足経営、ホスピタリティ、エンターテインメント、プリヴァレッジなど、学習ポイントは決まっています。漏れのないように覚えておきましょう。

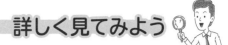

詳しく見てみよう

1　顧客志向とは

　顧客重視型経営や顧客満足（CS）経営の実践を掲げ、顧客の支持を得ようとする小売業が増えています。この背景には、市場が**企業主導型**から**顧客主導型**へと移行してきたことがあげられます。

　顧客満足経営とは、小売業（自店）と顧客との**双方向的な関係形成**を基本として、販売促進やサービス活動を行い、顧客満足度の向上を目指す経営をいいます。

▼ 売上志向と顧客志向の比較

	売上志向	顧客志向
経営活動の出発点	商品	顧客
顧客のニーズ	重視しない	重視する
経営のルール	小売業が主体	顧客が主体
顧客との関係形成	一方通行的	双方向的

2　顧客満足とは

　顧客満足とは、小売業の組織や経営のすべてを顧客中心に展開し、顧客の期待することをかなえて満足を提供することです。この顧客満足は、顧客ニーズに対する小売業の充定度合いで決まるといっても過言ではありません。したがって、顧客ニーズを正確に把握し、その解決策を提供することが顧客満足度を高めるうえでの重要な鍵となります。

　小売業は、顧客満足経営に徹することで、自社に対する顧客の**ストアロイヤルティ（忠誠心）** を向上させることができるのです。

3　顧客満足経営の基本

　顧客満足経営とは、小売業が自店にとって重要な顧客一人ひとりの満足度を高めることを企業理念に据え、経営を行うことです。売上志向の考え方ではなく、サービスやホスピタリティ（もてなし）の精神を発揮し、商品を繰り返し購入してもらう経営の仕組みづくりをいいます。

4 顧客満足経営の新原則

　小売業が行う、従来の顧客満足経営とは、「商品、サービス、店舗」の3つを基本原則としていました。最近注目されているのは、「ホスピタリティ、エンターテインメント、プリヴァレッジ」という顧客満足の新3原則です。

▼ 顧客満足の旧3原則と新3原則

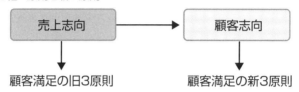

・商品 （鮮度、品質、機能、コンセプト、品ぞろえの豊富さなど）	・ホスピタリティ （もてなしの精神で接客サービスを行う）
・サービス （明るく親身な接客、フォローアップのよさなど）	・エンターテインメント （感動を与え、心の絆をつくる）
・店舗 （便利さ、清潔感のある売場づくりなど）	・プリヴァレッジ （顧客を特別な存在として扱う）

○ホスピタリティ

　ホスピタリティとは、**もてなしの精神**を意味する言葉です。これからの小売業には、顧客のことを第一に考え、いかに顧客に「もてなしの精神」を発揮するかが求められています。

○エンターテインメント

　エンターテインメントとは、**娯楽や余興**を意味する言葉です。また、「顧客の願いをかなえてあげたい」と、従業員が考えたうえでの行動が、顧客に**感動**を与えることも意味します。

○プリヴァレッジ

　プリヴァレッジとは、**特権や特別待遇**を意味する言葉です。人はだれしも「自己の存在を認めてもらいたい」という欲求を持っています。この欲求を満たす「他人とは違った扱い」は、多くの顧客から支持されます。

Theme 4 顧客維持政策の基本知識

重要度：★★☆

売上至上主義から固定客主義へ

Navigation

要点をつかめ！

学習アドバイス

ADVICE!

顧客データは活用しなければ意味はありません。集めることが目的でなく、お客さまとよい関係を築いていくための手段です。

▼ 戦略的顧客維持の仕組み

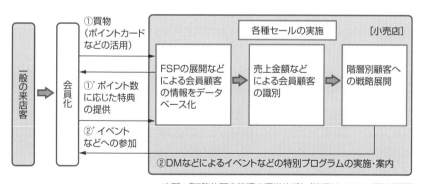

出所：『戦略的顧客管理の運営体系』（流通サイエンス研究所編）

出題者の目線

●顧客維持政策のねらいについての出題が目立ちます。しっかりと理解しておきましょう。

詳しく見てみよう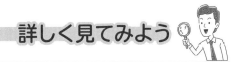

1　顧客維持政策の必要性

　小売業は、顧客中心主義に力を注いだ経営を行う必要があります。小売業の経営にとって大切なことは、店舗に繰り返し来店してくれる「生涯のパートナー(**優良顧客**)」をつくることです。つまり、小売業の経営目標は、「固定客を、どのような方法で、年間に何人増やすことができるか」です。これは、小売業のマーケティングの基本であり、そのためには、顧客を維持する効果的な仕組みをつくり、**固定客化**を進めていかなければなりません。

2　顧客維持政策の背景

　メーカーは、全国的に、非常に多くの消費者を対象として大量に商品を販売します。これに対して、小売業は、限られた商圏に住む顧客を対象に商品を販売します。小売業は、マスに対するパーソナルの需要創造活動を行う立場にあります。
　今日では、**フリークエント・ショッパーズ・プログラム(FSP)**などの活用による顧客維持政策が求められています。FSPは、POSシステムと顧客データベースをより一層高度に組み合わせたようなもので、個々の顧客を識別して優良顧客の育成・維持を図ることを目的とします。これをマーケティングにおける顧客戦略と呼びます。

3　顧客維持政策のねらい

　顧客維持政策は、一般の来店客を何らかの方法で識別し、組織化することを前提とします。買上金額や粗利益額などで階層を設けることによって分類を行います。
　つまり、顧客維持政策とは、分類した顧客階層にマッチした魅力ある特典を提供することで、多頻度で継続的に来店させ、小売業の売りたい商品を推奨したり、買上単価を増加させたりするための手法なのです。
　具体的には、顧客の氏名や住所、家族構成、誕生日、ライフスタイル、趣味などをデータベース化し、それをもとに、小売業の実施するキャンペーンやイベント案内、そして各種情報などをダイレクトメール(DM)などで告知するとともに、特典を提供することで、顧客の継続的来店を図っていきます。

　顧客維持の仕組みを活用することにより、顧客を長期的に維持していくことをねらいとしたマーケティングを展開する必要があります。

　顧客の嗜好が細分化し、個性化が進展すると、個々の顧客の属性や嗜好などに対応した販売方法が重要となります。そのような個々の顧客情報を蓄積したものが顧客データベースです。顧客データベースには、氏名や住所、年齢、性別などの基本情報から、その顧客の購買実績、好みの色彩、収入、家族構成、誕生日や結婚記念日、イベントへの参加状況などまで、今後の販売活動に必要なものが含まれます。

　顧客データベースは、これらのデータをコンピュータに蓄積し、必要に応じて加工して活用します。重要なのは、データを蓄積することでなく、イベントなどに連動した魅力あるマイクロ・マーケティング戦略に活用することです。

▼ 収集するデータの例

属性	①地理的要因	地域（自宅、学校、勤務先）
	②人口統計的変数	年齢、性別、所得、職業、家族構成
	③心理的変数	価値観、関心事、ライフスタイル
	④行動変数	使用量、購買頻度、ロイヤルティ、使用目的、購買決定理由
履歴	①購買	購買内容
	②コミュニケーション	苦情（クレーム）、要望、感想、問い合わせ

得点アップ講義

今日、小売業に求められているのは、従来の顧客管理ではなく、FSPなどの活用による顧客維持政策です。
FSPとは、多頻度で来店し、より多くの商品を購買してくれる顧客ほど優遇するプログラムのことです。

\ POINT UP! /

FSPの基本知識

FSPは、優良顧客を優遇し、つなぎ止めるための顧客戦略プログラムです。

Navigation 要点をつかめ！

学習アドバイス

ADVICE!

顧客データは活用しなければ意味はありません。集めることが目的でなく、お客さまとよい関係を築いていくための手段です。

キーワードマップ

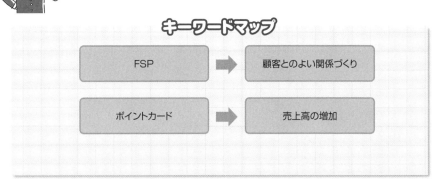

FSP	➡	顧客とのよい関係づくり
ポイントカード	➡	売上高の増加

出題者の目線

● FSPは、試験でねらわれやすい最重要ポイントです。FSPの意図や、ポイントカードとの比較について、しっかりと覚えておいてください。

詳しく見てみよう

1　FSPとは

　フリークエント・ショッパーズ・プログラム (FSP) とは、多頻度で買物をする顧客を優遇し、自己の店舗につなぎ止めるための顧客戦略プログラムです。つまり、FSP は、顧客の購入金額や来店頻度に応じて特典やサービスを変え、顧客間に公平の意味での "差" をつけることで顧客を維持することをねらいとします。

　小売業を経営するうえで最も重要なことは、顧客が自店から離れていかないように、顧客をつなぎ止めておくことです。そのために小売業は、FSP を手段として活用し、**店舗の利用頻度や購買金額の多い優良顧客ほど、特典やサービスを手厚く提供**し、自店からの離脱を防ぐ必要があります。小売業は、従来のように顧客をすべて平等に扱うのではなく、顧客一人ひとりをある基準によって区別して公平に扱う時代となってきています。

2　FSPの考え方

　FSP の考え方は、長期的な視点で顧客との良好な関係を築き、**ストアロイヤルティ（忠誠心）** を高めることにあります。ストアロイヤルティの高まりは、来店頻度の向上につながり、結果的に小売業の経営に必要な売上と利益をもたらします。

　FSP は、小売業が会員を募集し、各種の特典プログラムを提供することによって、継続的な来店を促す仕組みといえます。

　また、FSP は、単なる割引手段として集客を図ることをねらいとする "ポイントカード" とは、根本的に考え方が異なります。

▼ FSP とポイントカードの比較

	FSP	ポイントカード
ねらい	顧客とのよい関係づくり	売上の増加
取り組みの考え方	顧客満足度の向上	販売促進の一手段
特典のプログラム	エンターテインメントの各種優待など、優良顧客ほど特典で優遇される	ポイント付けによる景品交換、割引など、買上金額に見合った特典
顧客へのアプローチ	優良顧客ほど手厚い特典を提供する公平性を強調	ポイント2倍デーなど、すべての顧客に対して平等に提供
顧客データベース	購入日時、購入品目、購入金額などの詳細データ	購入品目などの詳細データなし

出所：『顧客戦略の実際』（流通サイエンス研究所編）

3 FSPの必要性

　通常、スーパーマーケットなどの小売業では、1年間に新規顧客の30%が何らかの理由で店舗を離脱するといわれています。

　小売業の経営を安定させるためには、離脱していく顧客をつなぎ止める基盤づくりが重要となります。

　FSPの展開においては、顧客データを分析する際の手法として、**2：8の法則**が知られています。これは、**上位2割の多頻度来店の顧客が、店舗全体の利益の8割をもたらす**という意味です。

　小売業は、自店の上位2割の顧客を理解し、その優良顧客への特典提供を検討することで、一人ひとりに適したマーケティング活動を行うことが重要になります。

4 FSPのねらい

　FSPのねらいは、**顧客を維持し、固定客化すること**です。ただし、FSPのカード自体は、顧客の購買行動を識別するための購買履歴データにすぎません。優良顧客をつくるのは、カードではないのです。

　これまでの小売業は、商品にバーコードをつけて、POSレジによって「何が、何個売れた」という商品管理を行ってきました。これからの小売業は、顧客の購買特性を理解するために、顧客を識別して個々の顧客を把握する必要があります。

　つまり、来店する顧客にバーコードを割り当てて、「だれが、何を、いつ、どれだけ買ったのか」というように、顧客そのものを把握することによって、顧客の変化に対応することが大切になります。

　小売業は、「頻繁に来店しているのはどのような顧客なのか」、「優良顧客の好む商品は何か」といった顧客データから、一人ひとりの "**個客**" を知り、これを、**パーソナルマーケティング活動**に活かすことで、来店頻度の向上や買上単価の向上を図っていくことが重要になります。

得点アップ講義

FSPの始まりは、アメリカン航空のFFP（フリークエント・フライヤーズ・プログラム）といわれています。日本でも「マイレージ特典」として知られており、ポイントに応じてさまざまな特典が提供されるようになっています。
このシステムを小売業界に応用したものがFSPです。

Theme **6**

重要度：★★★

商圏の基本知識

商圏は、顧客を店舗に引きつけることができる「時間」と「距離」の限界のことです。

Navigation

要点をつかめ！

学習アドバイス

ADVICE!

小売店の商圏は、店舗と消費者の間の時間的、距離的な限界のことですが、店舗の業態や道路事情、駐車場の規模によってもその範囲が変わってきます。

キーワードマップ

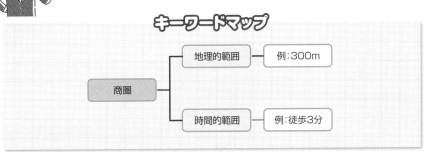

出題者の目線

●店舗を構えて商売をする小売業にとって、商圏という考え方は、来店が見込めるお客さまの範囲を判断する重要なものさしとなります。

詳しく見てみよう

1 商圏とは

①商圏とは

　商圏とは、**小売店、商店街やショッピングセンターなどの商業集積における顧客吸引力の及ぶ地理的、あるいは時間的な面の広がり**のことです。端的にいえば、店舗が立地する地域の消費者が、買物のために来店する**地理的、時間的範囲**のことです。したがって、小売店の商圏は、交通機関や川などの環境要因に左右されるため、円形ではありません。

②商圏の種類

　商圏は、コンビニエンスストアやスーパーマーケットなどの小売店の商圏、ショッピングセンターや商店街などの商業集積の商圏、限られた地域に人口が集中している都市の商圏の3種類に大別されます。

・**小売店の単独商圏**

　　自店への顧客の来店範囲、来店客の居住範囲や職域

・**商業集積の商圏**

　　大規模店舗や核店舗の集客力の及ぶ範囲

・**都市の商圏**

　　周辺都市からの顧客吸引力の及ぶ範囲

　こういった商圏は、周囲の人口や商店数、産業構造に大きく左右されます。都市の商圏設定にあたっては、都道府県やその関連機関が実施する**広域商圏調査**や経済産業省の**商業統計調査**などが参考にされます。

▼商業力指数

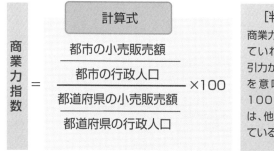

計算式	［判断のポイント］
$$商業力指数 = \dfrac{\dfrac{都市の小売販売額}{都市の行政人口}}{\dfrac{都道府県の小売販売額}{都道府県の行政人口}} \times 100$$	商業力指数が100を上回っていれば、周辺都市から吸引力があり、商圏が広いことを意味しています。逆に100を下回っている場合は、他地区に顧客が流出しているとみなされます。

③商圏の区分

　商圏は、人口に対する来店（街）者の比率や、その来店（街）頻度により、店舗を

中心として近い順に**第一次商圏**、**第二次商圏**、**第三次商圏**に区分されます。ただし、第一次から第三次までの商圏設定基準は、業態や店舗規模によって異なります。

④商圏範囲の測定と設定

商圏の範囲を測定したり設定したりするには、次のような方法があります。

> ・来店客や来街者などに対するアンケート調査
> ・ポイントカードや自社カードなど、カード会員の利用実績
> ・電子地図や住宅地図などの詳細な地図による推定
> ・店舗への主要道路沿いに車を走らせ、所要時間や道路事情を考えての推定
> ・**ハフモデル**や**ライリーの法則**などの統計モデルによる推定

2　商圏の特性

商圏の特性とは、「1世帯当たりの所得の高い地区」あるいは「持ち家比率が高い農業地区」というように、商圏が持っている際立った特徴のことを指します。商圏の特性がつくられる要因として、次のようなことが考えられます。

○地域の歴史と風土

都市の商圏のような広域商圏では、地域の生活習慣などによる暮らしの違いや、特有の自然条件、長い歴史に育まれた文化があります。

○人口構造

小売店の客層は、人口、世帯数とその推移、さらに年齢別構成、職業別人口などによって変化します。また、**昼夜間人口比率**(昼間人口÷夜間人口×100)、**自然増減**(出生者数と死亡者数の差)と**社会増減**(転入者数と転出者数の差)、**幼年人口**(0〜14歳)、**生産年齢人口**(15〜64歳)、**老年人口**(65歳以上)なども地域性を見るうえで無視できない要因です。

○産業構造

工業圏や農業圏といった産業構造の違いは、地域経済に影響を及ぼします。

▼**商圏の特性に影響を及ぼす要因**

人口	人口の推移、男女別および年齢別構成比
世帯数	商圏世帯数の推移、世帯人数の推移
住居	持ち家比率、住宅形態、新築住宅数の推移
所得水準	全国平均や都道府県水準と比較して高いか、低いか
産業構造	一次産業、二次産業、三次産業の構成比およびその推移

立地条件の
基本知識

店舗の立地は、小売店の売上を大きく左右します。

Navigation

要点をつかめ！

学習アドバイス

ADVICE!

店舗の立地を考えるうえでは、土地柄、都市の盛衰度といった広いレベルでの分析を行い、次に、その商圏内の人口構成や所得水準などを綿密に調べます。

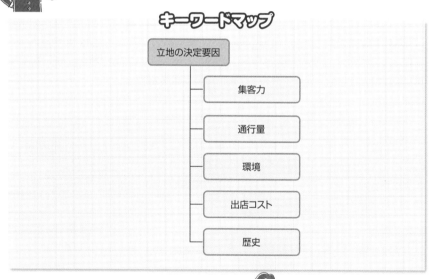

キーワードマップ

立地の決定要因

- 集客力
- 通行量
- 環境
- 出店コスト
- 歴史

出題者の目線

●試験対策として、立地選定の手順、その内容について理解しておくことが大切です。

1　立地のとらえ方と小売店経営

　「小売業は立地産業」といわれるように、どこに店舗を出店するかは、業績を左右するきわめて重要な意味を持ちます。

▼ 立地の3大要素

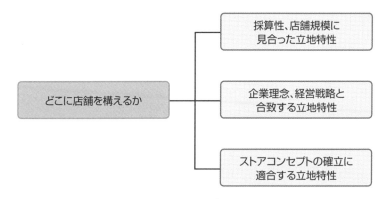

①採算性、店舗規模に見合った立地特性

　出店地を基準として、「何百m〜何km」という限定された範囲を商圏とする小売業にとって、**店舗規模に見合った来店客数**が見込める場所に立地することは、きわめて重要になります。

②企業理念、経営戦略と合致する立地特性

　"どこに店を構えるか"という立地戦略は、店舗の経営戦略にもとづいて策定されます。

- ・企業のビジョンや理念に沿った主旨の立地戦略であること。
- ・経営戦略として定めた重点エリア、重点顧客に合致したエリア（地域）に立地すること。

③ストアコンセプトの確立に適合する立地特性

　立地戦略策定の第一歩は、市場の環境を的確に把握し、店舗のポジショニング（その地域で小売店が果たすべき役割）を明確にすることから始めます。つまり**ストアコンセプトを確立**し、それに合致した立地を選択する必要があります。

2 立地の決定要因

小売業の店舗にとっては、立地条件が経営に直接影響を与えます。不適切な立地を選んでしまった場合は、商品や価格、販売促進などの戦略が優れていても、その効果が十分に得られません。

集客力	取扱商品や店舗規模によって商圏は異なります。自店の商圏において、どれだけの集客が見込めるかを分析します。
通行量	一般的には、通行量が多いほどよく、特に最寄品や買回品を扱う店舗においては、通行量の多さが経営に影響を与えます。
環境	地域の特性や居住者のライフスタイル、商圏内の人口動態、交通事情など、店舗を取り巻く環境を把握し、対応を検討します。
出店コスト	店舗を出店する際の出店コストが、経営上の採算が得られる範囲にとどまるかどうかも検討しなければなりません。
歴史	出店する地域がどのような歴史を有し、どのようなイメージが定着しているかを事前に把握します。

3 立地選定の手順

店舗立地の適合性を分析するにあたっては、時代の変化を見据え、都道府県、地方、地域といった広域レベルから、地区、地点へと焦点を絞り込んでいく必要があります。

▼ 立地選定の手順

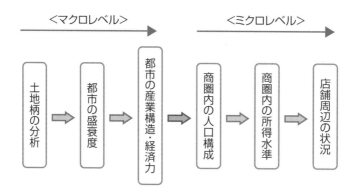

Theme 8 出店の基本知識

重要度：★★☆

出店では、「だれに」、「何を」、「どのような方法で」販売するのかを明確にします。

Navigation

要点をつかめ！

学習アドバイス

ADVICE!

外国資本の流通市場への参入、規制緩和に伴う大型店の出店増加など、小売業の経営環境は厳しさを増す一方です。こうした環境の中で、時代適応業ともいわれる小売業が生き残り、成長を遂げていくうえで、出店はきわめて重要になってきます。

キーワードマップ

出店戦略の構成要素
- 経営戦略との一体化と整合性
- 出店エリア・店舗形態の確定
- 店舗規模の設定
- 必要商圏人口の設定
- 業種・業態に合った立地設定

出題者の目線

●出店にあたっては、「どこに」、「どのような形態で」、「どれくらいの規模で」出店していくかを決めることが大切になります。

詳しく見てみよう

1 出店のねらいと原則

①出店のねらい

小売業が新たに出店する目的は、次のようなことにあります。

- **有望エリア**への出店による売上高の拡大
- **真空エリア（無競争地域）への出店による新たな市場の開拓**
- 既存エリアへの集中的・継続的出店による**ドミナント**（**優位性**）の形成

②出店戦略を練るうえでの必須事項

小売業の経営における出店は、とても重要な要素となるので、慎重に行うべき意思決定事項だといえます。出店戦略の原則と必須事項は次のようになります。

○経営戦略との一体化と整合性

小売業の出店戦略は、全社的な指針や構想を定めた経営戦略との一体化、整合性のもとに実施されます。それは、「だれに、何を、どのような方法で売っていくか」という小売業のドメイン（生存領域）を明確化し、出店をスムーズにします。

○出店エリア・出店形態の確定

出店エリアと店舗形態の検討も重要な出店戦略の構成要素です。コンビニエンスストアなどの場合、出店地域を一気に広げず、既存の出店エリア内やその周辺に、高密度で多店舗出店していく地域集中（エリア・ドミナント）出店を採用します。一定地域に集中して出店するため、配送車両の削減、配送距離の短縮ができ、地域環境の面にも配慮した効率的な店舗運営が可能となります。

○店舗規模の設定

店舗規模を考えるにあたっては、顧客にとっての歩きやすさ、買いやすさ、そして小売業経営の採算性維持の面などを考慮に入れて、最適な店舗規模を設定します。

○必要商圏人口の設定

採算に見合う来店客数を確保できるかどうかを考える必要があります。その前提となるのが、**必要商圏人口**の設定です。

○業種・業態に合った立地選定

自店の業種・業態とマッチしない立地に出店しても、思いどおりの業績は見込めません。自店の業種・業態とストアコンセプトに合致した立地要件を設定する必要があります。

2　出店適合性の検討

　出店適合性の見極めにあたっては、出店地区の市場規模と将来性、現状の競争店の動向など、さまざまな角度から検討する必要があります。

▼出店適合性の分析

マクロ的視点からの分析

- ・都市の風土　　：歴史、風土、気質
- ・都市の盛衰度　：経済成長性
- ・市場規模　　　：人口、世帯数、家計支出、経済規模（生産額）
- ・市場性　　　　：所得水準（持ち家率、所得、預貯金残高）
- ・商業力　　　　：広域商圏調査（流入、流出）、商業統計調査

ミクロ的視点からの分析

- ・地域の風土　　：歴史、風土、気質
- ・来店の利便性　：道路事情、交通量・通行量、駐車場、駐輪場
- ・商圏範囲　　　：第一次商圏〜第三次商圏
- ・商圏特性　　　：住宅地、商業地、年齢構成
　　　　　　　　　　産業別就業者比率、昼間人口、夜間人口
- ・商圏規模　　　：人口、世帯数
- ・競争店の状況　：強み、弱み
- ・商店街の状況　：空き店舗、繁盛店

得点アップ講義

\\POINT UP!/

出店候補地の検討にあたっては、有力な競争店と比べて自店の存在意義を打ち出せるかどうか、という競争優位性の検討が欠かせません。
競争優位性とは、ある業態や業種における競争環境の中で、他社より多くの市場シェアを占めるだけの戦略要素を持った立場のことです。企業規模や優れた人材、マーケティング力を持った小売店が競争上の優位に立つことができます。

9

重要度：★★★

リージョナル
プロモーションの
体系

小売店経営における売上増進のためのあらゆる活動です。

Navigation

要点をつかめ！

ADVICE!

学習アドバイス

お客さまが買物をするまでには、「お店を知る」、「興味を持つ」、「お店に来る」など、たくさんの壁があります。小売店は、これらを区別してお客さまに働きかける必要があります。

キーワードマップ

```
                                    ┌─ 来店促進策
                                    │   （プル戦略）
リージョナルプロモーション ─────────┼─ 販売促進策
（店舗〈売場〉起点の狭域型購買促進）  │   （プッシュ戦略）
                                    └─ 購買促進策
                                        （プット戦略）
```

出題者の目線

●リージョナルプロモーションは、試験において多頻度で出題されている重要な箇所です。

詳しく見てみよう

1　リージョナルプロモーションの体系

　メーカーにおけるプロモーションは、消費者の集団、つまり大衆層に対して、自社が提供する商品やサービスの価値を知らせ、売上増加によるブランドシェアの拡大を図るために行う諸活動であり、セールスプロモーションという位置づけで実施されています。

　これに対して、小売業のプロモーションは、狭域的商圏内の特定多数の顧客を対象として、店舗（売場）を起点としてプル戦略、プッシュ戦略、プット戦略の3P戦略によって顧客を維持し、売上と利益の増加を図る活動であり、リージョナルプロモーション（店舗〈売場〉起点の狭域型購買促進）と位置づけられています。

　小売業が展開するリージョナルプロモーションは、売場を起点に、来店促進策（プル戦略）を主な目的とした**アトラクティブプロモーション**、販売促進策（プッシュ戦略）を主な目的とした**インストアプロモーション**、購買促進策（プット戦略）を主な目的とした**インストアマーチャンダイジング**から構成されています。

来店促進策（プル戦略）＝アトラクティブプロモーション	
顧客に対して、各種の広告などによって需要を喚起する	・広告 ・パブリックリレーションズ、パブリシティ ・口コミ ・ポスティング
販売促進策（プッシュ戦略）＝インストアプロモーション	
小売業から顧客に向けて積極的に販売促進を仕掛ける	・人的販売活動 ・非人的販売活動
購買促進策（プット戦略）＝インストアマーチャンダイジング	
売場に陳列してある商品を顧客自身の意思で手に取ってもらうように仕掛ける	・フロアマネジメント ・シェルフマネジメント ・ビジュアルマネジメント

小売業が展開するリージョナルプロモーションは3P戦略（Pull：プル、Push：プッシュ、Put：プット）という切り口で構成されます。

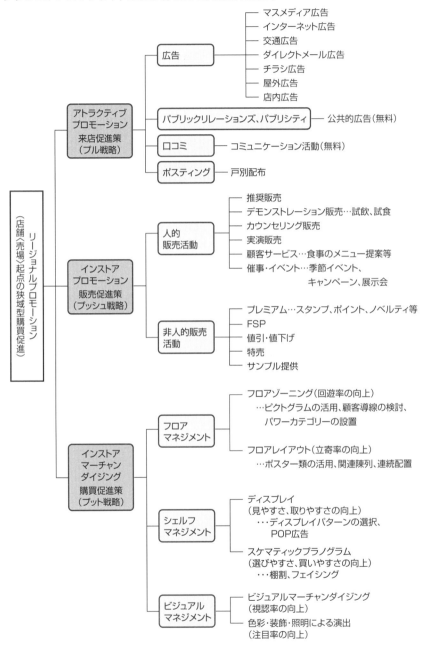

リージョナルプロモーション（店舗〈売場〉起点の狭域型購買促進）

アトラクティブプロモーション　来店促進策（プル戦略）
- 広告
  - マスメディア広告
  - インターネット広告
  - 交通広告
  - ダイレクトメール広告
  - チラシ広告
  - 屋外広告
  - 店内広告
- パブリックリレーションズ、パブリシティ ── 公共的広告（無料）
- 口コミ ── コミュニケーション活動（無料）
- ポスティング ── 戸別配布

インストアプロモーション　販売促進策（プッシュ戦略）
- 人的販売活動
  - 推奨販売
  - デモンストレーション販売…試飲、試食
  - カウンセリング販売
  - 実演販売
  - 顧客サービス…食事のメニュー提案等
  - 催事・イベント…季節イベント、キャンペーン、展示会
- 非人的販売活動
  - プレミアム…スタンプ、ポイント、ノベルティ等
  - FSP
  - 値引・値下げ
  - 特売
  - サンプル提供

インストアマーチャンダイジング　購買促進策（プット戦略）
- フロアマネジメント
  - フロアゾーニング（回遊率の向上）…ピクトグラムの活用、顧客導線の検討、パワーカテゴリーの設置
  - フロアレイアウト（立寄率の向上）…ポスター類の活用、関連陳列、連続配置
- シェルフマネジメント
  - ディスプレイ（見やすさ、取りやすさの向上）…ディスプレイパターンの選択、POP広告
  - スケマティックプラノグラム（選びやすさ、買いやすさの向上）…棚割、フェイシング
- ビジュアルマネジメント
  - ビジュアルマーチャンダイジング（視認率の向上）
  - 色彩・装飾・照明による演出（注目率の向上）

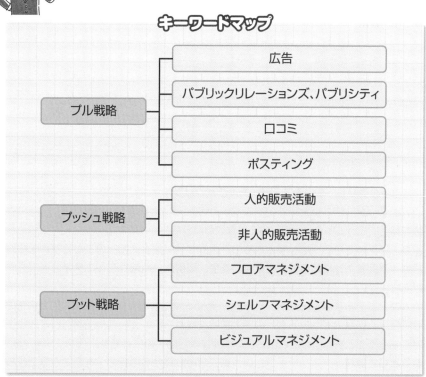

Theme 10

重要度：★★★

リージョナルプロモーション（3P戦略）の概要

3P戦略とは、プル戦略、プッシュ戦略、プット戦略のことです。

Navigation　　　　　　　　　　　要点をつかめ！

ADVICE!

学習アドバイス

POP広告は、お客さまが買物をする、まさにそのときに訴えかける重要なツールです。「もの言わぬ販売員」ともいわれています。

キーワードマップ

プル戦略	広告
	パブリックリレーションズ、パブリシティ
	口コミ
	ポスティング

プッシュ戦略	人的販売活動
	非人的販売活動

プット戦略	フロアマネジメント
	シェルフマネジメント
	ビジュアルマネジメント

Lecture　　　　　　　　　　　**詳しく見てみよう**

1　アトラクティブプロモーション＝来店促進策（プル戦略）

①広告

　広告とは、「小売業の存在、取扱商品やサービス、商標などを消費者に伝えたり、好意を持ってもらったりするために、**有料で視聴者に訴える一連の非人的な来店促進策**」のことです。

▼広告の種類

マスメディア広告	電波広告（テレビ、ラジオ）と印刷広告（新聞、雑誌）
インターネット広告	バナー広告やリスティング広告
交通広告	電車内の中づり広告、駅貼りポスター、駅構内ボード
ダイレクトメール広告	ハガキや封書で直接郵送する
チラシ広告	新聞折込広告、ポスティング広告、フリーペーパー
屋外広告	ネオンサイン、野立て看板、アドバルーン
店内広告	POP広告

②パブリックリレーションズ（PR）およびパブリシティ

　パブリックリレーションズ（広告活動）とは、「個人や組織が、その実態や自らの主張を相手に知ってもらい、相手のそれまでの自分たちに対する考え方を変えてもらったり、修正してもらったりするための計画的な情報提供活動」のことです。その対象は、**消費者だけに限らず、従業員、株主、取引先、地域コミュニティ**などにも向けられます。

　パブリシティとは、「テレビ、ラジオ、新聞、雑誌などのマスメディアに、自店のサービスや各種のイベントなどの活動情報を提供し、ニュースや記事として取り上げてもらうことをねらったさまざまな情報提供活動」のことです。パブリシティは、**原則として無料**、マスメディアという**第三者の立場からの評価・判断で取り上げられる**、といった特徴から、**受け手の信頼性が高く**、受け入れにあたっての抵抗も少

ないため、小売業にとって大きな効果が期待できます。

③口コミ

　商品、サービスなどについての情報が、媒体を経由せずに、消費者の口から口へと直接メッセージが伝わり、購買を刺激する、無料のコミュニケーション活動です。日頃から信頼している第三者が情報の流し手であれば、受け手の信頼性も高く、抵抗も少なくなります。

2　インストアプロモーション＝販売促進策（プッシュ戦略）

①人的販売活動

　販売員が顧客に対して直接、口頭で情報提供などを行う販売方法です。

推奨販売	販売員が顧客の声に耳を傾け、顧客一人ひとりに最も適した商品を選定し、その特徴や使い方を提案する方法
デモンストレーション販売	店内で顧客に商品を提供し、その特徴や用途などを説明する方法
カウンセリング販売	高度な知識と技術を身につけた販売員が顧客のニーズやウォンツをくみ取ったりして、顧客自身の悩みや問題が改善されるようにサポートする販売方法
実演販売	売場を活用して顧客の前で実際に使用方法を見せて、購買を促す販売方法
催事・イベント	多種多様なプロモーションが組み合わされ、明確なテーマ設定のもとに、一定期間実施される組織的、計画的な催事活動

②非人的販売活動

　販売員が直接、顧客に関与しない販売方法です。

プレミアム	新商品の認知度を高めたり、売れ行きが鈍化した商品の商品回転率を向上させたりするために実施される
FSP	顧客の購買金額や来店頻度に応じて特典やサービスを変え、優良顧客を維持していくための仕組み
値引・値下げ	主に定番商品の価格を一時的に引き下げて顧客の購買需要を刺激する
特売	ただ単に安売りするのではなく、「○○フェア」、「○○まつり」などの販売促進策と連動させて実施する

| サンプル提供 | 消費者に商品のよさを認識してもらうために、見本や試供品を配布する方法 |

▼プレミアムの種類

べた付けプレミアム	商品自体に添付され、購入者全員が公平にプレミアムを受け取ることができるという手法
オープン懸賞 プレミアム	商品の購買とは無関係に、懸賞に応募すれば抽選でプレミアムがもらえるという手法
スピードくじ プレミアム	期間キャンペーン商品などの売場で、商品を購入した顧客に三角くじなどを引いてもらい、抽選でプレミアムを配布する手法

▼価格によるセールスプロモーション

クーポン	来店客に割引券を配布し、試し買いを動機づける手法
キャッシュバック	特定商品を購入した場合、顧客に現金の一部を返金する手法
増量パック (ボーナスパック)	価格は通常のままにしておき、容量を増やして販売する手法
お試しサイズ	少量で割安の特別品を用意し、初めて購入する顧客を対象に試し買いを促進する手法
低金利ローン	高額商品の販売(割賦販売)などに際し、金利分を販売店側が負担するなどして購買を促進する手法

3 インストアマーチャンダイジング＝購買促進策(プット戦略)

　インストアマーチャンダイジングとは、来店した顧客に対して、購買意欲を刺激し、購買したくなるような仕掛けを施し、買上点数の増加による1人当たりの買上金額の増加を図るための活動を指します。

①フロアマネジメント

　部門などのように広いスペースを管理範囲としたもので、フロアゾーニングとフロアレイアウトに分類されます。

| フロアゾーニング | ピクトグラムを活用したり、顧客導線を検討するなどして、顧客の回遊性を向上させるための方法 |
| フロアレイアウト | ポスターを活用したり、テーマにもとづく商品を関連陳列したり、用途別の商品を連続配置するなどして、顧客の立寄率を向上させるための方法 |

②シェルフマネジメント

ディスプレイとスケマティックプラノグラムに分類されます。

ディスプレイ	商品特性に合ったディスプレイパターンを選択したり、POP広告を活用することで、顧客が見やすく、取りやすいように陳列する
スケマティックプラノグラム	ゴンドラ（棚）などの一定スペースを単位とした品目配分の手法のことで、フェイシングの手法を採用して、顧客が商品を選びやすくしたり、買いやすいように促す仕組み

○POP広告とは

店頭や店内で見かける広告をPOP広告と呼びます。POPとは、"顧客が商品を購買する時点"という意味で、売場の案内や商品を使う方法などを、イラストや文章でわかりやすく表現したカードやボードなどの広告媒体を指します。

▼POP広告の効果

○POP広告の目的
・顧客の疑問に答える
・顧客に選ぶうえでの情報を提供する
・他店との違いを主張する

③ビジュアルマネジメント

顧客の視覚に訴えかけるような華やかな商品を演出したり、売場を審美的に演出することで、その期間に売るべき商品を計画的、戦略的に販売する方法です。視認率を向上させるビジュアルマーチャンダイジングと色彩や装飾、照明によって売場を活性化させ注目率を向上させる方法があります。

11 インバウンド

インバウンドとは、観光客を中心とした訪日
外国人旅行者のことです。

Navigation

要点をつかめ！

学習アドバイス

ADVICE!

訪日外国人向けのマーケティングは、今後の日本の小売店にとって
非常に重要です。訪日外国人向けのマーケティングも従来のマーケ
ティング手法のアプローチが有効となります。

キーワードマップ

- セグメンテーション
  ↓
- ターゲティング
  ↓
- ポジショニングの設定
  ↓
- マーケティング・ミックスの展開

出題者の目線

●セグメンテーションの切り口、受け入れ環境の準備などはねらわれやすいとこ
ろです。しっかりと覚えておきましょう。

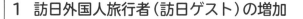

詳しく見てみよう

1　訪日外国人旅行者（訪日ゲスト）の増加

　「令和元年版観光白書」（国土交通省）によると、2018年の訪日外国人旅行者数は、前年比8.7%増の3119万人となっています。

　訪日外国人旅行者による売上高は、小売店の売上高を押し上げるだけでなく、日本経済にとっても無視できない規模になりつつあります。

　訪日ゲストが急増した背景には、中国や東南アジア諸国連合などに対する訪日ビザの発給要件の緩和や、格安航空会社（LCC）の就航拡大や増便、入国管理手続きの整備といった施策に、観光立国を目指す日本政府が取り組んだことがあります。

▼ 訪日外国人旅行者数の推移

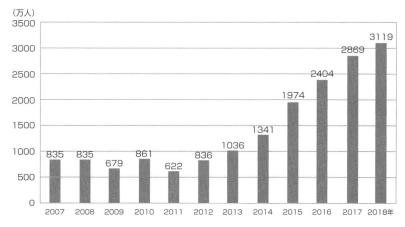

出所：国土交通省「令和元年版観光白書」

2　ショッピングツーリズム

　買物（ショッピング）を目的とした観光（ツーリズム）のことをショッピングツーリズムといいます。

　「訪日外国人消費動向調査」（観光庁）によると、2017年の訪日ゲストの消費総額は4.4兆円となっており、そのうち、買物代が37.1%で最も多く、次に宿泊料金が28.2%、飲食費が20.1%となっています。買物代の内訳は、菓子類、食料品、カメラ、ビデオカメラ、時計、化粧品、香水などとなっています。

3 訪日ゲスト向けのマーケティング

　訪日ゲストに対するマーケティングは、従来のマーケティング手法と同様に行うことが有効です。

　まず、市場を細分化（セグメンテーション）してから、標的とする主要な顧客層を特定（ターゲティング）し、差別化を図っていきます。

　これまで、日本の小売業では、インバウンドを対象としたマーケティングはあまり想定していませんでした。訪日ゲストを対象としたマーケティングにおいては、「日本人のみが顧客の対象」であることを当たり前としないで、他国の文化や習慣を尊重する姿勢が何より重要となります。

4 セグメンテーションとターゲティング

　インバウンドに対しては、「日本以外の国に居住していること」、「旅行者であること」が、わかりやすいセグメンテーションとなります。

▼セグメンテーションの切り口

居住地が日本ではない	＜国の特性＞気候・宗教・平均年齢・平均所得 ＜コミュニケーション＞主たる言語 ＜休日＞祝祭日・長期休暇 ＜その他＞ビザ・文化的背景・為替の動向
観光目的の旅行者である	＜旅行経験＞初来日・リピーター・諸外国経験 ＜旅行形態＞団体旅行・個人旅行・知人への訪問 ＜主たる観光目的＞飲食・ショッピング・温泉 ＜日程＞日数・宿泊の形態・自由時間

　市場を細分化（セグメンテーション）したのちに、小売店の経営資源をどのセグメントに集中させるのかを決定します。これをターゲティングといいます。

　たとえば、アメリカからのインバウンドのみを標的とする場合には、多言語表記も英語のみとしてパンフレットやクーポンの作成を行い、中国語や韓国語などの言語表記は行いません。また、中国・台湾・香港をはじめとしたアジア全域や世界中すべてのゲストを対象とする場合には、英語・中国語・韓国語の3言語による多言語表記を推進するケースは少なくありません。

　重要なことは、それぞれの訪日ゲストに対して適切な対応となっているかをターゲットとなる主要顧客層ごとに確認することです。

5　ポジショニング

　観光庁では、「日本を旅することでしか得られない3つの価値」として次の指針を打ち出しています。

- 日本人の神秘的で不思議な気質に触れることができる
- 日本人が細部までこだわりぬいた作品に出会える
- 日本人の普段の生活にあるちょっとしたことを体験できる

　この3つの価値が、日本が観光目的の旅行先として外国との差別化を図るうえで基本となります。

　したがって、小売店は3つの価値をふまえ、訪日ゲスト向けの商品やサービスを提供する必要があります。

6　マーケティング・ミックス

　セグメンテーション、ターゲティング、ポジショニングが確定したあとは、マーケティング・ミックスを展開します。

①商品やサービス

　訪日ゲストに人気のある商品は、伝統工芸品などの高額商品から日用雑貨、消耗品などの低価格商品までさまざまです。

　特に、日本国内でのみ販売されているという限定性のある商品に人気が集まります。また、訪日時の購入をきっかけに、電子商取引や在日外国人を介しての商品購入も増加しています。

②価格政策

　消費税免税制度が最も特徴的です。消費税は日本国内で物品を消費することに対する課税です。そのため、物品を海外に持ち出すことを前提とする訪日ゲストの買物については消費税が免除されます。

▼免税店シンボルマーク

③プロモーション

　初来日ゲストを代表とする新規顧客の獲得と、韓国、台湾、香港人ゲストに代表されるリピーター層の取り込みの両面からプロモーションを展開する必要があります。

　多くの訪日ゲストは、インターネットでの情報収集やSNSを介した友人や知人からの情報が有用と考えており、訪日ゲスト自身の情報発信や口コミが次のゲストへのプロモーションにつながっていることに留意しなければなりません。また、訪日ゲストは、日本人とは異なる広告媒体に接することが多く、旅行代理店が提供するパンフレット、日本各地の観光案内所などで提供される情報は、訪日ゲストの行動に大きな影響を与えています。

④受け入れ環境の整備

　インバウンドを対象とする小売店は、受け入れ環境を整備する必要があります。

○決済対応

　決済手段として、海外でよく用いられるクレジットカードなどでの決済に対応できるように整備しておく必要があります。

　「訪日外国人消費動向調査」（観光庁）によると、訪日ゲストの消費額のうち、クレジットカード利用額が約56％、交通系ICカード、デビットカード、モバイル決済の利用額がそれぞれ約10％となっており、キャッシュレス化が進んでいることがわかります。

○通信環境の整備

　訪日ゲストの多くが旅行中にスマートフォンを利用しています。そのため、無料Wi-Fiなどのニーズも高くなっています。また、レンタルWi-Fiルーター、SIMカードの利用なども増えています。

○多言語対応

　訪日ゲストに対しては、接客コミュニケーション、店頭表示、商品説明の3つの面から多言語対応を行うことが必要です。

Theme 12 売場づくりの基本知識

重要度：★★☆

小売業は消費者の購買代理人であり、常に消費者である顧客の要求に応える使命を担っています。

Navigation

要点をつかめ！

学習アドバイス

ADVICE!

小売業の売場は、マーケティング・コミュニケーションを促進するための売り方という特徴から見ると、大きく3つの形態に分類できます。

キーワードマップ

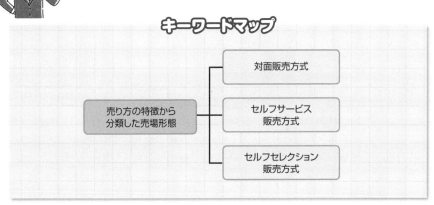

売り方の特徴から分類した売場形態
- 対面販売方式
- セルフサービス販売方式
- セルフセレクション販売方式

出題者の目線

●売場形態の違いからの出題が多くみられます。それぞれの形態の特徴、顧客のメリットはしっかりと覚えておきましょう。

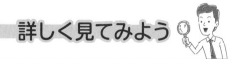

Lecture　詳しく見てみよう

1　売場の改善と改革

改善とは同じ経営方法の中で常に過去と現在を比較し、降りかかってくる目先の火の粉をどう払いのけるかという**戦術**（現状維持）といえます。

これに対して、**改革**とは過去から現在までの経営方法を断ち切り、構造（組織）面や機能（経営）面に変革をもたらす新しい方法論を実行に移すことにより、現在の経営から脱却を図る**戦略**（現状否定）といえます。

たとえば、現在の在庫数を20%圧縮するにはどうすべきかを考え、それを実行に移すことが業務の改善です。しかし、在庫の圧縮ではなく、「無在庫もしくは過少在庫の仕組みをどうつくるか」という発想は、経営そのものを抜本的に変えていくことであり、まさに改革といえます。

2　売場の形態

小売店の売場は、マーケティング・コミュニケーションを促進するための売り方の特徴から見ると、次の3つの形態に分類できます。

	対面販売方式	セルフサービス 販売方式	セルフセレクション 販売方式
特徴	販売員が顧客とレジや接客カウンターを挟んで向かい合って接客する	売場に販売員はいないので、顧客が自分の意思で自由に商品を選択する	セルフサービス販売方式の売場に、セルフセレクション販売方式の特徴である側面販売を組み合わせた販売方式
精算方法	対面する販売員に支払う	出口近くのレジで一括集中精算する	いくつかの売場に分かれているレジで精算する
対象となる商品	専門品、高級品など、購買頻度の低い商品が中心となる	消耗頻度、使用頻度、購買頻度の高い商品が中心となる	カジュアル衣料品や住居関連の商品が中心となる
顧客のメリット	専門的できめ細かいアドバイスが受けられる	スピーディに自由に選べる 販売員に気兼ねすることなく買える	自由に選べて、聞きたいことは、いつでも気兼ねなく相談できる

出所：『チェーンストアの基本意識』（日経文庫）

①対面販売方式の売場

　対面販売方式の売場は、販売員と顧客がレジカウンター、ディスプレイ什器などを挟んで向かい合い、商品説明や質問などを交わしながら売買する場所です。

　対面販売方式の売場のメリットは、**販売員が常に商品を管理している**点にあります。商品は不特定多数の人に触れられることがないので、**破損や汚れを防ぐ**ことができ、**万引による商品ロスもほとんどない**状況を維持できます。その反面、専門知識を持つ販売員の**人件費が高くつく**ことを考えておかなければなりません。

②セルフサービス販売方式の売場

　セルフサービス販売方式とは、原則として、顧客自身の意思で商品を選択し、購入してもらう方式のことをいいます。顧客が商品を自由に手に取って選び、集中レジでまとめて精算することから、**合理的な購買を求める顧客**に対応した売場方式といえます。

　セルフサービス販売方式のメリットは、少数の販売員で運営でき、**店舗の運営コストも少なく**て済む点にあります。また、顧客はだれにもとがめられることなく自由に商品に触れ、気に入らなければ元の棚に戻すことができます。

　その一方、少数の販売員で売場を管理しているため、すべての売場を常にきちんと整備し、効率的に運営することが難しいというデメリットもあります。

　つまり、**生産性（売場単位の販売効率）の向上**が、セルフサービス店の課題だといえます。

③セルフセレクション方式の売場

　セルフセレクション方式は、"顧客が自由に商品を手に取って選べる"という点ではセルフサービス販売方式と同じです。ただし、セルフセレクション方式の売場は、レジが売場ごとに複数設置されている点に特徴があります。また、必要に応じて顧客に販売員がアドバイスする、**側面販売**が行われます。

得点アップ講義

\\POINT UP!/

スーパーマーケットやドラッグストアなどは、一般に店舗の出口付近に集中レジを設けています。集中レジとは、店舗内の売場ごとでなく、すべての売場のレジを1カ所に集中し、効率的に精算業務を行う方法のことです。

店舗照明の
基本知識

店舗照明の計画、導入は、小売業にとって大
変重要な役割といえます。

Navigation　　　　　　　　　　　　　　　　要点をつかめ！

ADVICE!

学習アドバイス

マーケティング視点から見ると、店舗照明は顧客の来店促進と店内
での購買促進という2つの機能を担っています。

キーワードマップ

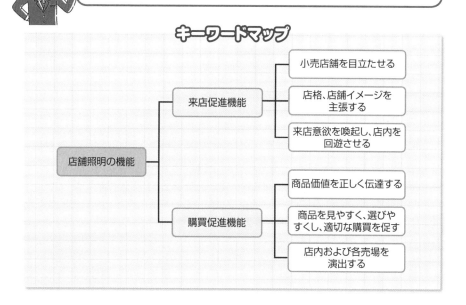

		小売店舗を目立たせる
	来店促進機能	店格、店舗イメージを主張する
		来店意欲を喚起し、店内を回遊させる
店舗照明の機能		商品価値を正しく伝達する
	購買促進機能	商品を見やすく、選びやすくし、適切な購買を促す
		店内および各売場を演出する

出題者の目線

●照明の分類、照明の形状からよく出題されています。特に、間接照明や半間接
照明が反射光を利用するタイプということに注意してください。

Lecture　　　　　　　　　詳しく見てみよう

1　照明の分類

　店舗の照明は、次の4つに大別されます。

①全般照明（ベース照明）

　店舗や売場全体を均等に照らす照明です。一般的に、天井埋め込み型・ルーバー型などの形態の蛍光灯や直下方向を照らす白熱電球が多く使われています。

②重点照明（アクセント照明、局部照明）

　スポットライトやダウンライトなどを用いて、ディスプレイなど特定の場所や商品を目立たせるための照明です。

③装飾照明（インテリアライティング）

　インテリアとしての装飾効果を重視する照明です。シャンデリアやペンダント、壁面ブラケットなどの器具が多く使用されています。

④省エネ照明

照明の間引きや調光によってライトダウンを行うものです。

2 照明の形状

形式	形状	特徴	形式	形状	特徴
直接照明	上方 0〜10% 下方 100〜90%	・光源を天井から直付けした照明 ・光源の明かりで直接商品を照らす ・最も一般的な照明 ・下向きの光束が 100〜90%	間接照明	上方 90〜100% 下方 10〜0%	・光をすべて天井面や壁面に反射させる照明 ・まぶしくない拡散光で照らす ・高級感、ムードを出す ・上向きの光束が 90〜100%
半直接照明	上方 10〜40% 下方 90〜60%	・グローブやルーバーなどを通して照射される照明 ・やわらかい光 ・下向きの光束 90〜60%	半間接照明	上方 60〜90% 下方 40〜10%	・光の一部を天井面や壁面に反射させて、あらゆる方向から反射で照らす ・やわらかい光 ・下向きの光束が 40〜10%
			全般拡散照明	上方 40〜60% 下方 60〜40%	・拡散グローブ、提灯器具などの照明 ・光が上下左右に拡散される ・全体を均一な明るさにする ・下向きの光束が 60〜40%

3 照度以外に人が感じる明るさ

○色温度

　光の色を表すのに使用される値を**色温度**といい、絶対温度の**K（ケルビン）**という単位が用いられます。色温度が高いと青白い光になり、色温度が低くなると、光の色は青➡白➡赤へと変化します。

○演色性

　照明によって、物の色の見え方が異なることを、照明の**演色性**といいます。演色性とは、光源の光が、基準となる光源に比べ、どの程度忠実に色を再現しているかという意味で、**平均演色評価数（Ra）**という数値で判断します。

Theme 14

重要度：★☆☆

ディスプレイ効果を高める色彩の活用

ディスプレイでは、商品だけでなく、店舗全体や背景との色彩の調和などを考える必要があります。

Navigation

要点をつかめ！

ADVICE!

学習アドバイス

店舗における色彩計画は、店舗空間の演出やディスプレイ効果の向上のためのマーケティング手法として重要な役割を持っています。色彩計画を立てる際は、色の持つ特性を利用し、効果的に活用すること、つまり、カラーコンディショニングが重要です。

キーワードマップ

```
カラーコンディショニングのメリット
    ├── 望ましい店舗イメージの形成
    ├── 販売員の疲労軽減や集中力向上による販売活動や作業効率の向上
    ├── 店舗の個性の表現や商品のディスプレイ効果の向上
    └── 店舗内での事故防止や安全性向上
```

出題者の目線

●色の3要素、色彩計画の注意点からよく出題されています。

詳しく見てみよう

1 色の持つ特性

○色の3要素

色相（色合い）	色を構成する**光の波長別のエネルギー分布差**にもとづく色合いの違いをいう。
明度（明るさ）	色の持っている**明るさの度合い**を表す。
彩度（鮮やかさ）	色のさえ方や**鮮やかさの程度**を表す。

○無彩色と有彩色

　色は無彩色と有彩色に大別されます。**無彩色は、白、灰、黒といった色合いを持たない色**のことで、**無彩色以外の色合いのあるすべての色が有彩色**です。

▼無彩色の特性

黒の持つ特性	・黒は光を吸収するので、**光線（明るさ）が他の色よりも必要**。 ・熱を吸収するので、売場の温度を上昇させる。 ・消極的な色であるため、隣の商品の色を引き立たせる役割を持っている。
灰色の持つ特性	・中性色である灰色は、隣接する色に影響、変化を与えない。 ・どのような色も引き立てないので、バック（背景）として不向き。
白の持つ特性	・色をほとんど反射し、まぶしさがある。 ・冷たく、さびしい性質がある。

▼有彩色の特性

暖色と寒色	暖色………赤、黄赤（橙）、黄など、火や太陽を連想させる色相で、**興奮色**ともいわれる。 寒色………青緑、青、青紫など、水や空を連想させる色相で、**沈静色**ともいわれる。 中性色……黄緑、緑、紫のような暖かみも寒さも感じない色相。
進出色と後退色	進出色……前に飛び出して見える色で、暖色系の色は膨張して進出する性質がある。 後退色……奥に引っ込んで見える色で、寒色系の色は収縮して後退する性質がある。

○補色と準補色

　補色は、色相環で向かい合った位置にあり、最も離れた色同士です。たとえば、「赤と青緑」、「黄赤と青」、「黄緑と青紫」、「緑と赤紫」といった組み合わせをいいます。

▼色相環

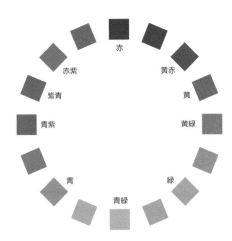

　補色は色相の差が大きく、お互いが強く主張し合う色であるため、配色が難しく、効果的な配色には色彩感覚を必要とします。

　また、「赤と緑」「青と黄」といった補色に近い関係を準補色といいます。この配色は、新鮮さ、華やかな感じを演出できます。

2　色彩計画策定上の留意点

○色彩計画の注意点

- 部分的な色を適当に集積するのではなく、全体的な統一感にもとづき、部分ごとの色を調和させる。
- 望ましい店舗イメージの形成には、**基調色1色**で売場の多くを占めるようにし、残りを**アクセントカラーの3色以内**で引き締める。

○色彩を活用する基本的なポイント

- ショーウインドウなどの集視ポイントでは、季節感を表す色を活用し、併せて照明による効果を考える。
- 店舗全体の基本的な配色は、床の明度を低くし、次に壁面、そして天井というように順に明るくし、安定した落ち着きのある感じを出す。

問1　次の文章は、インストアプロモーションについて示している。図中の〔　〕の部分に、下記に示すア～オのそれぞれの語群から最も適切なものを選びなさい。

インストアプロモーションは、人的販売活動と非人的販売活動に大別できる。人的販売は、販売員が顧客に対して直接、〔ア〕で情報提供などを行う販売活動である。

非人的販売は、直接的には人手を介さない販売方法であり、プレミアムやFSPなどの方法がある。プレミアムでは、商品自体に添付され、購入者全員が公平に受け取ることができる〔イ〕や、商品の購買とは関係なく、懸賞に応募すれば抽選で景品がもらえる〔ウ〕などがある。

さらに価格によるプロモーションには、来店客に割引券を配布し、試し買いを動機づける方法である〔エ〕や、高額商品の販売などに際し、金利分を販売店側が負担する〔オ〕などがある。

【語群】

ア　1.パブリシティ　　2.広告　　3.特売　　4.口頭

イ　1.べた付けプレミアム　　　2.オープン懸賞プレミアム
　　3.スピードくじプレミアム　　4.キャッシュバック

ウ　1.べた付けプレミアム　　　2.オープン懸賞プレミアム
　　3.スピードくじプレミアム　　4.キャッシュバック

エ　1.お試しサイズ　　2.クーポン　　3.キャッシュバック
　　4.低金利ローン

オ　1.お試しサイズ　　2.クーポン　　3.キャッシュバック
　　4.低金利ローン

問2 次のア～オは、リージョナルプロモーションについて述べている。正しいものには1を、誤ったものには2を選びなさい。

ア 野立て看板、ネオンサインやアドバルーンなどは、マスメディア広告に分類される。

イ 街頭で配布されるフリーペーパーやポスティング広告はチラシ広告に分類される。

ウ パブリシティは、テレビ、雑誌などに、自店の商品、サービスやイベントなどを情報提供し、ニュースや記事として取り上げてもらうことをねらいとしている。

エ POP広告は、顧客がレジを通過する際に手渡される広告のことである。

オ リスティング広告は、Webサイトに広告画像を貼り付け、それをクリックすると広告主のWebサイトに移行するシステムである。

問3 次のア～オは、店舗照明について述べている。正しいものには1を、誤ったものには2を選びなさい。

ア 全般照明は、ベース照明ともいわれ、店舗や売場全体を均等に照らす照明で、スポットライトやダウンライトが使われる。

イ 装飾照明は、インテリアとしての装飾効果を重視する照明で、シャンデリアやペンダント、壁面ブラケットなどの器具が多く使用されている。

ウ 省エネ照明は、照明の間引きや調光によってライトダウンを行うものである。

エ 半間接照明は、店舗や売場全体を均等に照らす照明である。

オ 光をすべて天井や壁面に反射させる照明のことを、全般拡散照明という。

答え合わせ

問1 正解：アー4　　イー1　　ウー2　　エー2　　オー4

解説

　非人的販売に該当するプレミアムには、商品自体に添付され、購入者全員が公平に受け取ることができる「べた付けプレミアム」、商品の購買とは無関係に、懸賞に応募すれば抽選でプレミアムがもらえる「オープン懸賞プレミアム」、商品を購入した顧客にクジなどを引いてもらい、抽選でプレミアムを配布する「スピードくじプレミアム」があります。また、価格によるセールスプロモーションには、来店客に割引券を配布する「クーポン」、特定商品を購入した場合、顧客に現金の一部を返金する「キャッシュバック」、価格は通常のままにしておき、容量を増やして販売する「増量（ボーナス）パック」などがあります。

問2 正解：アー2　　イー1　　ウー1　　エー2　　オー2

解説

ア　野立て看板、ネオンサインやアドバルーンなどは、「屋外広告」に分類されます。

イ　チラシ広告には、新聞の折込広告、ポスティング広告、街頭で配布されているフリーペーパーなどがあります。

ウ　パブリシティは、原則として無料で、マスメディアという第三者の立場からの評価、判断によって流される情報であるため、受け手の信頼性は高く、受け入れにあたっての抵抗感も少ないというメリットがあります。

エ　POP広告とは、店内での商品説明のために陳列棚や商品付近につけられたカードやボードのことです。

オ　リスティング広告は、検索キーワード連動広告ともいわれ、検索エンジンの検索結果ページにテキスト広告を表示するシステムです。問題文は、バナー広告について述べています。

解説

ア 全般照明は、天井埋め込み型、ルーバー型などの形態の蛍光灯や直下方向を照らす白熱電球が多く使われています。

イ 装飾照明は、インテリアとしての装飾効果を重視する照明です。

ウ 省エネ照明は、照明の間引きや調光によってライトダウンを行います。

エ 半間接照明は、光の一部を天井面や壁面に反射させて、あらゆる方向から反射で照らす照明です。

オ 全般拡散照明は、拡散グローブや提灯器具などのように、光を均等に行き渡らせる照明をいいます。問題文は、間接照明について述べています。

MEMO

販売・経営管理

接客マナー

接客とは、販売員が心を込めてお客さまを接待することです。

Navigation

要点をつかめ！

学習アドバイス

ADVICE!

相手に対して敬意を表す言葉として「敬語」があります。お客さまの気持ちを察して、お客さまの言葉に耳を傾けること、そして、その場面の意味とお客さまの気持ちを十分にふまえたうえで、敬語を正しく使って表現する姿勢が大切です。

キーワードマップ

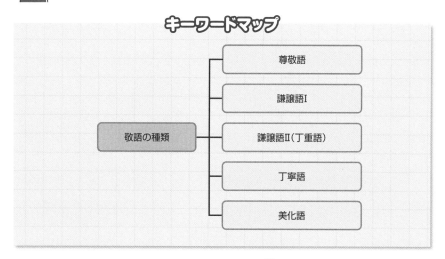

敬語の種類	尊敬語
	謙譲語I
	謙譲語II（丁重語）
	丁寧語
	美化語

出題者の目線

● 敬語は、毎回出題されている最重要ポイントです。5つの敬語の違いをしっかりと確実に覚えておきましょう。

Lecture

詳しく見てみよう

1　挨拶

　顧客へのお辞儀も接客の重要な要素で、次の3つの種類を状況によって使い分けることが大切です。

会釈 15度のお辞儀	「はい、かしこまりました」「少々お待ちください」 など、顧客の指示を受けたときや、お待たせするときのお辞儀
敬礼 30度のお辞儀	「いらっしゃいませ」と顧客を迎えるときのお辞儀
最敬礼 45度のお辞儀	「ありがとうございました」「申し訳ございません」 など、お礼やお詫びをするときのお辞儀

2　敬語の基本

　販売員は、敬語の基本をしっかりと身につけておかなければなりません。

▼ 敬語の種類

尊敬語	「いらっしゃる・おっしゃる」 型
謙譲語Ⅰ	「伺う・申し上げる」 型
謙譲語Ⅱ（丁重後）	「参る・申す」 型
丁寧語	「です・ます」 型
美化語	「お酒・お料理」 型

\\POINT UP!//

得点アップ講義

尊敬語の場合、主語となるのは、相手方です。一方、謙譲語の場合、主語となるのは、自分です。また、美化語は、お（ご）＋名詞となり、お（ご）＋動詞の場合は、尊敬語か謙譲語になります。

①尊敬語「いらっしゃる・おっしゃる」型

　相手側または第三者の行為・ものごと・状態などについて、その人物を立てて述べるものです。

特定の語形の主な例	一般的な語形の主な例
いらっしゃる←行く・来る・いる **おっしゃる**←言う **なさる**←する **召し上がる**←食べる・飲む **くださる**←くれる	＜お（ご）〜になる＞ **ご覧になる**←見る **お召しになる**←着る **お使いになる**←使う ＜〜（ら）れる＞ **読まれる**←読む **来られる**←来る **行かれる**←行く ＜〜なさる＞ **利用なさる**←利用する

②謙譲語Ⅰ「伺う・申し上げる」型

　自分側から相手側または第三者に向かう行為・ものごとなどについて、その向かう先の人物を立てて述べるものです。

特定の語形の主な例	一般的な語形の主な例
伺う←訪ねる・尋ねる・聞く **申し上げる**←言う **頂く**←もらう **拝見する**←見る **お目にかかる**←会う	＜お（ご）〜する＞ **お届けする**←届ける **ご案内する**←案内する **お書きする**←書く ＜お（ご）〜いただく＞ **お越しいただく**←来てもらう **お読みいただく**←読んでもらう

③謙譲語Ⅱ（丁重語）「参る・申す」型

自分側の行為・ものごとなどを、話や文章の相手に対して丁重に述べるものです。

特定の語形の主な例	一般的な語形の主な例
参る←行く・来る **申す**←言う **いたす**←する **おる**←いる **存じる**←知る・思う	＜～いたす＞ **利用いたす**←利用する **ご案内いたす**←案内する **おわびいたす**←わびる

④丁寧語「です・ます」型

話や文章の相手に対して丁寧に述べる敬語です。

形容詞＋ございます	指示語を含む言葉を使う場合
たこうございます←高い **おいしゅうございます**←おいしい **かるうございます**←軽い **おもうございます**←重い	**こちら**←これ・ここ **あちら**←あれ・あそこ **そちら**←それ・そこ **少々**←ちょっと **いかが**←どう **どなた・どなた様**←だれ
指示語＋ございます	
こちらでございます←こっちだ **あちらでございます**←あっちだ **そちらでございます**←そっちだ	

⑤美化語「お酒・お料理」型

ものごとを美化して述べるものです。

名詞あるいは「名詞＋する」型の動詞		
お酒←酒	**ご祝儀**←祝儀	**お化粧（する）**←化粧（する）

5

販売・経営管理

クレームや返品への対応

誠実な対応が、お客さまとの間に強い信頼関係を生みます。

Navigation

要点をつかめ！

学習アドバイス

ADVICE!

クレームや返品においては、販売員は初期の段階で的確な対応が求められます。顧客の心理を理解し、対応の手順とポイントを身につけておく必要があります。

キーワードマップ

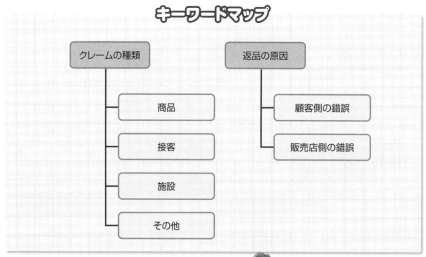

```
クレームの種類          返品の原因

        商品              顧客側の錯誤

        接客              販売店側の錯誤

        施設

        その他
```

出題者の目線

●クレーム、返品のときの販売員の対応手順の出題が目立ちます。しっかりと理解しておきましょう。

Lecture　詳しく見てみよう

1　クレームとその対応

　商品やサービス、販売員の接客などに対して、顧客の中に不満が高まると、それがクレームになることがあります。クレームには初期段階で的確に対応しないと、それが大きな問題に発展することになるかもしれません。

▼ クレームの種類

商品	汚れやキズ、故障、部品の不備、鮮度、商品によるケガなど
接客	態度や言葉遣いが悪い、説明不足、レジの待ち時間など
施設	ディスプレイが乱雑、トイレの場所がわからない、陳列器具が汚いなど
その他	営業時間が短い、ポイントカードに対する不満、他店より価格が高いなど

クレーム対応の心構え

　クレームは、申し出ればきちんと対応してくれる、という顧客側の期待感の表れでもあります。したがって、販売員は謙虚な気持ちでクレームに対応することが必要です。クレーム対応の際の心構えとしては、①顧客の言い分を謙虚に聴く、②心からお詫びする、③嫌な顔をしない、④感情的にならず冷静に対応する、⑤面倒がる態度をしない、⑥こじれそうな場合は日や場所を改めたり、対応する人を替える、⑦たらい回しにはしない、などがあげられます。

▼ クレーム対応と改善の手順

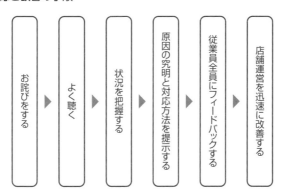

お詫びをする ▶ よく聴く ▶ 状況を把握する ▶ 原因の究明と対応方法を提示する ▶ 従業員全員にフィードバックする ▶ 店舗運営を迅速に改善する

2 返品とその対応

　返品を受け入れることは、あくまでも販売店のミスでない限り、顧客に対するサービスと考えなければなりません。また、顧客の商品に対する認識の誤りによる返品の際には、何が原因だったのか、顧客からしっかり聞き取ることが重要です。

▼ 返品発生原因の種類

顧客側の錯誤	商品に対する勘違い、知識不足、思い込みなど
販売店側の錯誤・ミス	早とちり、勘違い、知識不足、顧客ニーズの把握不足、押し付け、広告チラシの説明不足など

○返品対応をする際の心構え

　返品を受ける基準は、各店舗によって異なるので、自店の基準に従います。とはいえ、返品に対する対応がよければ、店舗と販売員の印象もよくなり、顧客の固定客化にもつながるので、誠実な対応が望まれます。

- 素直に、謙虚に、誠実に対応する。
- 事実関係を正確に把握する。
- 自店の基準や法の基準に合っているか確認する。
- 顧客にとっても自店にとっても、納得できる対応をする。

▼ 返品対応の手順

238

Theme 3 小売業に関する主な法規

重要度：★★★

それぞれの法律が、何のためのものかを理解することが大切です。

Navigation

要点をつかめ！

ADVICE!

学習アドバイス

法律知識がトラブル解決の糸口になることがあります。

キーワードマップ

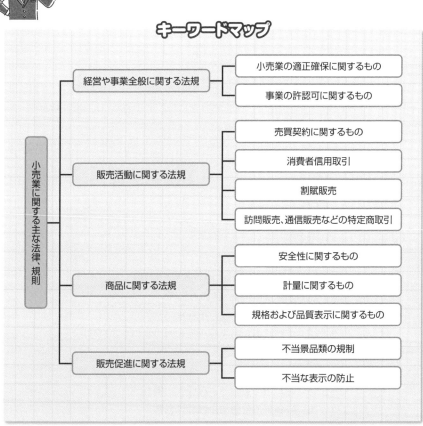

- 小売業に関する主な法律、規則
  - 経営や事業全般に関する法規
    - 小売業の適正確保に関するもの
    - 事業の許認可に関するもの
  - 販売活動に関する法規
    - 売買契約に関するもの
    - 消費者信用取引
    - 割賦販売
    - 訪問販売、通信販売などの特定商取引
  - 商品に関する法規
    - 安全性に関するもの
    - 計量に関するもの
    - 規格および品質表示に関するもの
  - 販売促進に関する法規
    - 不当景品類の規制
    - 不当な表示の防止

●大規模小売店舗立地法に関して多く出題されています。届出者、対象店舗、基準面積などはしっかりと覚えておきましょう。

Lecture 詳しく見てみよう

1 小売業の適正確保に関する法規

近年では、小売業の経営規模が大型化し、小売業全体に占める大規模小売業の比重が増しています。こうした大規模小売業と、中小小売業との企業格差はますます広がっていますが、中小小売業の経済的、社会的な役割は大きく、その事業活動の機会を適正に確保するための施策が重視されています。

①大規模小売店舗立地法

大規模店舗の出店や営業活動を規制するための大規模小売店舗法（大店法）は、経済や産業の規制緩和の流れに沿って廃止されました。そこで新たに制定されたのが、**大規模小売店舗立地法（大店立地法）**です。

大規模小売店舗立地法の目的は、「大規模小売店舗の立地に関し、その**周辺の地域の生活環境の保持**のため、大規模小売店舗を設置する者によりその施設の配置及び運営方法について適正な配慮がなされることを確保すること」にあるとされ、**駐車場の確保や騒音の発生防止**など配慮すべき指針も公表されています。

▼ 大規模小売店舗立地法の主な内容

届出者	**建物設置者**（所有者）
対象店舗	小売業を行う店舗（**生協や農協も対象**）
基準面積	**店舗面積1,000㎡超**の大型店
届出事項	1　店舗の名称および所在地 2　店舗設置者および小売業者の名称および住所 3　開店日 4　店舗面積 5　駐車場の位置および収容台数 6　駐輪場の位置および収容台数

届出事項	7　荷さばき施設の位置および面積 8　廃棄物などの保管施設の位置および容量 9　開店時刻および閉店時刻 10　来客の駐車場の利用時間 11　駐車場の出入口の数および位置 12　荷さばきの時間帯
審査内容	店舗周辺の生活環境の保持

②中小小売商業振興法

中小小売商業振興法は、中小小売業の振興を図るために制定された法律で、広範な育成施策が盛られています。

中小小売業の経営近代化に対して、さまざまな助成を行い、また中小小売商業者の組合や会社が商店街の整備や店舗の共同化といった**高度化事業**を実施しようとする場合には、これを認定して、金融上、税制上の助成を行います。また、**フランチャイズ事業**に加盟する中小小売商業者を保護するため、本部事業者に対し、重要な契約事項について書面（法定開示書面）での説明を義務づけています。

③商店街振興組合法

商店街振興組合法は、地域の商業振興にとって重要な役割を持つ**商店街の振興を図る**ためのものであり、国の助成が行われています。主な事業は、共同仕入、保管、運送、チケットや商品券の発行といった**共同事業**と、アーケードや街路灯の設置、駐車場などの整備・確保といった**環境整備事業**があります。

④中心市街地活性化法

中心市街地活性化法は、消費生活の変化や少子高齢化などに対応して、中心市街地における都市機能の増進および経済活力の向上を総合的、かつ、一体的に推進するために制定されました。

得点アップ講義

中小小売業が商店街の整備や店舗の共同化、ボランタリーチェーンなどに取り組みに対し、国が高度化事業として認定することで低金利の融資を受けることができます。

事業の許認可に関する法規

特定業種の取扱いには許認可が必要です。

Navigation

要点をつかめ!

ADVICE!

学習アドバイス

憲法では、「営業の自由」が認められていますが、特定の業種については、保健、衛生、公安、財政などの理由から許認可が必要となります。

キーワードマップ

```
                          ┌─────────────────────────────┐
                          │   薬局の開設、医薬品の販売      │
                          ├─────────────────────────────┤
                          │        酒類販売業             │
                          ├─────────────────────────────┤
                          │       米穀類の販売            │
┌──────────────────┐      ├─────────────────────────────┤
│ 許認可を必要とする主な業種 │──│        古物の販売             │
└──────────────────┘      ├─────────────────────────────┤
                          │    ペットショップの営業         │
                          ├─────────────────────────────┤
                          │     たばこの小売販売業          │
                          ├─────────────────────────────┤
                          │     飲食店、食品販売店          │
                          └─────────────────────────────┘
```

出題者の目線

●事業の許認可についての出題は多くみられます。根拠となる法律、主務官公庁については、しっかりと覚えておきましょう。

詳しく見てみよう

Lecture

1　薬局の開設、医薬品の販売

　薬局の開設や医薬品の販売は、**医療品医療機器等法**にもとづき、所定の要件を備えて**都道府県知事の許可**を得なければなりません。

2　酒類販売業

　酒類の販売は、酒税法によって規制されています。販売所ごとに所在地の**所轄税務署長から免許**を取得しなければなりません。

3　米穀類の販売

　従来の食糧管理法では、米穀類の販売業者は都道府県知事の許可が必要でしたが、現在の食糧法（主要食糧の需要及び価格の安定に関する法律）では、**年間20精米トン以上の販売・出荷を行う場合のみ、農林水産大臣に届出が必要**となりました。

4　古物の販売

　古物の販売は、古物営業法によって規制されています。
　従来は、古物を販売しようとする者は、営業所を設置する都道府県ごとに許可を得る必要がありました。しかし、2018年の法改正により、他の都道府県に営業所を設置する場合は、主たる営業所が設置されている都道府県公安委員会の許可を得れば、届出のみでよいことになっています。
　古物を販売しようとする者は、その取り扱う古物の種類（美術品類、時計・宝飾品、自動車、自転車類、写真機類、事務機器類、機械工具類、道具類、皮革・ゴム製品、書籍、金券類など13区分）を定めて申請する必要があります。

5　ペットショップの営業

　動物取扱業者の規制により、第1種動物取扱業者に該当するペットショップを始めようとするときには、**動物愛護法**（動物の愛護及び管理に関する法律）により、**都道府県知事に対する動物取扱業の登録**ならびに施設ごとに動物取扱責任者の設置が必

要となります。さらに、第1種動物取扱業者には動物の管理の方法や飼養施設の規模や構造などの基準を守ることが義務づけられています。

ただし、動物愛護団体の動物シェルターや公園などでの展示を行う第2種動物取扱業者は、届出だけでよいとされています。

6 たばこの小売販売業

たばこの小売販売業は、**たばこ事業法**によって規制されており、**財務大臣の許可**を得なければなりません。

7 飲食店、食品販売店

2018年の法改正までは、原則として**都道府県知事の許可**が必要になっていました。また、その許可は飲食店や食品販売所の施設ごとに必要となっていましたが、1つの施設内部で複数の許可が必要になったり、衛生上の配慮が不要な事業にまで許可が必要だったりした点が問題となっていました。

そこで、2018年の法改正により、食中毒のリスクや営業の実態に合わせた許可制度に改正され、リスクが低い業種については、許可より簡易な**届出**制度が認められることになりました。

▼ 許認可を必要とする主な業種

業種	根拠法	主務官公署	許可等
薬局の開設、医薬品の販売	医薬品医療機器等法	都道府県知事（または政令市の市長、特別区の区長）	許可
酒類販売業	酒税法	所轄税務署長	免許
米穀類の販売（年間20精米トン以上）	食糧法	農林水産大臣	届出
古物の販売	古物営業法	都道府県公安委員会	許可
ペットショップ（第1種動物取扱業者）	動物愛護法	都道府県知事（または政令市の市長）	登録
たばこの小売販売業	たばこ事業法	財務大臣	許可
飲食店、食品販売店	食品衛生法	都道府県知事	許可・届出

Theme 5 販売活動に関する法規

重要度：★★☆

お客さまが商品代金を支払う際、いくつかの
方法、ルールがあります。

Navigation

要点をつかめ！

ADVICE!

学習アドバイス

売買契約とは、買い手の意思表示と売り手の意思表示が合致した契
約であり、売り手は商品をお客さまに引き渡し、お客さまはその代
金を支払うという双務契約になります。売買契約によって販売した
商品の所有権は、売り手から買い手に移転します。

▼ 売買契約

出題者の目線

●予約、手付、割賦販売法の分類についての出題が目立ちます。それぞれの内容
を理解しておきましょう。

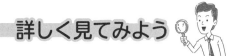

詳しく見てみよう

1 売買契約に関する民法の規定

　売買とは、商品を顧客に引き渡し、顧客がその代金を支払うという"商品と金銭の交換"のことをいいます。このとき、商品の所有権は代金を支払った顧客に移転します。店舗販売においては、顧客の申込みと代金の支払いが同時に行われることから、**現実売買**と呼んでいます。とはいえ、商品と金銭の交換が同時に行われるとは限りません。予約や手付が必要となる場合もあります。

①予約

　予約とは、**売買契約の締結を前提とした一種の契約**であり、**売買の一方の予約**といわれるものです。民法の規定によると、「予約の権利を持つ当事者の一方の意思表示で、予約から本契約としての売買契約が成立することになる。ただし、予約期間や期限を決めておく必要があり、その期間内に顧客の履行がない場合は、予約の効力は失われる」とされています。

②手付と内金

　手付は、買主から売主に対して渡すもので、**手付を放棄して、契約を自由に解除**することができます。また、手付を受け取った売主は、**その倍額を支払って契約の解除**をすることができます。

　一方、**内金**は、「商品の代金の一部前払いであり」、手付のような**契約の解除は認められていない**とされています。

③委任契約

　委任契約とは、「当事者の一方（委任者）が、相手方（受託者）に委託し、相手方がこれを受諾することによって成立する契約である」とされています。

　小売業が商品を仕入れるときに、売買契約を行わずに委任契約を結び、小売店は自店の名でその商品を顧客に販売するという販売委任契約があります。

2　消費者信用取引

　クレジットカードを使った商品の購入は、今や小売店においても一般的に行われています。商品の代金を現金で支払わずに売買することを、**消費者信用取引**といいます。消費者信用取引は、**販売信用**と**金融信用**から成り立っています。

　販売信用は、カードで商品を購入する場合のもので、支払方法により割賦方式と非割賦方式があります。

　金融信用は、直接金銭を貸すことで、**有担保**と**無担保**のもの、割賦による支払いと非割賦のものがあります。

　一般には、**販売信用をクレジット**、**金融信用をローン**ということが多いです。

3　割賦販売法

　割賦販売法では、契約の仕組みの違いによって、クレジット（販売信用）を「割賦販売」、「信用購入あっせん」、「ローン提携販売」に分類しています。

①割賦販売

　販売会社（百貨店、専門店など）が政令で定められた商品・権利あるいはサービスを販売する際、**2カ月以上、かつ、3回以上**の分割払いで代金を受け取ることをいい、**リボルビング**も含まれます。この場合、消費者と販売会社の間で割賦販売契約が結ばれます。契約のタイプには、**個別方式の割賦販売**のほか、販売会社が発行するクレジットカードを用いる**包括方式の割賦販売**もあります。

②信用購入あっせん

　消費者が販売会社で商品や権利、サービスを購入する際、クレジット会社が消費者に代わって販売会社に代金の支払いをし、後日、消費者が代金をクレジット会社に**2カ月を超える分割払いで（リボルビングを含む）**支払うことをいいます。この場合、**消費者と販売会社との間に売買契約**が、**消費者とクレジット会社の間に立替払い契約**がそれぞれ結ばれます。

③ローン提携販売

　消費者が販売会社から購入する①指定商品、②指定権利、③指定役務（サービス）の代金を金融機関から借り入れ、**2ヶ月以上、かつ、3回払い以上に分割（リボルビングを含む）**して返済することを条件に、販売会社が消費者の債務を保証することをいいます。この場合、**消費者と金融機関の間に金銭消費貸借契約**が、**消費者と販売会社の間に売買契約と保証委託契約**が、**金融機関と販売会社の間には保証契約**がそれ

ぞれ結ばれます。

　また、割賦販売法では、クレジットで商品などを販売する際の条件表示、書面の交付などを割賦販売会社やクレジット会社に義務づけ、**一定の条件のもと、クレジットで購入した商品などの代金の支払いを停止できる権利**や**クーリング・オフ**などについて規定しています。

④販売会社の書面交付義務
　販売会社は、割賦販売契約を締結した場合、遅延なく、一定の書面を交付する義務を負います。

⑤クレジット契約のクーリング・オフ
　個別方式の信用購入あっせんに該当する場合、クレジット契約にクーリング・オフ制度が適用されます。

\\POINT UP!/

得点アップ講義

リボルビングとは、クレジットカードでの商品購入やキャッシングの際、返済回数は決めずに毎月ほぼ一定額、または残額に対する一定割合額で返済する方法のことです。

Theme

6

商品に関する
法規

重要度：★★☆

消費者を保護するため、商品の品質や機能を
正しく表示する必要があります。

Navigation

要点をつかめ！

ADVICE!

学習アドバイス

小売業の社会的責任の第一は、消費者に安全、かつ適正な商品を販売するとともに、消費者の生命や身体、健康を害するおそれのある商品を排除することにあります。

キーワードマップ

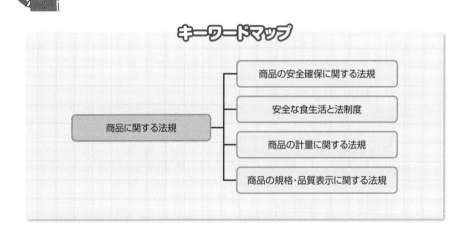

```
                          ┌─ 商品の安全確保に関する法規

                          ├─ 安全な食生活と法制度
        商品に関する法規 ─┤
                          ├─ 商品の計量に関する法規

                          └─ 商品の規格・品質表示に関する法規
```

出題者の目線

●標準品や規格品のマークに関して法律から多頻度で出題されています。根拠となる法律を併せて覚えておいてください。

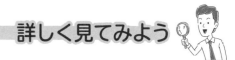

詳しく見てみよう

1 商品の安全確保に関する法規

①消費生活用製品安全法

　一般消費者に対する危害の発生防止を図るために、特定商品の製造、輸入および販売を規制し、また、安全性の確保について、民間事業者の自主的な活動を促進するための措置を講じています。

名称	マーク	規制対象品目
特別特定製品を除く特定製品	PS C	家庭用の圧力なべおよび圧力がま 乗車用ヘルメット 登山用ロープ 石油給湯器 石油ふろがま 石油ストーブ
特別特定製品	PS C	乳幼児用ベッド 携帯用レーザー応用装置 浴槽用温水循環器 ライター

②食品表示法

　食品表示法にもとづいて食品表示基準が定められており、食品表示基準に従った表示がなされていない食品の販売は行ってはなりません。表示事項としては、名称、保存の方法、消費期限または賞味期限、原材料名、添加物、内容量または固形量および内容総量、栄養成分、食品関連事業者の氏名または名称および住所、製造所または加工所の所在地などが義務づけられています。

③医薬品医療機器等法

　医薬品の性状および品質の適正化を図るため、「日本薬局方」を定め、また、厚生労働大臣は、特定の医薬品の製法、性状、品質、貯蔵などに関して必要な基準を設けています。

④製造物責任法（PL法）

　製品の欠陥により消費者が生命、身体、または財産上の被害を被った場合に、事業者に対して賠償責任を負わせることを目的とした法律です。

　従来と異なり、被害者は、**①欠陥の存在**、**②損害**、**③因果関係を証明**すればよい

とされています。

2　安全な食生活と法制度

①有機食品の検査認証・表示制度

　2000年より有機食品の認定制度が導入されました。この有機食品の検査認証・表示制度は**国際食品規格委員会（コーデックス委員会）**の「有機食品に関するガイドライン」に沿っています。

　有機食品については、生産方法、つくり方に関する新たな基準が設定され、これにより、「有機JASマーク」が付されたものでなければ、「有機」、「オーガニック」またはこれと紛らわしい表示はできなくなっています。

②遺伝子組換え食品の表示制度

　食品衛生法にもとづき、**遺伝子組換え食品表示制度**が2001年よりスタートしました。安全性の審査がなされていない遺伝子組換え食品が国内で流通しないように、食品安全委員会で審査を受けていない遺伝子組換え食品は、輸入、販売などが禁止されています。

③賞味期限と消費期限

　加工食品の日付表示は、食品の品質がいつまで保持されているかを判断するために重要な表示です。

▼ 賞味期限と消費期限

	賞味期限	消費期限
意味	品質が変わらずにおいしく食べることができる期限	安全に食べられる期限（期限が過ぎたら食べないほうがよい）
表示方法	3カ月を超えるものは「年月」、3カ月以内のものは「年月日」で表示	「年月日」で表示
対象となる食品	劣化が比較的遅いものスナック菓子、カップめん、缶詰など	劣化が速いもの弁当、サンドイッチ、生めんなど

3　商品の計量に関する法規

　商品の計量に関しては、計量法によって計量単位、適正な計量の実施、適正な計量管理の内容などが規定されています。

　公的機関が規定に適合しているか検査を行い、これに合格したものには**検定証印**が、経済産業大臣から指定された事業者（**指定製造事業者**）が、製造した商品を自社で検査し、合格したものには**基準適合証印**が付いています。

検定証印

4　商品の規格および品質表示に関する法規

　商品の標準化、規格化、品質表示は、市場活動全般の効率性と公正性を維持するために重要な制度であり、それによって消費者は商品を理解し、安全性も確保することができます。

　標準化とは、「商品の生産・流通・消費・廃棄過程における規格の設定ならびにその活用・普及を目指す組織的活動」をいいます。

　標準化の結果、企業は商品の品質の改善を図ることができるようになり、国や業界団体は、消費者が一定水準の品質のよい商品を安心して購入できるように、ある基準に沿って規格化を行います。

　規格化の目的は、生産や消費生活の場面で、商品の品質をできるだけ、①正確にばらつきなく、②効率的に提供することにあります。

○**家庭用品の品質表示**

　消費者が製品の品質を正しく認識し、その購入にあたって不測の損失を被ることのないように制定されたのが「家庭用品品質表示法」です。事業者に家庭用品の品質に関する表示を適正に行うことを要請し、消費者の利益を保護することを目的としています。

　家庭用品の対象品目は、繊維製品（35品目）、合成樹脂加工品（8品目）、電気機械器具（17品目）、雑貨工業品（30品目）です。消費者がその購入に際して品質を識別することが著しく困難で、品質を識別する必要性が特に高いものが、「品質表示の必要な家庭用品」として指定されています。

\\POINT UP!//

得点アップ講義

計量法は、計量の基準を定め、適正な計量の実施を確保し、それによって経済の発展と文化の向上に寄与することを目的としています。

Theme 7 販売促進に関する法規

過大な景品を付けて販売すると違法となることがあります。

Navigation

要点をつかめ！

学習アドバイス

ADVICE!

小売業の販売競争がどれだけ激しくなっても、公正な競争を阻害したり、消費者利益が損なわれるような販売促進策がとられてはいけません。こうしたことから、独占禁止法の特例として、不当景品類及び不当表示防止法（景品表示法）が制定され、不当な景品類や広告、表示に対し規制が設けられています。

キーワードマップ

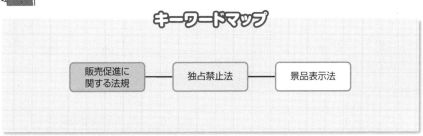

販売促進に関する法規 ── 独占禁止法 ── 景品表示法

出題者の目線

●不当景品類の規制についての出題は、特に多くなっています。景品類提供の種類、取引価額、景品類限度額についてしっかりと覚えておきましょう。

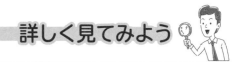

詳しく見てみよう

1　不当景品類の規制

　景品の提供には、商品や役務の取引に付随して消費者に景品類を提供する場合と、取引に付随しないで提供する場合があります。このうち、景品表示法で規制されるのは、**取引に付随した景品類の提供**です。一方、取引に付随しない景品類の提供は、**オープン懸賞**といわれ、これに対しては**独占禁止法が適用**されます。

①総付（べた付け）景品

　取引に付随した景品の提供で、懸賞によらないものが**総付景品（べた付け景品）**です。提供できる景品類の限度額は、**取引価額が1,000円未満は200円、取引価額が1,000円以上は取引価額の10分の2**となっています。

②一般懸賞

　商品の購入者全員に提供するような総付景品とは違い、単独のメーカーや小売店などが懸賞によって景品類を提供するものを一般懸賞といいます。

　一般懸賞の場合の景品類の限度額は、**取引価額5,000円未満は、取引価額の20倍、取引価額5,000円以上は10万円**となります。また、景品類の総額は、**懸賞に関わる売上予定総額の2%以内**とされています。

③共同懸賞

　複数の事業者が共同して取引に付随して、懸賞によって景品類を提供するものを**共同懸賞**といいます。提供できる景品類の限度額は**取引価額にかかわらず30万円**、景品類の総額は、**懸賞に関わる売上予定総額の3%以内**とされています。

　共同懸賞として認められるのは、次の3つになります。

- 一定地域の小売業者、またはサービス業者の相当多数が共同して行う場合
- 1つの商店街に属する小売業者、またはサービス業者の相当多数が共同して行う場合、ただし、中元や歳末などの大売出しで年3回を限度として、年間70日間の期間内で行う場合
- 一定地域における同業者の相当多数が共同して行う場合

▼ 景品規制の概要

景品表示法 第3条（景品類の制限および禁止）	一般消費者告示	**総付景品**	
		取引価額	景品類の最高額
		1,000円未満	**200円**
		1,000円以上	取引価額の**10分の2**

	懸賞景品告示	**一般懸賞**		
		懸賞による取引価額	景品類限度額	
			①最高額	②総額
		5,000円未満	取引価額のの**20倍**	懸賞に関わる売上予定総額の**2%**
		5,000円以上	10万円	

共同懸賞	
景品類限度額	
①最高額	②総額
取引価額にかかわらず30万円	懸賞に関わる売上予定総額の3%

禁止法 独占	**オープン懸賞**
	提供できる金品等に具体的な上限額の定めはない

出所：消費者庁

2　不当な表示の防止

　景品表示法における不当表示とは、事業者が顧客を誘引するための手段として、販売する商品やサービスの品質、規格、その他の内容や価格、数量、その他の取引条件について、消費者に誤認されるような表示のことです。

①商品の品質、規格、その他の内容についての不当表示（**優良誤認表示**）

　商品の内容について、実際のものより著しく優良であること、事実に相違して競争業者の商品よりも著しく優良であると消費者に示す表示のことです。

②商品の価格、その他の取引条件についての不当表示（**有利誤認表示**）

　商品の取引条件について、実際のものより著しく有利であること、競争業者の価格や取引条件よりも著しく有利であると消費者に誤認される表示のことです。

③二重価格表示

　不当な二重価格の例として、実際の価格は6,000円程度なのに、「市価10,000円」を棒線で消して、「特価5,000円」と表示するなどがあげられます。

Theme

8

重要度：★★☆

環境問題と
消費生活

国内の環境問題から地球規模の観点に立った
対応へ。

Navigation

要点をつかめ！

学習アドバイス

ADVICE!

環境に配慮した商品やサービスの提供を優先させる販売努力、過剰
包装の撤廃や包装容器の積極的なリサイクル活動への取組み、店舗
のゴミの減量化対策など、小売店も環境にやさしい活動を積み重ね
ていく必要があります。

キーワードマップ

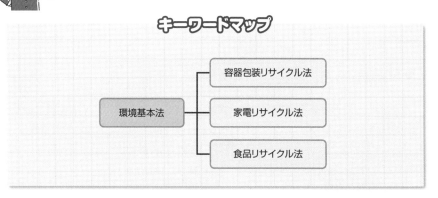

出題者の目線

●各種リサイクル法は、出題頻度の高いテーマです。それぞれのリサイクル法の
ポイントを押さえておきましょう。

キーワードマップ内：

環境基本法 — 容器包装リサイクル法
環境基本法 — 家電リサイクル法
環境基本法 — 食品リサイクル法

詳しく見てみよう

1　環境基本法

　環境基本法は、日本の環境保全に関する基本理念をはじめ、国や地方公共団体、事業者、国民の責務や環境の保全に関する枠組みを定めたものです。この環境基本法にもとづいて、国の環境保全に対する施策の方向を示した、「環境基本計画」が定められています。

　環境基本計画の目標は、**循環**、**共生**、**参加**、**国際的取組み**を実現する社会の構築です。

2　各種リサイクル法と販売店の課題

①容器包装リサイクル法

　容器包装リサイクル法（容器包装に係る分別収集及び再商品化の促進等に関する法律）は、商品の容器包装に関するリサイクルを促進する法律です。分別の対象となる容器包装は、ガラスびん、PETボトル、紙製容器包装、プラスチック製容器包装、アルミ缶、スチール缶、紙パック、段ボールです。

▼ 分別できる包装容器の識別マーク

スチール缶 （飲料缶）	アルミ缶 （飲料缶）	PETボトル （飲料、醤油缶）	紙製容器包装	プラスチック 製容器包装

②家電リサイクル法

　家電リサイクル法（特定家庭用機器再商品化法）によって家庭電気製品の回収が義務づけられています。

　対象となるのは、**冷蔵庫**、**ブラウン管テレビ**、**エアコン**、**洗濯機**、**冷凍庫**、**液晶テレビ**、**プラズマテレビ**、**衣類乾燥機**です。

▼ 家電リサイクルの仕組み

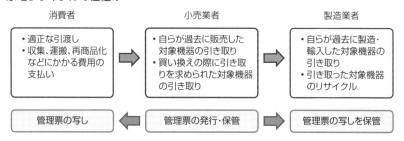

③食品リサイクル法

　食品リサイクル法（食品循環資源の再生利用等の促進に関する法律）は、食品関連事業者（**製造業、加工業、卸売業、小売業、飲食業**）を対象にした法律で、調理くずや食べ残しなどの食品廃棄物の発生を抑制したり、減量（脱水、乾燥）したり、再生利用などを促す法律です。これにより環境への負荷の少ない循環型社会を目指しています。

▼ 食品廃棄物の再生利用に取り組む優先順位

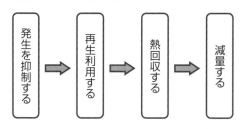

3　環境関連事業

①エコマーク事業（環境ラベリング制度）

　エコマークは、私たちの身の回りにある商品の中で、生産から廃棄にわたるライフサイクル全体を通して環境への負荷が少なく、環境保全に役立つと認められた商品に付与されます。

②グリーンマーク事業

　グリーンマークは、古紙40％以上を原料に利用した紙製品に付けられます。

③国際エネルギースタープログラム

　　国際エネルギースタープログラムは、オフィス機器の国際的省エネルギー制度で、世界9カ国・地域で実施されている任意登録制度です。

エコマーク

グリーンマーク

国際エネルギー
スターロゴ

4　環境規格とビジネス活動

　　ISO14000シリーズは、環境管理・監査の国際規格です。企業は「環境リスク」という考え方を取り入れ、環境に配慮した企業活動の指針づくりを始めており、その取組みの1つにISO14000シリーズという**環境マネジメントシステム**の取得があります。

\POINT UP!/

得点アップ講義

循環型社会とは、限りある資源を有効に利用するために、廃棄物のうち有用なものを循環資源として利用し、天然資源の消費を抑制して、環境負荷をできる限り低減させる社会のことです。

販売員に求められる計数管理

店舗経営の仕組みを数字面でつかみ、効率的経営に役立てる。

Navigation

要点をつかめ!

学習アドバイス

ADVICE!

お店の経営状況を把握することは重要なことです。5つの利益の意味を理解することが大切です。

キーワードマップ

```
5つの利益
    ├─ 売上総利益(粗利益)
    ├─ 営業利益
    ├─ 経常利益
    ├─ 税引前当期純利益
    └─ 当期純利益
```

出題者の目線

●それぞれの公式について出題されています。5つの利益の意味、公式は確実に覚えておきましょう。

詳しく見てみよう

1 計数管理の必要性

　小売業は、日々の仕入活動や販売活動の中で、さまざまな数字を使っています。小売業にとって、店舗の状態（儲かっているかどうか）を具体的に把握するには、店舗に関する数字を押さえることが必要だからです。

　たとえば、販売員が「先月に比べて今月は忙しかった」という印象を持ったとします。しかし、それだけでは店舗の売上や利益が増えたかどうかはわかりません。実際に来店客が増えたことで忙しかったのかもしれないし、スタッフの数が不足したことによって作業面で忙しくなっただけかもしれません。

　このような場合、先月と今月で実際に売上がどのくらい変化（増減）したのかを把握するには、「売上高」という数字で表すことが必要となります。数字は現状をありのままに表すため、数字の動きを見ていれば、小さな変化にも早く気づくことができ、具体的な対策を打つことができるのです。

　このように、店舗の売上や利益などを具体的な数字で表現し、それを用いて店舗の経営を管理していくことを**計数管理**といいます。直接的に店舗の数字に責任を持つのは店長や部門管理者ですが、売場の販売員としても日々の実務において、一日の売上高はおよそどのくらいかを把握する必要があります。

2 利益の構造

　小売業の販売活動の成果を最も忠実に表すのは、「売上高」です。売上高とは、「どれくらい売れているのか」を数字で明らかにした数値であり、小売業が一定期間に商品やサービスを顧客に販売することによって得た金額を表しています。

　「利は売りにあり」といわれるように、売上高は小売業だけでなくあらゆる企業にとって経営の出発点であり、その企業に対する顧客の支持を反映しているといえます。

　一方で利益は、この売上高から商品の仕入にかかった費用や販売活動に必要な人件費、広告宣伝費などの諸経費を差し引いて残った数値でもあります。

5

販売・経営管理

▼利益の構造

本業によって
儲けた利益

最終的に手元に
残る利益

①売上総利益（粗利益高）＝売上高－売上原価
②営業利益＝売上総利益（粗利益高）－販管費（販売費および一般管理費）
③経常利益＝営業利益±営業外損益
④税引前当期純利益＝経常利益±特別損益
⑤当期純利益＝税引前当期純利益－法人税等

　日々の販売活動において儲かる仕組みをつくるためには、第1に売上高を増やすこと、第2は売上総利益（粗利益高）を確保することです。逆にいえば売上総利益（粗利益高）を上回る額の経費を使わないことが鉄則となります。

　したがって、小売業の販売活動における計数管理では、まず、どれくらいの売上高を達成するのか、その結果どれくらいの利益（粗利益高）を得るようにするのかについて、しっかりとした目標を立てることが必要になります。

　販売員は、店舗の売上高や粗利益高を高めるために、売場でできることを具体的に考えなければなりません。たとえば、商品の鮮度や品質はよいか、欠品はないか、価格は正しく表示されているか、顧客が快適に買物を楽しめる売場になっているか、顧客からどのような問い合わせが多いかなど、ヒントの多くは売場にあると認識することが大切です。

Theme 10

重要度：★☆☆

売上高・売上原価・売上総利益の関係

売上総利益（粗利益）は、小売業が顧客に商品やサービスを販売することによって得られる利益です。

Navigation

要点をつかめ！

学習アドバイス

ADVICE!

このテーマでは、いくつかの公式が出てきます。すべての公式を覚えるとともに内容を理解することが重要です。

キーワードマップ

売上高 ＝ | 客数 |（入店客数×買上率）
×
| 客単価 |（買上点数×1品当たりの平均単価）

出題者の目線

●本試験において毎回出題されている最重要テーマです。公式の穴埋め問題や計算問題として出題されています。

詳しく見てみよう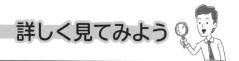

1 売上高

①売上高とは

売上高とは、小売業が顧客に商品やサービスを販売することによって得た金額のことです。商品の視点でみれば、売上高は販売単価に販売個数を掛けることで求められます。一方、顧客の視点でみた場合、売上高は次の計算式で求めることができます。

$$売上高 ＝ 買上客数 \times 客単価$$

②売上高を増やすには

・買上客数の増加

売上高を増やすための第1のポイントは、買上客数を増やすことです。買上客数は、次のように分解することができます。

$$買上客数 ＝ 入店客数 \times 買上率$$

・客単価の増加

売上高を増やすための第2のポイントは、客単価を上げることです。客単価は、次のように分解することができます。

$$客単価 ＝ 買上点数 \times 1品当たり平均単価$$

2 売上総利益（粗利益高）

①売上総利益（粗利益高）とは

売上高から商品の仕入にかかった費用である売上原価を引いて残る利益のことを粗利益高（会計上では「売上総利益」）といいます。これは販売活動の結果得られた企業の基本となる利益であり、すべての費用をまかなうおおもとの利益です。

$$売上総利益（粗利益高）＝ 売上高 － 売上原価$$

売上高総利益を増やすためには、売上高を増やすか、売上原価を減らすかのどちらかになります。また、売上高に対してどのくらい効率的に売上高総利益を獲得しているかを示す「売上高総利益率（粗利益率）」があります。

$$売上総利益率（粗利益率）＝ \frac{粗利益高}{売上高} \times 100（\%）$$

②値入高と粗利益高の違い

　商品を販売する前の時点、すなわち仕入時に"予定した利益"のことを「**値入高**」といい、販売活動の結果、実際に得られた利益を「**売上総利益（粗利益高）**」といいます。

　仕入れた商品を売価どおりにすべて売り切ることができれば、予定した利益が結果的に得られることになるため、「値入高＝売上総利益（粗利益高）」となります。しかし、実務においては、販売価格の値下げや商品の汚損・破損、賞味期限切れなどによる廃棄、万引などによるロス（損失）が発生します。

　仕入時点から販売に至るまでに発生したさまざまなロスを引いたあとに残った利益が売上総利益（粗利益高）です。通常、売上総利益（粗利益高）は値入高よりもロスの発生分だけ低くなります。

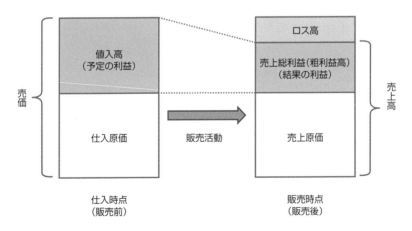

③値入高と値入率

　設定した売価と仕入原価の差額を「値入高」、売価に対する値入高の割合を「値入率（売価値入率）」といい、次の計算式で求められます。

$$値入率 = \frac{値入高}{売価} \times 100\,(\%)$$

3 売上原価

①売上原価とは

　売上原価とは、一般的に商品の仕入にかかった費用のことですが、厳密にいえば、実際の売上をつくるために使った商品分の金額（**実際に販売した分に対する原価**）ということです。

　つまり、売上原価とは、一定期間に実現した売上高に対して使用された商品の仕入原価の合計のことです。したがって、一定期間の終了後でなければ把握することはできません。正確な売上原価は、次の計算式により算出します。

$$売上原価 = 期首在庫高 + 期中仕入高 - 期末在庫高$$

②棚卸

　一定時点（年度末、月末、週末などの期末）における店舗の商品や原材料などの在庫について、その金額および数量を明らかにすることを棚卸といいます。棚卸には、帳簿上で行う**帳簿棚卸**と、実際に商品を一つひとつ数えて把握する**実地棚卸**がありますが、通常、棚卸といえば実地棚卸を指します。

　棚卸によって期末の在庫高を把握することで正確な売上原価が計算でき、一定期間の粗利益高を算出することもできるため、棚卸は店舗にとって不可欠な作業といえます。

4 ロス高

　ロス高とは、当初予定していた売価と結果としての売上高との差額のことです。ロスの発生原因は、以下のものがあります。

値下げロス（値下げ高）	商品を仕入れた時点でつけた売価を引き下げたときに発生するロス額
廃棄ロス	生鮮食品などの鮮度低下や、汚損・破損、人気薄などでほとんど売れない商品を廃棄処分したロス額
不明ロス	実際に何の原因によって発生したのかが不明なロス額

これらのロス高、ロス率は、以下の式で求めることができます。

$$
ロス高 ＝ 売価 － 売上高
$$

$$
ロス率 ＝ \frac{ロス高}{売上高} \times 100\,(\%)
$$

5　商品の効率

①適正な在庫の保有

　在庫は多すぎても少なすぎても、小売店経営に悪影響を及ぼします。小売業の目的は、資金を有効に運用し、商品を販売することによって適正な利益を確保することにあります。そして、商品の仕入資金を有効に運用して、在庫が小売店の利益の源泉となるように管理することが在庫管理の目的です。

　そのために、在庫量を常に必要なだけ保有しておくことが重要となります。この「必要なだけの量」を「**適正在庫**」といいます。

②商品回転率

　商品回転率とは、一定期間（通常1年間）に仕入れた商品が何回転したか（入れ替わったか）を示す指標です。小売業の販売効率を見る代表的な指標の1つで、次の計算式で求められます。

$$
商品回転率（回） ＝ \frac{売上高}{平均在庫高（売価）}
$$

　商品回転率という場合の「商品」とは、在庫としての商品を指し、単位は「回（回転）」で表します。この数値が高ければ高いほどよく売れている、つまり、在庫が効率的に売上につながっていることを意味します。

▼ 平均在庫高の3つの求め方

平均在庫高 ＝（期首在庫高＋期末在庫高）÷2
平均在庫高 ＝ 毎月末の在庫高の合計（1年分）÷12
平均在庫高 ＝ 毎週末の在庫高の合計（1年分）÷52

③在庫日数

在庫日数とは、現在の手持在庫が「もし仕入がなかったとしたら何日でなくなるか（売り切れるか）」を表す指標で、次の計算式で求められます。

$$在庫日数 = \frac{現在の手持売価在庫高}{1日当たり平均売上高}$$

$$1日当たり平均売上高 = 売上高 \div 営業日数$$

6　売上総利益（粗利益高）と営業利益の関係

①営業利益とは

売上総利益（粗利益高）から販売費及び一般管理費（販売管理費）を引いて残った"本業"の活動から生み出された利益のことです。

$$営業利益 = （売上高 － 売上原価）－ 販売管理費$$
$$営業利益 = 売上総利益（粗利益高）－ 販売管理費$$

$$営業利益率 = \frac{営業利益}{売上高} \times 100（\%）$$

②販売管理費とは

小売業が収益をあげるために必要となる費用は、商品の仕入代金だけではありません。店舗を運営するために必要な費用として、従業員の給料などの人件費、店舗の家賃、水道光熱費、消耗品費、販売促進費などのほか、企業活動をするための費用である本社（本部）経費などもあります。これらの費用をまとめて「販売費及び一般管理費（販売管理費）」といいます。

7　消費税の基本

①消費税とは

消費税とは、その名称のとおりモノ（商品）やサービスを"消費"したときにかかる税金で、代表的な間接税です。間接税とは、税金を「支払う人」と「納める人」が異なる税金のことをいいます。消費税の場合、税金を支払う人はモノ（商品）やサービスを買う消費者ですが、納める人は消費者から税金を預かった事業者となります。

②内税と外税の違い

　内税と外税の違いは、商品やサービスの小売価格に消費税を含めで表示されているのか、別なのかの違いです。

小売価格に消費税が含まれている場合	「**内税**」または「**税込**」と表示
小売価格に消費税が含まれていない場合	「**外税**」または「**税抜**」と表示

8　消費税の計算

　実務における消費税の計算には場合、次の4種類があります。

> ①税抜商品価格から消費税額を求める。
> ②税抜商品価格から税込の商品価格を求める。
> ③税込商品価格から消費税額を求める。
> ④税込商品価格から税抜の商品価格（本体価格）を求める。

　①税抜商品価格から消費税額を求める場合の計算式は次のようになります。

$$\text{消費税額 = 税抜商品価格 × 消費税率}$$

　たとえば、消費税率が10％の場合、税抜価格が10,000円の商品の消費税額は、10,000円×0.1（10％）＝1,000円　よって、消費税額は1,000円となります。

　②税抜商品価格から税込の商品価格を求める場合の計算式は次のようになります。

$$\text{税込商品価格 = 税抜商品価格 × (1 + 消費税率)}$$

　たとえば、消費税率が10％の場合、税抜価格が15,000円の商品の税込価格は、15,000円×（1＋0.1）＝16,500円　よって、税込価格は16,500円となります。

　③税込商品価格から消費税額を求める場合の計算式は次のようになります。

$$消費税額 ＝ 税込商品価格 ÷（1 ＋ 消費税率）× 消費税率$$

たとえば、消費税率が10%の場合、税込価格が13,200円の商品の消費税額は、
13,200円÷（1＋0.1）×0.10＝1,200円　よって、消費税額は1,200円となります。

④税込商品価格から税抜の商品価格（本体価格）を求める場合の計算式は、次のようになります。

$$本体価格 ＝ 税込商品価格 － 消費税額$$

\\POINT UP!//

得点アップ講義

客単価をアップさせるためには、買上点数を増やすか、1品当たりの平均単価を上げることが必要となります。しかし、1品当たりの平均単価を上げる方法は、不況時には推進しにくいため、常に推進すべきなのは、買上点数の増加です。
買上点数を増加させるためには、関連購買を促進させるための陳列手法などがありますが、何より重要なことは、欠品などによる販売機会ロスを防止することです。

Theme 11 店舗管理の基本

重要度：★☆☆

商品券やギフト券、図書カードも、現金と同じ価値を持ちます。

Navigation

要点をつかめ!

学習アドバイス

ADVICE!

金券とは、現金をはじめとして、小切手や商品券（百貨店、専門店、スーパーマーケットなど）、ギフト券、図書カードなど、換金性のある証券のことを指します。今日では、さまざまな種類の金券が発行され、現金の代わりに商品代金の支払いに用いられています。

キーワードマップ

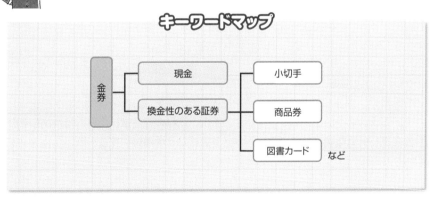

金券 ─┬─ 現金 ─┬─ 小切手
　　　　│　　　　├─ 商品券
　　　　└─ 換金性のある証券 ─┴─ 図書カード　など

出題者の目線

● ここでのポイントは2つです。1つは、金券とは何かを理解すること、もう1つは、クレジットカードとデビットカードの違いです。

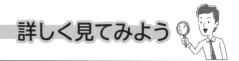

詳しく見てみよう

---

1 代金支払方法の種類

①現金

現金は、中央銀行（日本銀行）が発行する紙幣や政府が発行する硬貨であり、さまざまな取引の交換で用いられる通貨です。価値の安定が図られるとともに、法律により適用力が守られています。

②各種商品券やギフト券

百貨店、専門店、スーパーマーケットなどの商品券や、カード会社などのギフト券、図書カードなどは、それぞれ各種商品券の会社や団体が発行しています。小売店が代金を商品券で受け取った場合、その商品券を発行元の会社や団体に持参することによって現金に換金することができます。

③小切手

小切手とは、ある銀行に預金口座（当座預金）を持つ顧客が、「この小切手を持参した者に、預金口座の残高から、小切手に書いてある金額を減額し、持参した人にその金額と同額の現金を渡すこと」を銀行に依頼する方法です。

④クレジットカード

顧客がクレジットカード会社の会員となり、小売店への代金支払いをクレジットカードで済ませることがあります。この場合、**商品の代金は、後日、代金から手数料分を差し引いた金額がクレジットカード会社から小売店に支払われ**、クレジットカード会社は、会員である顧客の銀行口座から、その代金を回収する仕組みです。

⑤デビットカード

口座のある銀行名と、その口座番号が記載されたデビットカード（最も一般的なのは銀行のキャッシュカード）を使えば、**預金残高から商品の購入代金を引き落とす**ことができます。デビットカードの支払いでは、小売店は直ちに銀行に確認し、顧客の預金残高から代金を引き落とす手続きをとります。

⑥電子マネー

電子マネーは、**貨幣価値をデジタルデータで表現したもの**で、現金を使用せずに電子的なデータのやり取りだけで商品代金の支払いを行う電子決済のことをいいます。小売店で多く利用されているものとして、プラスチックカードやスマートフォ

ンにICチップを埋め込み、貨幣価値を事前にチャージ（入金）することで繰り返し利用できるICカード型電子マネーのほか、コンピュータに専用のソフトウェアをインストールして電子的な財布を設置し、そこから金融機関を経由して支払いを行うネットワーク型電子マネーもあります。

2　金銭管理の留意点

金銭管理は、以下の点をふまえて厳格に行う必要があります。

①金券の確認

近年は、金券偽装が行われやすくなっています。受け取る際には、本物かつ有効なものであるかどうか、販売員は注意深く確認することが大切です。

②小切手の確認

顧客から小切手で代金の支払いを受ける場合は、**振出人の署名、捺印**があるか、金額が合っているかを確認する必要があります。

③店内での金銭管理の徹底

顧客から代金支払いで受け取った金券類は、まず各レジの担当者がレジスターに保管することになります。その際は、だれも持ち出せないようにルールを徹底しておくことが大切です。

④入金額と金券類の残高不一致の改善

販売員とキャッシャー間での確認や、販売員と顧客との間で行われる金銭授受における確認によって、ケアレスミスを最小限に食い止める必要があります。

レジの打ち間違いや、つり銭の誤りが発生した場合は、その過程で、どのような理由によって誤りが生じたかを記録して、再び誤りが発生しないようにマニュアルを作成するなど、常に改善策を検討する姿勢が求められます。

⑤金銭の盗難防止

外部の者による金銭の盗難に備えることとは別に、**内部の人間による金銭の盗難**にも注意が必要です。金銭管理の手続きやマニュアルを整備し、犯罪を未然に防ぐことが求められます。

万引防止対策の基本知識

商品が盗まれたことによる損失は、自店の利益に直接影響します。

Navigation

要点をつかめ！

学習アドバイス

ADVICE！

監視カメラを設置するなどのセキュリティの強化は、有効な万引防止策の1つです。しかし、きれいに整理された売場や、販売員の明るい声かけも、万引を未然に防ぐ効果があります。

キーワードマップ

```
                          ┌─── 万引きによるロス
          商品ロス ───────┼─── 販売機会ロス
                          └─── 商品廃棄ロス
```

出題者の目線

●万引＝ロス率の増加＝利益率の低下について、内容を理解しているかを問う出題がされています。

Lecture　詳しく見てみよう

1　万引＝ロス率の増加＝利益率の低下

　万引によるロスは、最近の犯罪件数の増加とともに年々悪化しており、小売業ではセキュリティシステムの導入など徹底した対策が求められています。

　店内で発生する「商品ロス」には、万引によるロス以外にも、欠品による販売機会ロス、売れ残りによる商品廃棄ロスなどがあり、いずれのロスが発生してもロス率の増加につながります。

　販売機会ロスや商品廃棄ロスを解決するには、欠品を発生させないように**適正在庫を維持する**こと、**売れ筋商品を品ぞろえする**こと、**売場欠品率を減少させる**ことが必要になります。

2　万引の防止対策

①声かけ

　万引防止の第1のポイントは、**声かけ**です。

　「いらっしゃいませ」のひと言がかけられる小売店かどうかで、万引の件数に大きな差が出ます。元気のよい店舗や、明るい雰囲気の店舗、常に顧客を意識している店舗では、万引しにくいものです。特に「いらっしゃいませ」と声をかけるときは、**相手の顔を見て笑顔で行う**ことが大切です。自分の顔を覚えられたと思ったら、万引はしにくいものだからです。

②きれいな売場

　第2のポイントは、**売場のきれいさ**です。

　商品棚に欠品が多かったり、商品がほこりをかぶっていたり、商品のフェイスがきちんと並んでいなかったり、プライスカードの表示と違うところに商品がディスプレイされていたりすると、顧客は管理が行き届いていないと感じます。売場の管理が行き届いていないということは、販売員が売場の隅々まできちんと見回っていないことを意味し、そのことが万引の誘因となります。

　それでも、次のような挙動不審な態度を示す顧客がいた場合は、顧客の近くに立ったり、声をかけることも対策となります。

・意味もなく店内を歩き回る。

・何を購入しに来たか、わからない。

・周りをきょろきょろと見回す。

・不自然に大きなバッグを持っている。

③売場のつくり方

　店舗オペレーションでも、万引を防止する方法があります。その1つが売場の**レイアウトで死角をつくらない**ことです。レイアウトの工夫やゴンドラを低くすることなどによって、どこでも遠くから見渡せるようにしておくことや、見通しのよい通路をつくることが大切です。

3　万引防止のセキュリティシステム

　万引防止などを目的にしたセキュリティシステムには、カメラによる売場監視システムと、商品にタグやラベルを貼り付けることで、その商品が異常を感知したときに警告音を鳴らすシステムがあります。

　最近、ストア・セキュリティの技術開発で注目されているのが、次世代バーコード「**ICタグ**（商品札）」です。

　ICタグは、ごま粒大のICチップとアンテナからなる超小型装置のことで、**無線自動識別（RFID）技術**を応用したものです。これまで万引防止のために商品に貼り付けられていたタグと比較しても、ICタグ自体は非常に小さいので、あらゆる形状のものに取り付けることができます。たとえば、万引の多い書店においても、今後、書籍に取り付けることで、ロス率を低減することができると期待されています。

▼ICタグ（ICカード）

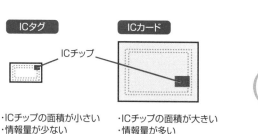

13

衛生管理の
基本知識

小売店には、安全な食品を提供する義務と責任があります。

Navigation

要点をつかめ！

学習アドバイス

ADVICE!

食品の安全と安心、そしてお客さまからの信頼を得るためには、商品の陳列から従業員の体調管理にいたるまで、衛生には常に気を使う必要があります。

キーワードマップ

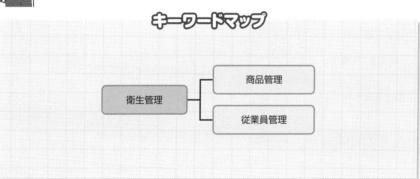

衛生管理 ── 商品管理
      └─ 従業員管理

出題者の目線

● 食中毒防止の3原則、HACCPによる衛生管理からの出題が目立ちます。しっかりと理解しておきましょう。

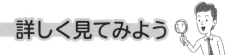

詳しく見てみよう

1 衛生管理の原則

　食品を扱う仕事に携わる人は、常日頃から"健康"に注意していなければなりません。自分が病気になった場合には、調理スペースに細菌やウイルスを持ち込む危険性があるため、無理をせずに休むことも必要です。

　また、衛生面の基本は"手洗い"です。常に自分自身を清潔にしておく必要があります。作業の前、トイレのあと、生モノに直接触れたあとなどは、石鹸や消毒液を使ってこまめに手を洗い、清潔に保つことが原則です。

2 細菌性食中毒防止の3原則と商品管理

①細菌性食中毒防止の3原則

　食品を取り扱うときに最も危険なのは、食中毒を起こしてしまうことです。細菌性食中毒を起こさないためには、次の3原則を守る必要があります。

▼ 細菌性食中毒を防ぐ3つの原則

細菌をつけない	・食材、手、調理器具の洗浄や殺菌 ・食材と調理済み食品の接触を防ぐための区分け包装
細菌を増やさない	・冷凍、冷蔵の温度管理の徹底 ・計画的な仕入と販売による保存期間の徹底
細菌を殺す	・調理時に中心部まで確実に加熱する

②商品管理

　食中毒を防ぐために、店内での商品管理にも注意が必要です。

・売場で先に陳列した商品が劣化しないように**先入れ先出し陳列**を徹底し、できるだけ早く販売できるようにする。

・冷凍、冷蔵を行うショーケースの温度が一定に保たれるように、**清掃と温度管理**を徹底する。

3　HACCPによる衛生管理

　近年、注目されている衛生管理のシステムに、HACCP（ハサップ）があります。これは従来の勘と経験による衛生管理ではなく、食品の安全性について危害を予測し、その危害を管理することができる工程を重要管理点（CCP）として特定し、工程全般を通じて食中毒などによる危害の発生を予防し、製品の安全確保を図るというものです。

4　食品表示法などの基準

①食品表示法による基準

　食品を摂取する際の安全性ならびに消費者の自主的かつ合理的な食品選択の機会を確保するために、食品表示法が2015年4月に施行され、農産物の品質表示について、次のような基準が設けられました。

• 食品表示基準	• 有機農産物の表示
• 生鮮食品品質表示基準	• 遺伝子組換え食品の表示
• 加工食品品質表示基準	

②食品の日付表示

　すべての加工食品には消費期限または賞味期限のどちらかの期限表示が義務づけられています。食品の表示は、消費者が食品の内容を正しく理解したうえで、適正な選択・購入ができるように重要な情報を記載しなければなりません。そのため、劣化速度が速い食品には**消費期限**が表示され、劣化速度が比較的遅い食品には**賞味期限**が表示されています。

③トレーサビリティ

　トレーサビリティとは、産地や農場、流通の情報を一元的に追跡できることをいい、生産履歴の開示を意味する言葉です。

　この考え方は、製造から消費に至るまで、すべての流通段階で求められています。これにより、食品の移動の経路を把握することが可能となり、食品事故が発生した際の迅速な回収などに役立ちます。最近では、ホームページやICタグを利用して自社が直接委託して製造した加工食品や契約農家が栽培した農産物などの生産履歴を参照できるようにしている小売業もあります。

　特に、牛肉の原産地偽装表示問題に対する信頼確保やBSEのまん延防止、個体識

別情報の提供の促進の立場から、牛肉の業界では生産・物流履歴の開示が義務づけられています（牛トレーサビリティ制度）。

▼牛トレーサビリティ制度の概要

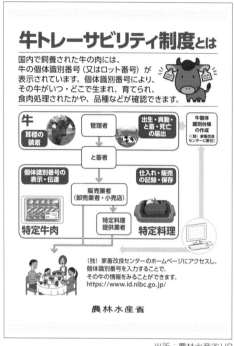

出所：農林水産省HP

\ POINT UP! /

得点アップ講義

HACCPとは、危害分析重要管理点と訳され、加工食品に関して、その原料から製造・加工工程全般にわたり、問題点をリストアップし、処理方法を明確にしたものです。

問題を解いてみよう

問1 次のア～オは、小売業に関連する主な法規について述べている。正しいものには1を、誤ったものには2を選びなさい。

ア 大規模小売店舗立地法の対象は、原則として店舗面積が500㎡を超える大型店である。

イ 中小小売商業振興法では、フランチャイズ事業に加盟する中小小売商業者を保護するため、本部事業者に対し、重要な契約事項について書面での説明を義務づけている。

ウ 中心市街地活性化法は、地域の商業振興にとって重要な役割を持つ商店街の振興を図るために制定された法律である。

エ 民法によると、手付は、「商品の代金の一部前払いであり」、内金のような契約の解除は認められていないとされています。

オ 割賦販売法では、契約の仕組みの違いによって、クレジットを割賦販売、信用購入あっせん、ローン提携販売の3つに分類している。

問2 次のア～オは、商品に関する法規について述べている。正しいものには1を、誤ったものには2を選びなさい。

ア 消費生活用製品安全法では、家庭用圧力なべなどの特定製品や、乳幼児用ベッドなどの特別特定製品は、PSCマークがないと販売できないとしている。

イ PL法は、製品の欠陥により消費者が生命、身体または財産上の被害を被った場合に、事業者に対して賠償責任を負わせることを目的とした法律である。

ウ 消費期限とは、おいしく食べることができる期限を指し、賞味期限とは、期限を過ぎたら食べないほうがよい期限を指す。

エ JASマークは、産業標準化法にもとづき、品性、成分性能等の品質についてJAS規格を満たす食品などに付される。

オ PSEマークは、電気用品安全法にもとづき、製造、もしくは輸入された「特定電気用品」に表示される。

問3　次の表は、ある小売業における5期分の売買損益計算の資料である。表中の〔　〕の部分に、下記に示すア～オのそれぞれの語群から最も適当なものを選びなさい。

(単位：千円)

項目 ＼ 期	第1期	第2期	第3期	第4期	第5期
純売上高	23,125	25,361	27,220	28,684	〔オ〕
期首在庫高	〔ア〕	2,292	1,639	1,017	1,596
期中仕入高	11,658	10,505	〔ウ〕	13,187	14,550
期末在庫高	2,292	1,639	1,017	1,596	2,622
売上原価	10,406	〔イ〕	12,130	12,608	13,524
売上総利益	12,719	14,203	15,090	〔エ〕	16,583

【語群】

ア	1.　1,040	2.　3,544	3.　11,467	4.　19,772
イ	1.　11,158	2.　11,268	3.　14,856	4.　21,430
ウ	1.　9,474	2.　11,508	3.　14,468	4.　15,712
エ	1.　14,480	2.　14,918	3.　15,497	4.　16,076
オ	1.　30,107	2.　30,148	3.　30,280	4.　31,306

問1　正解　ア－2　イ－1　ウ－2　エ－2　オ－1

解説

ア　大規模小売店舗立地法の対象となるのは、小売業を行う店舗（生協や農協も対象）で、原則として店舗面積1,000㎡を超える大型店です。

イ　中小小売商業振興法では、商店街の整備や店舗の共同化といった高度化事業を実施しようとする中小小売商業者の組合や会社に対して、金融上、税制上の助成を行うほか、フランチャイズ事業に加盟する中小小売商業者を保護するため、本部事業者に重要な契約事項について、書面での説明を義務づけています。

ウ　中心市街地活性化法は、中心市街地における都市機能の増進および経済活力の向上を総合的、かつ、一体的に推進するために制定されました。問題文は、商店街振興組合法について述べています。

エ　手付は、売り主が契約を履行するまでは、買い主はその手数料を放棄して自由に契約を解除できる、というものです。一方、内金は、「商品の代金の一部前払いであり」、手付のような契約の解除は認められていないとされています。

オ　割賦販売などの消費者信用取引に関する秩序の維持、消費者の保護を目的とした法律が割賦販売法です。

問2　正解　ア－1　イ－1　ウ－2　エ－2　オ－1

解説

ア　消費者の生命・身体に対して特に危害を及ぼすおそれが多い製品については、PSCマークがないと販売することができません。これらの規制対象品目は、自己確認が義務づけられている「特定製品」と、その中でさらに第三者機関の検査が義務づけられている「特別特定製品」があります。

イ　従来は、民法にもとづいて製造業者の故意または過失、違法性、行為と損害発生の因果関係のすべてを被害者側で証明しなければならなかったのですが、製造物責任法（PL法）では、①製品の欠陥、②損害の発生、③欠陥

と損害との因果関係の3点を証明すればよいこととなりました。

ウ 消費期限は、期限を過ぎたら食べないほうがよい期限を指し、賞味期限は、おいしく食べることができる期限を指します。

エ JASマークは、JAS法（農林物資の規格等に関する法律）にもとづいています。

オ PSEマークは、電気用品安全法にもとづき、製造、もしくは輸入された「特定電気用品」に表示されます。

問3 正解 アー1 イー1 ウー2 エー4 オー1

解説

ア 「期首在庫高＝期末在庫高＋売上原価－期中仕入高」で算出します。
〔ア〕＝2,292＋10,406－11,658＝1,040となります。

イ 「売上原価＝純売上高－売上総利益」で算出します。
〔イ〕＝25,361－14,203＝11,158となります。

ウ 「期中仕入高＝期末在庫高＋売上原価－期首在庫高」で算出します。
〔ウ〕＝1,017＋12,130－1,639＝11,508となります。

エ 「売上総利益＝純売上高－売上原価」で算出します。
〔エ〕＝28,684－12,608＝16,076となります。

オ 「売上高＝売上原価＋売上総利益」で算出します。
〔オ〕＝13,524＋16,583＝30,107となります。

模擬問題

1回目

（制限時間100分）

問題を解いてみよう

1 小売業の類型

第1問

次のア〜オは、小売業について述べている。正しいものには1を、誤っているものには2を、答案用紙の所定欄にマークしなさい。(15点)

ア. 流通機構の中で、小売業は最終段階に位置する消費者に一番近いポジションにあり、中間段階に位置する卸売業とは活動領域が異なる。

イ. 商業統計調査で定義する小売業とは、年間販売額の3分の2以上を最終消費者に対して販売する者のことをいう。

ウ. 主として個人または産業用使用者に無店舗販売を行う事業所は、商業統計調査において「小売業」に分類される。

エ. 生産活動や事業活動のために事業者に対して、原材料や部品、機械装置、設備などを販売する場合、「小売」に分類される。

オ. 小売業は、製造業に代わって消費者への「購買代理」をしていると同時に、消費者の「販売代理」もしている。

第2問

次のア〜オは、組織小売業について述べている。正しいものには1を、誤っているものには2を、答案用紙の所定欄にマークしなさい。(15点)

ア. チェーンストアを資本形態によって類型化すると、ナショナルチェーン、リージョナルチェーン、ローカルチェーンに分けられる。

イ. ボランタリーチェーンは、小規模の独立した小売店が経営の独立性を維持した状態で、運営上の共同活動を行う組織形態である。

ウ. ボランタリーチェーン (VC) には、卸主宰VCと小売主宰VCがあり、小売主宰VCは、「コーポレートチェーン」と呼ぶ場合がある。

エ. フランチャイズには、「自発的に」「志願して」といった意味がある。

オ. レギュラーチェーンとは、多店舗経営を行う企業のことを意味し、本部と店舗が単一資本のもとで同じ事業体に属しているタイプをいう。

第3問

次の文章は、フランチャイズチェーンについて述べている。文中の〔　〕の部分に、下記に示すア〜オのそれぞれの語群から最も適切なものを選んで、答案用紙の所定欄にその番号をマークしなさい。（15点）

　フランチャイズチェーンは、本部と小売店個々がそれぞれ契約を結ぶことで組織化される。小売店同士の横のつながりはない。本部を〔ア〕、加盟店を〔イ〕という。本部は店舗運営に関わるノウハウをフランチャイズパッケージにして加盟店に提供し、加盟店はその見返りとして、〔ウ〕を本部に支払う。

　本部のメリットの1つは、少ない〔エ〕で急速にチェーン規模を拡大できることである。一方、加盟店側のメリットには、本部の〔オ〕を活用できることなどがあげられる。

【語群】

ア. 1.フランチャイズフィー　2.フランチャイズショー　3.フランチャイジー
　　　4.フランチャイザー

イ. 1.フランチャイズフィー　2.フランチャイズショー　3.フランチャイジー
　　　4.フランチャイザー

ウ. 1.リベート　2.ロイヤルティ　3.ノベルティ　4.アローワンス

エ. 1.投下資本　2.単一資本　3.株式資本　4.共同資本

オ. 1.商圏　2.人材　3.商標　4.資金

第4問

次のア〜オは、小売業の販売形態について述べている。正しいものには1を、誤っているものには2を、答案用紙の所定欄にマークしなさい。（15点）

ア. 小売業の販売形態は、店舗を通じての「店舗販売」と店舗を介さない「無店舗販売」とに大別できる。

イ. 訪問販売や通信販売は無店舗販売に分類され、自動販売機による販売は店舗販売に分類される。

ウ. 企業の社員や団体職員を対象にした職場への訪問販売は、「職域販売」といわれている。

エ. 通信販売は店舗販売と異なり、立地条件に関係なく、意図する対象顧客に積極的にアプローチすることができる。

オ. ネットスーパーは、注文された商品のピッキング場所によって、「在庫型」と「流通型」に大別される。

第5問

次のア～オは、店舗形態別小売業について述べている。正しいものには1を、誤っているものには2を、答案用紙の所定欄にマークしなさい。（15点）

ア. 業態とは「何を売るか」によって小売業を分類する概念であり、業種とは「どのような売り方をするか」というビジネスの方法を表す概念である。

イ. 百貨店は、単一資本の経営によって多様な商品を仕入先別に管理し、高サービスを基本として販売する大規模小売店である。

ウ. 総合品ぞろえスーパーは、日常生活に必要なあらゆる商品をフルラインで品ぞろえし、顧客にワンストップショッピングの利便性を提供する大型の店舗である。

エ. ホームセンターは、当初、日曜大工用品の大型専門店としてスタートした。

オ. ドラッグストアは本来、H&BCカテゴリーを主体に販売する専門業態であり、セグメンテーションを推進する立場にある。

第6問

次の文章は、コンビニエンスストア（CVS）について述べている。文中の〔　〕の部分に、下記に示すア～オのそれぞれの語群から最も適切なものを選んで、答案用紙の所定欄にその番号をマークしなさい。（10点）

　商業統計調査の定義では、CVSとは「〔ア〕を扱う」「売場面積〔イ〕」「営業時間〔ウ〕以上」と規定されている。

　運営上の特徴としては、CVSの本部は、多くの加盟店から収集した〔エ〕を分析し、店舗ごとに最適な品ぞろえと物流を組み立てる〔オ〕システムを構築している。

ア. 1.サービス　2.日配食品　3.飲食料品　4.日用雑貨

イ. 1.30m²以上100m²未満　2.30m²以上250m²未満
　　3.100m²以上300m²未満　4.100m²以上500m²未満

ウ. 1.10時間　2.14時間　3.20時間　4.24時間

エ. 1.市場動向　2.在庫管理　3.顧客管理　4.販売動向

オ. 1.単品管理　2.鮮度管理　3.トレーサビリティ　4.セキュリティ

第7問

次の文章は、ショッピングセンター (SC) について述べている。文中の〔　〕の部分に、下記に示すア～オのそれぞれの語群から最も適切なものを選んで、答案用紙の所定欄にその番号をマークしなさい。(15点)

　一般社団法人日本ショッピングセンター協会によると、「ショッピングセンターとは、1つの単位として計画、開発、所有、管理運営される商業・サービス施設の集合体で、〔ア〕を備えるもの」と定義されている。

　また、ショッピングセンターは、〔イ〕によって計画的に開発された〔ウ〕であり、「小売業の店舗面積は〔エ〕以上である」「キーテナントを除くテナントが〔オ〕以上含まれている」「テナント会があり、広告宣伝、共同催事などの共同活動を行っている」などの条件を備えているものをいう。

【語群】

ア. 1.図書館　2.映画館　3.運動場　4.駐車場

イ. 1.ディストリビューター　2.チャネルリーダー　3.デベロッパー
　　4.マーチャンダイザー

ウ. 1.商業集積　2.商店街　3.専業店　4.売場構成

エ. 1.1,000 m²　2.1,500 m²　3.3,000 m²　4.5,000m²

オ. 1.20店舗　2.15店舗　3.10店舗　4.5店舗

2 マーチャンダイジング

第1問

次のア〜オは、商品の基本知識について述べている。正しいものには1を、誤っているものには2を、答案用紙の所定欄にマークしなさい。(15点)

ア. 市場で売買の対象となる商品には、「物財」や「サービス」のほかに、キャラクター使用権や著作権などの「権利」、特許や実用新案の形をとる「技術」なども該当する。

イ. 商品の品質における3つの要素のうち、1次品質とは、消費者のライススタイルなど、感性面でのフィット感に通じる質的要素のことである。

ウ. 商品の持つ概念や主張のことを「商品コンセプト」という。

エ. 国や国際的な標準で統一的に決められた分類を「慣用分類」と呼び、問題意識によってそのつど、つくられ、利用される分類を「制度分類」と呼んでいる。

オ. 意匠法による意匠登録を受けると、その意匠およびそれと類似する意匠を独占的、排他的に利用する権利が得られる。

第2問

次のア〜オは、マーチャンダイジングの基本知識について述べている。正しいものには1を、誤っているものには2を、答案用紙の所定欄にマークしなさい。(15点)

ア. チェーンストアの本部は、販売計画の策定を起点として、商品計画や仕入計画などを企画・立案する。

イ. 棚割表とは、一定のゴンドラスペースに、どの単品を、どこの位置に、どれくらいの数量を割り振って配置するか検討し、表にまとめたものである。

ウ. コンビニエンスストアの取扱商品は、生活必需性が低く、消費サイクルが長く、購買頻度の低い商品を主体としている。

エ. コンビニエンスストアの商品構成の特徴は、「多品種多品目多量の品ぞろえ」である。

オ. コンビニエンスストアでは、バックヤードのスペースも限られているため、発注サイクルや発注リードタイムを短くすると、売場において欠品が発生しやすい。

第3問

次のア～オは、商品計画の基本知識について述べている。正しいものには1を、誤っているものには2を、答案用紙の所定欄にマークしなさい。（15点）

ア. 商品計画とは、ターゲットと定めた顧客のニーズに応えるための商品を選別し、計画的に一定の連続性や関連性を保持しながら商品構成していくことをいう。

イ. 商品構成の基準となる品ぞろえの幅とは、「品目（アイテム）構成」を意味する。

ウ. 商品構成の基準となる品ぞろえの奥行とは、「商品カテゴリー（品種）構成」を意味する。

エ. 衣料品を専門に扱う小売店が紳士服、婦人服、子供服、ベビー服など、幅広い品ぞろえを行えば「総合化」といえる。

オ. 顧客の絞り込み政策は、店舗の品ぞろえの特徴を明確化するとともに、競争店との品ぞろえの差別化を訴求することにもなる。

第4問

次のア～オは、販売計画および仕入計画などの基本知識について述べている。正しいものには1を、誤っているものには2を、答案用紙の所定欄にマークしなさい。（15点）

ア. 販売計画の構成内容は、売上目標とその費用を定めた売上計画を軸に、その下に商品展開計画や部門別計画などが付帯する。

イ. 大量仕入とは、必要に応じてそのつど商品を発注する方法であり、手持ち在庫が少なくて済み、資金繰りも比較的負担が少ないというメリットがある。

ウ. 返品物流とは、ある店舗で売れ残った商品を別の店舗へ移動したり、返品やダメージ商品などを店舗から物流センターに戻すときの物流活動をいう。

エ. 販売物流とは、仕入先企業から小売業の店舗に商品を届けるための仕入商品に関する物流活動をいう。

オ. 多頻度小口配送は、小売店が売場の在庫をできるだけ抑え、販売効率を高めるための配送手段である。

第5問

次の文章は、在庫管理の基本知識について述べている。文中の〔　〕の部分に、下記に示すア～オのそれぞれの語群から最も適切なものを選んで、答案用紙の所定欄にその番号をマークしなさい。(15点)

　　在庫とは、仕入れた商品すべてである。在庫が過剰であれば〔ア〕が増えて管理上のコストが膨らみ、過少であれば〔イ〕を起こし販売機会を損失する。在庫管理の方法には、金額による在庫管理（〔ウ〕コントロール）と数量による在庫管理（〔エ〕コントロール）がある。

　　商品回転率は、小売業の〔オ〕を見る代表的な指標の1つであり、商品回転率の低い商品は、販売場所や販売方法などを変えて、商品回転率を高める工夫が大切である。

【語群】

ア. 1.クレーム　2.万引　3.売れ筋　4.売れ残り

イ. 1.欠品　2.鮮度劣化　3.値下げ　4.返品

ウ. 1.ダミー　2.ユニット　3.スペース　4.ダラー

エ. 1.ダミー　2.ユニット　3.スペース　4.ダラー

オ. 1.消費性向　2.作業効率　3.販売効率　4.季節指数

第6問

次の文章は、価格設定の基本について述べている。文中の〔　〕の部分に、下記に示すア～オのそれぞれの語群から最も適切なものを選んで、答案用紙の所定欄にその番号をマークしなさい。(10点)

①商品の売価（販売価格）を決めることを〔ア〕という。

②地域需要に対応した価格設定方法を〔イ〕という。

③仕入原価に販売に要する諸コストと一定の利益をプラスして、売価とする方法を〔ウ〕という。

④品種ごとにアッパープライス、ミドルプライス、ローワープライスというように、商品を品質や品格によって販売価格をクラス分けして設定する方法を〔エ〕という。

⑤売価の末尾に8や9などの数字を使用し、顧客に心理的に安い印象を与えることで販売量を増やす方法を〔オ〕という。

【語群】

ア. 1.値頃　2.値引　3.値入　4.値付

イ. 1.マイナスプラス法　2.コストプラス法　3.マーケットプライス法
　　4.シールドビッド法

ウ. 1.マイナスプラス法　2.コストプラス法　3.マーケットプライス法
　　4.シールドビッド法

エ. 1.割引価格政策　2.見切価格政策　3.均一価格政策　4.段階価格政策

オ. 1.端数価格政策　2.慣習価格政策　3.正札政策　4.名声価格政策

第7問

次の文章は、POSシステムの特徴について述べている。文中の〔　〕の部分に、下記に示すア～オのそれぞれの語群から最も適切なものを選んで、答案用紙の所定欄にその番号をマークしなさい。（15点）

　POSシステムには、①商品売価の〔ア〕ができる、②販売時点での〔イ〕な情報が収集できる、③取扱商品の〔ウ〕ができる、④情報の集中管理ができる、といった特徴がある。

　特に、アができる〔エ〕のPOSシステムでは、商品名や単価などをあらかじめコンピュータの〔オ〕に登録しておき、個々の商品に貼付されたバーコードを光学式スキャナで読み取るだけで簡単に精算業務が遂行できることから、効率的なレジ作業ができる。

【語群】

ア. 1.自動翻訳　2.受発注　3.自動読取　4.ダウンロード

イ. 1.リードタイム　2.コアタイム　3.アイドルタイム　4.リアルタイム

ウ. 1.初期発注　2.商品開発　3.単品管理　4.競争店調査

エ. 1.EOB端末　2.PLU方式　3.ソースマーキング　4.ストアコントローラ

オ. 1.マスターファイル　2.マニュアル　3.ディスプレイ台帳　4.発注端末機

---

3 ストアオペレーション

第1問

次のア～オは、ストアオペレーションにおける基本事項について述べている。正しいものには1を、誤っているものには2を、答案用紙の所定欄にマークしなさい。（15点）

ア. 先入れ先出し陳列とは、先に入庫した日付の新しい商品から先に取り出して、ゴンドラや平台などにディスプレイする方法である。

イ. クリンリネスとは、「整理」「整頓」「整列」の3Sを指す言葉で、3Sの励行によって、顧客が気持ちよく買物できる状態に保つことが大切である。

ウ. セルフサービス販売方式を主体とする売場では、棚ラベルを貼付するときは、1品種につき1枚を目安とする。

エ. ピクトグラムとは、非常口や身障者用設備などを表した案内用絵文字のことである。

オ. アルバート・メラビアンは、コミュニケーションの3大影響力を、「言葉」55％、「声や声の調子」38％、「視覚（動作、表情、服装、化粧など）」7％の割合だとしている。

第2問

次のア～オは、発注システムについて述べている。正しいものには1を、誤っているものには2を、答案用紙の所定欄にマークしなさい。（15点）

ア. 初期発注は、新規の取扱商品や臨時の販売促進商品に関する発注形態であり、チェーンストアの場合、店舗がそのつど契約を交わして注文する。

イ. 補充発注は、定番商品ではなく、主にスポット的に売れる商品を対象に行うものである。

ウ. EOSは、Electronic Ordering Systemの略称であり、小売店と仕入先企業間をオンラインで結ぶ受発注システムのことを指す。

エ. EDIは、Electronic Data Interchangeの略称であり、通常は「自動決済サービス」と呼ばれている。

オ. 発注リードタイムとは、店舗に商品が入荷してからその商品が販売されるまでの時間をいう。

第3問

次の文章は、日常の運営業務について述べている。文中の〔　〕の部分に、下記に示すア～オのそれぞれの語群から最も適切なものを選んで、答案用紙の所定欄にその番号をマークしなさい。（10点）

①顧客が自分自身でPOSレジを操作して、買上げた商品の精算を行う方法を〔ア〕システムという。

②発注した商品がすべて間違いなく、自店に入荷（納品）されたかどうか検品・確認する作業を〔イ〕といい、〔ウ〕をもとに、納品書と納品された商品の3つで欠品や数量不足、不良品の有無、誤納などの照合、確認を行う。

③主に消耗頻度の高い〔エ〕を扱うセルフサービス販売方式の売場において、乱れた商品を整理整頓し、顧客が見やすく、手に取りやすい位置に並べ替えることを〔オ〕という。

【語群】

ア. 1.セルフセレクション　2.セルフサッキング　3.セルフチェックアウト
　　4.セルフメディケーション

イ. 1.荷役　2.検収　3.役務　4.保管

ウ. 1.請求書　2.発注書　3.領収書　4.見積書

エ. 1.高級品　2.買回品　3.専門品　4.最寄品

オ. 1.前出し作業　2.値付作業　3.棚割作業　4.棚卸作業

第4問

次のア～オは、包装の種類とひものかけ方について述べている。正しいものには1を、誤っているものには2を、答案用紙の所定欄にマークしなさい。（15点）

ア. 斜め合わせ包みは、正方形や正方形に近い箱の包装に適した包み方である。

イ. ふろしき包みは、回転させられない、あるいは高さのある箱の場合に適した包み方で、「キャラメル包み」ともいう。

ウ. 合わせ包みは、箱を包装紙の中央に斜めに置いて、包装紙の4つ角を立ち上げて包む方法である。

エ. カーテンレールやステッキのような棒状の商品を包装するときは「らせん型包装」が適している。

オ. ひもをかけるときは、包装台から商品をつき出してひもを巻き付け、商品の表面で結ぶのがゆるまないコツである。

第5問

次のア〜オは、和式進物包装について述べている。正しいものには1を、誤っているものには2を、答案用紙の所定欄にマークしなさい。（15点）

ア. 表書きとは、掛け紙に贈り主の氏名を書くことである。

イ. 水引きとは、細い「こより」に「水のり」を引いて固め、中央から2色に染め分けたものである。

ウ. 慶事の場合、金銀、あるいは黄白の水引きが用いられる。

エ. 和式進物包装で使用される「結び切り」は、一度結ぶと引っ張ってもほどけないことから二度とそのことが繰り返されぬようにと祈りを込めて、弔事のみに用いられる。

オ. 弔事の和式進物における掛け紙は、裏返した贈答品の外装品の天地に対して向かって右側が上に重なる「右前（右扉）」で包装する。

第6問

次の文章は、ディスプレイパターンについて述べている。文中の〔　〕の部分に、下記に示すア〜オのそれぞれの語群から最も適切なものを選んで、答案用紙の所定欄にその番号をマークしなさい。（15点）

① 〔ア〕は、商品の形を整えず、わざとバラバラにして投げ込んだようなディスプレイ方法のことである。

② 〔イ〕は、顧客の要求に応じて陳列してある場所から販売員が商品を取り出して見せるディスプレイ方法であり、「ウインドウタイプ」「カウンタータイプ」「アイランドタイプ」の3タイプがある。

③ 〔ウ〕は、ゴンドラエンドを小さく変形したもので、買物の最後にもう1品、ついで買いや衝動買いの促進機能を担っている。

④ 〔エ〕は、いくつかの箱を積み重ねたような仕切りをした陳列什器に、それぞれの分類基準に従って商品をディスプレイする方法である。

⑤〔オ〕は、洋服などを毎回、畳み直す必要がないので、小売店ではディスプレイに関する作業時間を軽減することができる。

【語群】
ア. 1.カットケース陳列　2.ジャンブル陳列　3.ボックス陳列　4.ゴンドラ陳列
イ. 1.コーディネート陳列　2.ショーケース陳列　3.カットケース陳列
　　　4.サンプル陳列
ウ. 1.サンプル陳列　2.壁面陳列　3.平台陳列　4.レジ前陳列
エ. 1.ボックス陳列　2.フック陳列　3.エンド陳列　4.オープン陳列
オ. 1.ステージ陳列　2.ショーケース陳列　3.アイランド陳列　4.ハンガー陳列

第7問

次の文章は、ファッション衣料品に関する用語について述べている。文中の〔　〕の部分に、下記に示すア〜オのそれぞれの語群から最も適切なものを選んで、答案用紙の所定欄にその番号をマークしなさい。(15点)

①フォールデッドとは、商品を〔ア〕見せるディスプレイパターンである。
②ハンギングの陳列のうち、商品のサイドを見せるディスプレイパターンを〔イ〕という。
③小売業の売場ではステージやショーウインドウなどでディスプレイするときの演出用の小道具を〔ウ〕という。
④頭がない、ヘアと肌が1色などのように、マネキンの頭部を彫刻的に製作したマネキンを〔エ〕という。
⑤卓上トルソー、帽子のスタンドなどは代表的な〔オ〕である。

【語群】
ア. 1.天井から吊り下げて　2.ハンガーにかけて　3.畳んで
　　　4.マネキンに着せつけて
イ. 1.チェックアウト　2.スリーブアウト　3.フェースアウト　4.プッシュアウト
ウ. 1.プロップ　2.ピロティ　3.ライザー　4.アンコ
エ. 1.アブストラクトマネキン　2.スカルプチュアマネキン　3.リアルマネキン
　　　4.トルソー
オ. 1.プロップ　2.サンプル　3.ライザー　4.オブジェ

第1問

次の文章は、メーカーと小売業のマーケティングの違いに関する用語について述べている。文中の〔　〕の部分に、下記に示すア～オのそれぞれの語群から最も適当なものを選んで、答案用紙の所定欄にその番号をマークしなさい。(15点)

　消費財メーカーが展開するマクロ・マーケティングのタイプは、消費者の特定の集団に照準を合わせた〔ア〕であるのに対し、小売業が展開するマイクロ・マーケティングのタイプは、店舗を起点として商圏内の一人ひとりの顧客に対応する〔イ〕といえる。

　また、マーケティングのねらいは、メーカーでは自社の〔ウ〕シェアの拡大であるのに対し、小売業では来店率と購買率に示される〔エ〕シェアの拡大にある。さらにマーケティングの〔オ〕においても、メーカーと小売業とでは違いがある。

【語群】

ア. 1.インターナルマーケティング　2.クラスターマーケティング
　　3.ソーシャルマーケティング　4.パーソナルマーケティング

イ. 1.インターナルマーケティング　2.クラスターマーケティング
　　3.ソーシャルマーケティング　4.パーソナルマーケティング

ウ. 1.マインド　2.チャネル　3.ブランド　4.ワーク

エ. 1.顧客　2.市場　3.環境　4.流通

オ. 1.ABC分析　2.4P理論　3.サイクル理論　4.AIO分析

第2問

次のア～オは、メーカーと小売業におけるマーケティングの基本的な知識について述べている。正しいものには1を、誤っているものには2を、答案用紙の所定欄にマークしなさい。(15点)

ア. メーカーのプロモーション活動は、店舗そのものを活用した地域にちなんだイベントや新商品のキャンペーンなどが中心となっている。

イ. 商品化政策とは、品種の効果的な組み合わせと品目の選定および数量の決定を行うことで、小売業のプレイスに該当する。

ウ． 小売業のストアロケーションでは、商圏調査にもとづく立地選定と適切な業態開発による店舗配置が重要である。

エ． メーカーにおけるプロダクトは、効果的な流通経路の選択とコントロールによる市場シェアの確保が目的である。

オ． 小売業におけるプライスでは、地域の需要や競争状況などを考慮に入れた公正価格であるスタンダードプライスを設定する。

第3問

次のア〜オは、顧客満足経営の基本知識について述べている。正しいものには1を、誤っているものには2を、答案用紙の所定欄にマークしなさい。（15点）

ア． 顧客志向の経営とは、小売業と顧客との双方向的な関係形成を基本として、魅力的な購買促進や特典の提供などの活動を行い、顧客満足度の向上を目指すことにある。

イ． ホスピタリティは、「特権や特別待遇」を意味する言葉である。

ウ． プリヴァレッジは、「もてなしの精神」を意味する言葉である。

エ． 顧客満足の旧3原則は、「商品」「販売員」「店舗」である。

オ． 顧客の嗜好が細分化し、個性化が進展すると、個々の顧客の属性や嗜好などに対応した販売方法が重要となるが、その個々の顧客情報を蓄積したものを「顧客データベース」という。

第4問

次のア〜オは、FSPについて述べている。正しいものには1を、誤っているものには2を、答案用紙の所定欄にマークしなさい。（15点）

ア． FSPは、顧客の購入金額や来店頻度に応じて特典やサービスを変え、顧客を維持することをねらいとしている。

イ． FSPは、商品のバーコードをPOSレジで読み取って、「何が、何個売れた」という商品管理をすることにある。

ウ． FSPの始まりは、アメリカン航空の「フリークエント・フライヤーズ・プログラム（FFP）」といわれている。

エ． 2：8の法則とは、「店舗全体の2割の利益を、売上金額上位8割の多頻度の来店顧客がもたらす」という法則である。

オ. FSPは、ポイントカードの考え方と同様に、期限内における販売促進の一手段として行われている。

第5問

次のア～オは、商圏について述べている。正しいものには1を、誤っているものには2を、答案用紙の所定欄にマークしなさい。（15点）

ア. 商圏は、店舗が立地する地域の消費者が買物のために来店する地理的範囲だけでなく、時間的範囲も含まれる。

イ. 商圏は、「小売店の単独商圏」「商業集積の商圏」「都市の商圏」の3種類に大別できる。

ウ. 都市の商圏は、周辺都市からの市場占有率の及ぶ範囲であり、都市人口、商店街規模、産業構造の特徴で大きく左右される。

エ. 都市の商業力を示す指標である商業力指数が100を上回っていれば、他の地区に顧客が流出しているとみなされる。

オ. 商圏は、人口に対する来店者の比率やその来店頻度により、小売店から遠い順に第一次商圏、第二次商圏、第三次商圏に区分される。

第6問

次の文章は、リージョナルプロモーションに関する用語について述べている。文中の〔 〕の部分に、下記に示すア～オのそれぞれの語群から最も適切なものを選んで、答案用紙の所定欄にその番号をマークしなさい。（15点）

①原則として無料で、マスメディアという第三者の立場からの評価、判断によってニュースや記事として取り上げてもらうための情報提供活動を〔ア〕という。

②〔イ〕は、販売員が顧客に対して直接、口頭で情報提供などを行う販売活動である。

③商品自体に添付され、購入者全員が公平にプレミアムを受け取ることができる手法を〔ウ〕という。

④特定商品を購入した場合、顧客に現金の一部を返金する手法を〔エ〕という。

⑤〔オ〕とは、Webサイトに広告画像を貼り、それをクリックすると広告主のWebサイトにリンクする手法である。

【語群】

ア. 1.コミュニティ　2.ロイヤルティ　3.パブリシティ　4.パーソナリティ

イ. 1.口コミ　2.PR　3.非人的販売　4.人的販売

ウ. 1.オープン懸賞プレミアム　2.べた付けプレミアム
　　3.スピードくじプレミアム　4.クーポン式プレミアム

エ. 1.キックバック　2.フィードバック　3.セットバック　4.キャッシュバック

オ. 1.リスティング広告　2.バナー広告　3.ポスティング広告　4.ステッカー広告

第7問

次の文章は、照明について述べている。文中の〔　〕の部分に、下記に示すア〜オ
のそれぞれの語群から最も適切なものを選んで、答案用紙の所定欄にその番号をマー
クしなさい。(10点)

①店舗や売場の全体を均等に照らす照明を〔ア〕という。

②スポットライトやダウンライトは、〔イ〕として用いられる照明器具である。

③光源が直接目に触れないように、建物の壁や天井に埋め込み、反射する光によっ
　て明るさを出す照明形式を〔ウ〕という。

④拡散グローブや提灯器具などのように、光を均一に行き渡らせる照明形式を〔エ〕
　という。

⑤蛍光灯や電球などの光源によって照らされる面の明るさの程度のことを〔オ〕と
　いう。

【語群】

ア. 1.装飾照明　2.省エネ照明　3.重点照明　4.全般照明

イ. 1.装飾照明　2.省エネ照明　3.重点照明　4.全般照明

ウ. 1.間接照明　2.半間接照明　3.半直接照明　4.全般拡散照明

エ. 1.間接照明　2.半間接照明　3.半直接照明　4.全般拡散照明

オ. 1.照度　2.光束　3.光度　4.輝度

第1問

次のア〜オは、敬語について述べている。正しいものには1を、誤っているものには2を、答案用紙の所定欄にマークしなさい。(15点)

ア.「来る・行く」の尊敬語は「参る」である。
イ.「見る」の謙譲語Ⅰは「ご覧になる」である。
ウ.「言う」の尊敬語は「申し上げる」である。
エ.「おいしい」の丁寧語は「おいしゅうございます」である。
オ.「化粧する」の美化語は「お化粧する」である。

第2問

次のア〜オは、事業の許認可に関する法規について述べている。正しいものには1を、誤っているものには2を、答案用紙の所定欄にマークしなさい。(15点)

ア. たばこの小売販売を営業しようとする場合には、「たばこ事業法」により、財務大臣の許可が必要である。
イ. 酒類の販売については、「酒税法」によって規制されており、販売所ごとに所在地の所轄警察署長による酒類販売業免許を取得しなければならない。
ウ. 米穀類の販売については、現在の「食糧法」では、年間20精米トン以上の販売・出荷を行う場合にのみ、都道府県知事への届出が必要となった。
エ. 古物の販売については、「古物営業法」により、営業所を設置する都道府県ごとに公安委員会の許可が必要である。
オ. 薬局の開設や医薬品の販売については、「医薬品医療機器等法」によって規制されており、原則として所定の要件を備えて都道府県知事の許可を得なければならない。

第3問

次のア〜オは、小売業に関する法規について述べている。正しいものには1を、誤っているものには2を、答案用紙の所定欄にマークしなさい。（15点）

ア． 予約とは、売買契約の締結を前提とした一種の契約であり、「売買の双方の予約」といわれるものである。

イ． 手付とは、買主から売主に対して渡すものであり、手付を放棄して契約を自由に解除することは認められていない。

ウ． 内金とは、商品代金の一部前払いであり、契約の解除は認められない。

エ． 割賦販売法では、クレジット（販売信用）を「割賦販売」「信用購入あっせん」「ローン提携販売」の3つに分類している。

オ． 中小小売商業振興法では、フランチャイズチェーンに加盟する中小小売業を保護するために、本部事業者に対し、重要な契約事項についてあらかじめ加盟しようとする者に書面を交付して説明することなどを義務づけている。

第4問

次の文章は、商品に関する法規について述べている。文中の〔　〕の部分に、下記の語群のうち最も適切なものを選んで、答案用紙の所定欄にその番号をマークしなさい。（15点）

①有機食品の検査認証・表示制度は、〔ア〕の「有機食品に関するガイドライン」に適合している。

②製品の欠陥により消費者が被害を被った場合、事業者が賠償責任を負うことを規定している法律を〔イ〕という。

③計量法にもとづく定期検査に合格した計量器には〔ウ〕が付与される。

④ひし形の〔エ〕は、電気用品安全法にもとづき、製造、もしくは輸入された「特定電気用品」に表示される。

⑤〔オ〕は、産業標準化法にもとづき、国に登録された機関から認証を受けた事業者が、認証を受けた製品またはその包装などに表示することができる。

ア．1.食育基本法　2.食品衛生法　3.地域特産品認証事業　4.国際食品規格委員会

イ．1.消費生活用製品安全法　2.武器等製造法　3.製造物責任法
　　4.家庭用品品質表示法

ウ．1.Eマーク　2.Gマーク　3.特定保健用食品マーク　4.検定証印

エ．1.PSCマーク　2.PSEマーク　3.SGマーク　4.BLマーク

オ．1.JISマーク　2.JHFAマーク　3.JASマーク　4.特定JASマーク

第5問

次の文章は、景品表示法における不当景品類について述べている。文中の〔　〕の部分に、下記の語群のうち最も適切なものを選んで、答案用紙の所定欄にその番号をマークしなさい。（15点）

　景品表示法では、取引に付随した景品類の提供を、総付景品、〔ア〕、共同懸賞の3つに分類し、それぞれ提供できる景品類の限度額や総額を制限している。

　総付景品で提供できる景品類の限度額は、取引価額1,000円未満は200円、取引価額1,000円以上は取引価額の10分の2となっている。

　アで提供できる景品類の限度額は、取引価額5,000円未満は取引価額の〔イ〕、取引価額5,000円以上は〔ウ〕となっている。また、景品類の総額は、懸賞に関わる売上予定総額の2%以内とされている。

　共同懸賞で提供できる景品類の限度額は、取引価額にかかわらず〔エ〕となっている。

　また、景品類の総額は、懸賞に関わる売上予定総額の〔オ〕以内とされている。

【語群】
ア．1.オープン懸賞　2.一般懸賞　3.アローワンス　4.リベート

イ．1.　5倍　2.　10倍　3.　20倍　4.　30倍

ウ．1.　5万円　2.　10万円　3.　20万円　4.　30万円

エ．1.　10万円　2.　20万円　3.　30万円　4.　50万円

オ．1.　3%　2.　5%　3.　10%　4.　20%

第6問

次のア〜オは、環境問題に対応した法令や制度等について述べている。正しいものには1を、誤っているものには2を、答案用紙の所定欄にマークしなさい。(15点)

ア. パソコンは、家電リサイクル法で回収が義務づけられている電気製品である。

イ. 食品リサイクル法にもとづく食品廃棄物の再生利用などに取り組む優先順位は、①発生を抑制する、②熱回収する、③再生利用する、④減量する、となっている。

ウ. 環境負荷が少なく、環境保全に役立つと認定された製品には「エコマーク」が付与される。

エ. 原則として古紙を60%以上原材料に利用した紙製品には「グリーンマーク」が付与される。

オ. 企業は環境に配慮した企業活動の指針づくりを始めており、その取組みの1つが、環境管理・監査の国際規格という環境マネジメントシステムの取得である。

第7問

次の表は、ある小売業における5期分の売買損益計算資料である。表中の〔 〕の部分に、下記の語群のうち最も適切なものを選んで、答案用紙の所定欄にその番号をマークしなさい。(10点)

単位：千円

項目 ＼ 期	第1期	第2期	第3期	第4期	第5期
純売上高	58,337	66,358	72,459	87,259	〔オ〕
期首商品棚卸高	5,972	6,464	〔ウ〕	9,761	10,874
純仕入高	43,201	48,713	54,762	〔エ〕	70,449
期末商品棚卸高	6,464	〔ウ〕	9,761	10,874	12,581
売上原価	42,709	〔イ〕	52,621	59,476	68,742
売上総利益	〔ア〕	18,801	19,838	27,783	30,112

【語群】

ア. 1. 17,645　　2. 17,295　　3. 15,628　　4. 15,136

イ. 1. 52,274　　2. 47,557　　3. 36,376　　4. 32,885

ウ. 1. 7,620　　2. 7,148　　3. 6,657　　4. 5,308

エ. 1. 66,624　　2. 62,730　　3. 60,589　　4. 58,363

オ. 1. 100,561　　2. 98,854　　3. 93,904　　4. 81,323

MEMO

模擬問題

2回目

（制限時間100分）

1 小売業の類型

第1問

次の文章は、小売業の定義について述べている。文中の〔 〕の部分に、下記に示すア〜オのそれぞれの語群から最も適切なものを選んで、答案用紙の所定欄にその番号をマークしなさい。（10点）

　経済産業省の〔ア〕では、年間販売額の〔イ〕が消費者に対する販売であれば「小売業」と定義され、主として次の業務を行う事業所が該当する。

①個人または家庭用消費者のために商品を販売する事業所

②商品を販売し、かつ、同種商品の〔ウ〕を行う事業所

③自店で製造した商品をその場所で個人または家庭用消費者に販売する事業所

④主として個人または家庭用消費者に〔エ〕する事業所

⑤ガソリンスタンド

⑥〔オ〕に少量または少額で商品を販売する事業所

【語群】

ア. 1.広域商圏調査　2.商業統計調査　3.工業統計調査　4.商店街実態調査

イ. 1.50％以上　2.60％以上　3.70％以上　4.80％以上

ウ. 1.輸入　2.保管　3.加工　4.修理

エ. 1.無店舗販売　2.委託販売　3.リース　4.レンタル

オ. 1.物流業者　2.売買参加者　3.産業用使用者　4.大口需要者

第2問

次のア〜オは、組織形態別小売業について述べている。正しいものには1を、誤っているものには2を、答案用紙の所定欄にマークしなさい。（15点）

ア. フランチャイズビジネスでは、特権を与える者を「フランチャイジー」と呼び、フランチャイズビジネスを運営する企業を指す。

イ. フランチャイズチェーン本部は加盟店に対して、店舗運営に関わる商品やさまざまな経営ノウハウを提供し、その対価としてインセンティブを受け取っている。

ウ. ボランタリーチェーンやレギュラーチェーンは、資本的に独立した本部と店舗が契約によって結ばれる「契約型チェーン」である。

エ. チェーンストアとは、通常、「単一資本で11店以上の店舗を直接、経営管理する小売業または飲食業の形態」と国際チェーンストア協会で定義されている。

オ. チェーンストアでは、一括集中仕入方式を採用することで、バイングパワーを発揮して仕入原価を引き下げたり、開発商品の要請など、さまざまな有利な取引条件を引き出すことができる。

第3問

次の文章は、ネットスーパーについて述べている。文中の〔 〕の部分に、下記に示すア〜オのそれぞれの語群から最も適切なものを選んで、答案用紙の所定欄にその番号をマークしなさい。（15点）

　ネットスーパーは、注文された商品の〔ア〕場所によって、店舗型と〔イ〕に大別される。

　店舗型は、市場への参入は容易であるが、アに伴う〔ウ〕の増加が課題となる。一方、イは、効率的な仕分けのために作業場を店舗から切り離しているので、〔エ〕を抑え、〔オ〕を増やしやすいメリットがある。しかしながら、設備投資が大きく黒字化に時間がかかるという問題がある。

【語群】
ア. 1.ピッキング　2.イートイン　3.ファサード　4.マーキング
イ. 1.産直型　2.販社型　3.問屋型　4.倉庫型
ウ. 1.発注コスト　2.広告宣伝費　3.人件費　4.在庫コスト
エ. 1.誤納率　2.客単価　3.発注数　4.消化率
オ. 1.在庫金利　2.受注能力　3.納入頻度　4.市場規模

第4問

次のア〜オは、インターネット社会に関する事項について述べている。正しいものには1を、誤っているものには2を、答案用紙の所定欄にマークしなさい。（15点）

ア. EC化率とは、リアル店舗を含む全商取引金額に対する電子商取引市場規模の割合を指す。

イ. 電子商取引の1つである「C to C」とは、企業が企業に向けて商品を販売する取引を指す。

ウ. オムニチャネルとは、消費者が商品をどこで買うか、そしてどこで商品を受け取るかを自由に組み合わせて選ぶことができる販売サービスの仕組みを指す。

エ. オムニチャネルは、システム刷新や大幅な社内調整が容易なことから、O2Oに比べて即効性が優れており、導入のハードルは低いといえる。

オ. キャッシュレスとは、「物理的な現金（紙幣・硬貨）を使用しなくても活動できる状態」と経済産業省で定義されている。

第5問

次の文章は、百貨店について述べている。文中の〔　〕の部分に、下記に示すア～オのそれぞれの語群から最も適切なものを選んで、答案用紙の所定欄にその番号をマークしなさい。（15点）

百貨店を「デパートメントストア」と呼ぶのは、〔ア〕ごとに商品管理を行っていることに由来している。百貨店の仕入や販売方法は、特定の商圏内に〔イ〕しているチェーンストアとは異なり、店舗ごとに任されているケースが多い。

また、百貨店の特徴の1つに、担当者が顧客のところに出向いて商品を販売する〔ウ〕がある。ウには、企業を対象とした〔エ〕と、高額所得者を中心とした〔オ〕の2つがある。

【語群】

ア. 1.単品　2.品目　3.品種　4.部門

イ. 1.単独出店　2.ドミナント出店　3.大型化　4.ロードサイド化

ウ. 1.訪問購入　2.店会制　3.外商部門　4.友の会組織

エ. 1.個人外商　2.法人外商　3.共同購入　4.個別購入

オ. 1.個人外商　2.法人外商　3.共同購入　4.個別購入

第6問

次のア〜オは、店舗形態別小売業について述べている。正しいものには1を、誤っているものには2を、答案用紙の所定欄にマークしなさい。（15点）

ア. 一般的に「業態」とは、酒屋、靴屋、時計屋など、取り扱う商品で小売店を分類するときに使用される用語である。

イ. 専業店は、顧客のライフスタイルに合わせてストアコンセプトを設定し、それにもとづいて中心的品ぞろえを行う店舗である。

ウ. 一般的には、専門スーパーのうち、生鮮食料品を除外した食品の取扱構成比が70%を超える食料品スーパーを「スーパーマーケット」と呼んでいる。

エ. 医薬品医療機器等法では、一般用医薬品は第一類医薬品から第三類医薬品までに分類され、登録販売者が第一類医薬品および第二類医薬品を販売できるようになっている。

オ. COOP（生協）は、消費者が出資して組合員となって運営される協同組織体である。

第7問

次のア〜オは、商業集積の基本について述べている。正しいものには1を、誤っているものには2を、答案用紙の所定欄にマークしなさい。（15点）

ア. 商業集積には、自然発生的に形成された「ショッピングセンター」と、デベロッパーによって計画的に開発された「商店街」がある。

イ. 商店街には、「小売機能の集積地」「消費者の購買と生活の場」「都市機能の一部」といった役割がある。

ウ. 商店街実態調査における広域型商店街とは、最寄品と買回品が混在する商店街である。

エ. （一社）日本ショッピングセンター協会が定めるショッピングセンターの基準では、「キーテナントを除くテナントが10店舗以上含まれていること」と定めている。

オ. コミュニティ型ショッピングセンターとは、百貨店、総合品ぞろえスーパーなどのキーテナントと専門店が一体となって集積する大規模のショッピングセンターである。

---

2 マーチャンダイジング

第1問

次のア～オは、商品の基本について述べている。正しいものには1を、誤っているものには2を、答案用紙の所定欄にマークしなさい。（15点）

ア． 商品のネーミングや価格、付随するサービスの提供などは「商品コンセプト」にもとづいて設定される。

イ． マーケティング学者のコープランドは、消費者の購買習慣から商品を「最寄品」「買回品」「高級品」の3つに分類した。

ウ． 最寄品とは、購買頻度が高く、価格がどこも大差ないため、品質や内容について消費者がよく知らない商品である。

エ． 日本で生産される商品を統計的に把握するときには、総務省が定めた「日本標準職業分類」を使う。

オ． ブランドネームは、ブランドの中核をなすもので、商品を効果的に認知、記憶させ、自社商品の選択を優位に導く有効な手段となる。

第2問

次の文章は、マーチャンダイジング・サイクルについて述べている。文中の〔　〕の部分に、下記に示すア～オのそれぞれの語群から最も適切なものを選んで、答案用紙の所定欄にその番号をマークしなさい。（10点）

　一般に、チェーンストアの本部は、商品計画の策定を起点として〔ア〕や仕入計画の企画・立案を行い、商品を仕入れ、どのように売るかを各店舗に指示する。

　各店舗では、本部が仕入れた商品の〔イ〕を行い、本部の作成した〔ウ〕にもとづき売場の所定の位置に的確に〔エ〕する。そして、売れた商品を各売場へ補充するために〔オ〕を繰り返す。

【語群】

ア. 1.在庫計画　2.経営計画　3.出店計画　4.販売計画
イ. 1.値入・価格設定　2.荷受・検品　3.販促企画　4.仕入交渉
ウ. 1.棚割表　2.商品構成表　3.プライスカード　4.POP広告
エ. 1.ストック　2.フィードバック　3.ディスプレイ．4.カスタマイズ
オ. 1.補充発注　2.棚割変更　3.売価変更　4.初期発注

第3問

次のア〜オは、コンビニエンスストアについて述べている。正しいものには1を、誤っているものには2を、答案用紙の所定欄にマークしなさい。（15点）

ア. コンビニエンスストアは、一般的に約100㎡程度の売場面積に約10,000品目の品ぞろえをしている。

イ. コンビニエンスストア業界では、主要な商品カテゴリーに関しては店内でノー検品の荷受態勢がとられている。

ウ. コンビニエンスストアでは、多品種少品目少量の品ぞろえを維持するために多頻度発注に対応できる物流システムを構築している仕入先企業を各店舗が選定する。

エ. コンビニエンスストアでは、商品カテゴリーごとに、1日のうちの発注回数や発注時間帯が決められた「定期発注システム」を採用している。

オ. コンビニエンスストアでは、商品カテゴリーごとの発注単位や発注サイクルおよび発注リードタイムを、店舗の売場主任が策定する。

第4問

次の文章は、商品計画の基本知識について述べている。文中の〔　〕の部分に、下記に示すア〜オのそれぞれの語群から最も適切なものを選んで、答案用紙の所定欄にその番号をマークしなさい。（15点）

　商品カテゴリー（品種）構成は「品ぞろえの〔ア〕」という表現に、品目構成は「品ぞろえの〔イ〕」という表現に、置きかえることができる。また、品ぞろえのアを広げることを「〔ウ〕」、狭めることを「〔エ〕」という。

　商品構成の実施にあたっては、顧客ニーズ、自店の販売スペース、〔オ〕、競争環境などを勘案しながら品ぞろえのアとイの最適化を図ることが重要である。

313

ア. 1.奥行　2.間口　3.　幅　　4.　質

イ. 1.奥行　2.間口　3.　幅　　4.　質

ウ. 1.専門化　2.単純化　3.標準化　4.総合化

エ. 1.専門化　2.単純化　3.標準化　4.総合化

オ. 1.人口密度　2.流通経路　3.情報技術　4.立地条件

第5問

次のア〜オは、価格設定の基本について述べている。正しいものには1を、誤っているものには2を、答案用紙の所定欄にマークしなさい。（15点）

ア. 特別価格政策とは、特定の商品に対して、年間を通して著しく安い価格を設定し、その他の商品の売上を高める方法である。

イ. 小売業が、価格設定の際に採用するマークアップ法とは、消費者にとって、買いやすい"値頃感"のある価格設定方法である。

ウ. EDLPとは、小売業のトータルコストの削減努力によって、主に定番商品の大部分を毎日、継続的に、競争店を下回るほど低い一定価格で販売し続ける価格政策である。

エ. ロスリーダー・プライスとは、メーカーが希望小売価格を示さずに、卸売業や小売業が独自の判断で販売価格を決定することをいう。

オ. 仕入れた商品の価格にいくらかの利益を上乗せして販売価格を決めることを「売価」という。

第6問

次のア〜オは、在庫管理の基本について述べている。正しいものには1を、誤っているものには2を、答案用紙の所定欄にマークしなさい。（15点）

ア. 在庫には、小売店のバックヤードや倉庫に保管されている商品だけでなく、売場の商品もすべて含まれる。

イ. 在庫が増えると資金の流動性は低下し、小売業の資金繰りを悪化させることになるため、在庫は少なければ少ないほどよい。

ウ. 商品回転率が低いほど、投下した資本の回収が早くなり、資本効率が高く、販売効率がよいと判断できる。

エ. 年間売上高が1,000万円で、平均商品在庫高が200万円の場合、商品回転率は5回転である。

オ. 交差比率は、商品回転率に粗利益率を乗じて得られた数値で、販売効率を把握するために用いられる指標である。

第7問

次の文章は、販売管理の基本について述べている。文中の〔　〕の部分に、下記に示すア〜オのそれぞれの語群から最も適切なものを選んで、答案用紙の所定欄にその番号をマークしなさい。（15点）

①POSとは、"Point of Sales" の略称で、POSシステムは通常、「〔ア〕情報管理システム」と訳されている。

②POSシステムの活用方法のうち、チェックアウト・クーポンの発行は〔イ〕に該当する。

③JAN企業コードには、標準タイプ（〔ウ〕）と短縮タイプ（8桁）がある。

④JAN企業コードは、（一財）流通システム開発センターが国際運用規約にもとづいて一元管理しており、〔エ〕ごとに更新手続きが必要となる。

⑤生鮮食料品や惣菜など、小売業で販売される段階でJANコードを表示することを〔オ〕という。

【語群】

ア. 1.消費時点　2.生産時点　3.納入時点　4.販売時点

イ. 1.販売促進　2.品ぞろえ計画　3.販売管理　4.発注・納品管理

ウ. 1. 18桁　2. 15桁　3. 13桁　4. 10桁

エ. 1. 1年　2. 3年　3. 5年　4. 10年

オ. 1.ソースマーキング　2.ベンダーマーキング　3.インストアマーキング
　　4.ベンチマーキング

---

3 ストアオペレーション

第1問

次の文章は、店舗における運営業務について述べている。文中の〔 〕の部分に、下記に示すア〜オのそれぞれの語群から最も適切なものを選んで、答案用紙の所定欄にその番号をマークしなさい。(10点)

①補充発注とは、主に〔ア〕を対象として、マーチャンダイジングにもとづき棚割で決められた〔イ〕ごとに、決められた陳列数量に相当する数量を補充するために行う業務を指す。

②売場のクリンリネスを実践するためには、〔ウ〕の3Sが基本である。

③顧客をレジで迎え、買上商品をスキャン（登録）して金銭授受を行うレジ係を〔エ〕という。

④店舗で商品を発注してから、その商品が店舗へ納品されるまでの時間を〔オ〕という。

【語群】

ア. 1.特売商品　2.季節商品　3.育成商品　4.定番商品

イ. 1.単品　2.品種　3.品群　4.部門

ウ. 1.整列・整備・清掃　2.整理・整頓・清掃　3.整理・整備・清潔　4.整列・整頓・清潔

エ. 1.キャッシャー　2.チャネラー　3.サッカー　4.チェッカー

オ. 1.発注リードタイム　2.発注サイクル　3.PDCAサイクル　4.ジャストインタイム

第2問

次の文章は、発注システムについて述べている。文中の〔 〕の部分に、下記に示すア〜オのそれぞれの語群から最も適切なものを選んで、答案用紙の所定欄にその番号をマークしなさい。(15点)

　企業間をオンラインで結ぶ〔ア〕システムのことをEOSといい、店舗の商品担当者が携帯端末機に入力した〔イ〕は、交換機が設置されたチェーンストア本部などを経由して〔ウ〕に配信される。

また、企業間がオンラインで情報をやり取りするための情報通信基盤のことを〔エ〕という。エは異なる場所にあるコンピュータを通信回線でつなぎ、発注、納品、検品、請求などのデータをリアルタイムで、かつ、〔オ〕で交換するシステムである。

【語群】
ア. 1.受発注　2.営業支援　3.価格検索　4.代金決済
イ. 1.競争店情報　2.支払情報　3.顧客情報　4.発注情報
ウ. 1.ブローカー　2.サプライヤー　3.スーパーバイザー　4.デベロッパー
エ. 1.EC　2.EOB　3.EDI　4.ECR
オ. 1.ペーパーレス　2.アウトソーシング　3.ASN　4.SNS

第3問

次のア～オは、ストアオペレーションにおける基本について述べている。正しいものには1を、誤っているものには2を、答案用紙の所定欄にマークしなさい。（15点）

ア. メーカーや卸売業などの仕入先企業から配送された商品を受け取ることを「荷役」という。
イ. レジ業務の基本的な3要素は、「買上金額の登録」「代金の受渡し」「包装」である。
ウ. 食品などの鮮度を重視する商品を補充するときは、先入れ先出し陳列を徹底する。
エ. バックヤードから商品を選び出し、ゴンドラなどの陳列棚に補充することを「前出し」という。
オ. 死蔵商品の減少や売れ筋商品の増加は、過剰在庫を招く要因になりえる。

第4問

次のア～オは、包装に関する事項について述べている。正しいものには1を、誤っているものには2を、答案用紙の所定欄にマークしなさい。（15点）

ア. 包装には、「商品の保護」「取扱いの利便性」「販売単位の形成」「販売促進」「情報伝達の手段」などの目的がある。
イ. ふろしき包みの場合、まず、箱の底面を上にして包装紙の対角線の中央に置く。
ウ. 水引きの結び方の1つである「蝶結び」は、引っ張るとほどけて、何度でも結び直せることから、何度繰り返してもよいお祝いごとに用いられる。

エ. 病気・けが見舞いの場合、表書きは「御見舞」とし、水引きは「紅白蝶結び」で、のしもつける。

オ. 仏事の葬儀・通夜の場合、表書きは「御霊前または御香典」とし、水引きは「黒白または黄白結び切り」を使用し、のしはつけない。

第5問

次のア～オは、ディスプレイの評価基準について述べている。正しいものには1を、誤っているものには2を、答案用紙の所定欄にマークしなさい。(15点)

ア. 顧客側に近いほうから大型の商品をディスプレイし、陳列棚の後方へ行くほど小型の商品をディスプレイすると商品は見やすくなる。

イ. 用途別や機能別などの中分類で商品をグループ化してディスプレイすると商品が選びやすくなる。

ウ. 顧客が触れやすいディスプレイの範囲は、床上60～170cmの間で、これを「ゴールデンライン」という。

エ. 裸陳列やショーケース陳列の手法を使うと商品に触れやすくなる。

オ. 品ぞろえの豊富さを演出するには、「品種の中で品目の数を多くする」「品種の数を多くする」「品種と品目の両方を多くする」といった方法がある。

第6問

次のア～オは、ディスプレイの基本的パターンについて述べている。正しいものには1を、誤っているものには2を、答案用紙の所定欄にマークしなさい。(15点)

ア. 平台陳列は、商品の入っている段ボール箱を一部だけ開梱して利用し、そのまま積み上げてディスプレイする方法である。

イ. ハンガー陳列は、主に文房具や家庭用品などに使われており、パッケージ化された商品をバーにかけてディスプレイする方法である。

ウ. 前進立体陳列は、棚の先端(転び止め)よりも棚奥に量感を持たせるように商品を積みあげて、顧客が商品を取りやすくするディスプレイ方法である。

エ. 壁面陳列は、幅広い立体的なディスプレイによって、商品の豊富感が強調できるが、天井近くの商品は、手に取って確かめにくいという難点がある。

オ. アイランド陳列は、特売やイベントなどに実施される一種の変形ディスプレイ方法であり、広い(主)通路に限定される。

第7問

次の文章は、ファッション衣料品のディスプレイ技術について述べている。文中の〔　〕の部分に、下記に示すア～オのそれぞれの語群から最も適切なものを選んで、答案用紙の所定欄にその番号をマークしなさい。(15点)

①空間コーディネートにおける〔ア〕とは、同一品目内の色違い、サイズ違いのバリエーションなど、同じ陳列展開を繰り返して見せる構成パターンである。

②さまざまな商品の中で、少量の商品に特別の配色を施すことによって、売場やディスプレイの全体を引き立たせる強調色を〔イ〕という。

③隣接する商品同士の色に明確な違いがみられないようなとき、それらの商品同士を分離させてメリハリを出す方法を〔ウ〕という。

④売場における重点商品の視覚面での〔エ〕を「ビジュアルマーチャンダイジング」という。

⑤頭、手、肩などの体の一部をデフォルメ(変形・歪曲)したマネキンを〔オ〕という。

【語群】

ア. 1.集中構成　2.拡散構成　3.三角構成　4.リピート構成

イ. 1.カラーライゼーション　2.カラーコントロール　3.アクセントカラー
　　4.パーソナルカラー

ウ. 1.グラデーション　2.セパレーション　3.デモンストレーション
　　4.カラーライゼーション

エ. 1.非計画購買　2.比較選択購買　3.差別化政策　4.品ぞろえ政策

オ. 1.リアルマネキン　2.スカルプチュアマネキン　3.アブストラクトマネキン
　　4.バーチャルマネキン

第1問

次の文章は、メーカーと小売業のマーケティングの違いについて述べている。文中の〔 〕の部分に、下記に示すア〜オのそれぞれの語群から最も適切なものを選んで、答案用紙の所定欄にその番号をマークしなさい。(15点)

①メーカーのマーケティングチャネルを、小売業のマーケティング戦略に置きかえると〔ア〕に該当する。

②メーカーのプロダクトプランニングを、小売業のマーケティング戦略に置きかえると〔イ〕に該当する。

③メーカーの大規模広域型広告宣伝、小売業の店舗起点の狭域型購買促進は、4P戦略の〔ウ〕に該当する

④小売業の価格政策は、仕入れた商品の値入にもとづく〔エ〕の公正価格を基本としている。

⑤顧客関係形成政策を意味する〔オ〕は、顧客の維持・離反防止を行ううえで重要な取組みといえる。

【語群】

ア. 1.ストアコンパリゾン　2.ストアマネジメント　3.ストアロケーション
　　4.ストアフォーマット

イ. 1.ポジショニング　2.マーチャンダイジング　3.メディアプランニング
　　4.マーケットリサーチ

ウ. 1.プレイス　2.プライス　3.プロダクト　4.プロモーション

エ. 1.売上志向　2.経営戦略　3.地域基準　4.生産状況

オ. 1.CRM　2.CRP　3.CSR　4.CVS

第2問

次の文章は、顧客満足経営の基本について述べている。文中の〔 〕の部分に、下記に示すア〜オのそれぞれの語群から最も適切なものを選んで、答案用紙の所定欄にその番号をマークしなさい。(10点)

①近年、顧客ニーズの多様化、個性化の進展を背景に、「もてなしの精神」を意味する〔ア〕、「娯楽や余韻」を意味するエンターテインメント、「特権や特別待遇」を意味する〔イ〕という顧客満足の新3原則が注目されている。

②顧客満足は、顧客のニーズに対する小売業の〔ウ〕で決まるといわれている。

③FSPは、一人ひとりの顧客を識別して〔エ〕の育成・維持を図ることを目的としたもので、〔オ〕で実施する顧客戦略プログラムである。

【語群】

ア. 1.プリヴァレッジ　2.ソリューション　3.パーソナリティ　4.ホスピタリティ

イ. 1.プリヴァレッジ　2.ソリューション　3.パーソナリティ　4.ホスピタリティ

ウ. 1.売場生産性　2.充足度合い　3.上位集中度　4.総花的品ぞろえ

エ. 1.浮動客　2.チェリーピッカー　3.ロイヤルカスタマー　4.新規顧客

オ. 1.メーカー型主導　2.短期集中型　3.長期的視点　4.臨時的取組み

第3問

次のア〜オは、商圏と出店の基本について述べている。正しいものには1を、誤っているものには2を、答案用紙の所定欄にマークしなさい。（15点）

ア. 商圏とは、小売店、商店街やショッピングセンターなどの商業集積における顧客吸引力の及ぶ地理的、あるいは時間的な面の広がりのことをいう。

イ. 小売店の商圏は、交通機関や川などの環境要因に左右されるため、円形にはならない。

ウ. 商業力指数は、（都道府県の小売販売額÷都道府県の行政人口）÷（都市の小売販売額÷都市の行政人口）×100で算出される。

エ. 出店にあたり、その土地柄が自店の企業イメージや店舗形態と適合するかどうかを検討することは、立地選定のミクロレベルの分析に含まれる。

オ. 出店地域を一気に広げず、既存の出店エリア内やその周辺に、高密度で多店舗出店していくのが「地域集中出店」という考え方である。

第4問

次の文章は、リージョナルプロモーションの基本について述べている。文中の〔　〕の部分に、下記に示すア〜オのそれぞれの語群から最も適切なものを選んで、答案用紙の所定欄にその番号をマークしなさい。（15点）

①商圏内における特定多数の顧客を計画的、かつ、継続的に多頻度で呼び込むための〔ア〕を「アトラクティブプロモーション」という。

②インターネット広告の1つである〔イ〕は、検索エンジンの検索結果ページにテキスト広告を表示する方法である。

③〔ウ〕には、「来店客を各売場に誘導する」「商品に視線を引きつける」「商品のセールスポイントを説明する」などの役割がある。

④訪日ゲストに対する〔エ〕は、セグメンテーション→ターゲティング→ポジショニングが確定したあとで展開される。

⑤物品を海外に持ち出すことを前提とする訪日ゲストの買物については、消費税が免税されるため、免税販売を行う店舗では、免税店〔オ〕を表示することができる。

【語群】

ア. 1.販売促進策　2.購買促進策　3.来店促進策　4.価格促進策

イ. 1.ポスティング広告　2.マスメディア広告　3.バナー広告
　　　4.リスティング広告

ウ. 1.チラシ広告　2.POP広告　3.DM広告　4.スポット広告

エ. 1.チャネル・ミックス　2.カテゴリー・ミックス　3.テナント・ミックス
　　　4.マーケティング・ミックス

オ. 1.シンボルマーク　2.ブランドマーク　3.トレードマーク　4.ジャドママーク

第5問

次のア〜オは、売場の形態について述べている。正しいものには1を、誤っているものには2を、答案用紙の所定欄にマークしなさい。（15点）

ア. コンビニエンスストアでは、主にセルフセレクション方式を採用している。

イ. 購買頻度の低い専門品、高級品などを中心に扱う小売店では、一般的にセルフサービス販売方式を採用している。

ウ. セルフサービス販売方式の売場は、レジが売場ごとにいくつも設置されている点に特徴がある。

エ. セルフセレクション販売方式の売場とは、セルフサービス販売方式に、必要な
ときに適度な接客を受けられる側面販売方式を組み合わせた販売方式を指す。

オ. 対面販売方式では、販売員と顧客がレジや接客カウンターを挟んで向かい合い、
販売員が接客する。

第6問

次のア〜オは、照明について述べている。正しいものには1を、誤っているものには
2を、答案用紙の所定欄にマークしなさい。(15点)

ア. 店舗照明をマーケティングの視点からとらえると、顧客の来店促進機能と店内
での購買促進機能を担っている。

イ. 直接照明は、床面や商品の陳列面を照らす照明形式であり、その光源は蛍光灯
やスポットライトが多い。

ウ. 照度によって、物の色の見え方が異なることを、照明の「色温度」という。

エ. 高輝度放電灯は、「蛍光灯」「メタルハライドランプ」「高圧ナトリウムランプ」
を総称したものである。

オ. LED照明には、「省電力」「短寿命」「熱線や紫外線をあまり含まない」などの特
徴がある。

第7問

次のア〜オは、色彩について述べている。正しいものには1を、誤っているものには
2を、答案用紙の所定欄にマークしなさい。(15点)

ア. 商品をディスプレイする際、背景の色は、商品の色より、明るさや鮮やかさが
ある色を使うと商品の見栄えがよい。

イ. 天井の低い店舗の場合、天井を壁よりも明るい色にすると、高く感じさせるこ
とができる。

ウ. 無彩色は白、灰、黒といった色合いを持たない色であり、色の3要素の中で彩度
の段階しかない。

エ. 暖色系は収縮して後退し、寒色系は膨張して進出する性質を持っている。

オ. 黒は光を吸収しないので、光線(明るさ)がほかの色よりも必要である。

5 販売・経営管理

第1問

次のア〜オは、敬語について述べている。正しいものには1を、誤っているものには2を、答案用紙の所定欄にマークしなさい。(15点)

ア. 尊敬語とは、自分側から相手側または第三者に向かう行為・ものごとなどについて、その向かう先の人物を立てて述べる敬語である。

イ. 「行く・来る」を丁寧語でいうと、「いらっしゃる」になる。

ウ. 「訪ねる・尋ねる・聞く」を尊敬語でいうと、「伺う」になる。

エ. 「もらう」を謙譲語Ⅰでいうと、「頂く」になる。

オ. 「する」を謙譲語Ⅱでいうと、「なさる」になる。

第2問

次の文章は、事業の許認可に関する法規および商品に関する法規について述べている。文中の〔 〕の部分に、下記に示すア〜オのそれぞれの語群から最も適切なものを選んで、答案用紙の所定欄にその番号をマークしなさい。(15点)

酒類の販売は、販売所ごとに所在地の〔ア〕から酒類販売業免許を取得しなければならない。

薬局を開設する場合、医薬品医療機器等法にもとづき、〔イ〕の許可を得なければならない。

第1種動物取扱業者に該当するペットショップを営む場合には、〔ウ〕にもとづき、営業所や業種ごとにイまたは政令市の市長の登録が必要となる。

消費者の生命・身体に対して特に危害を及ぼすおそれの多い製品については、〔エ〕がないと販売できない。

食品安全委員会で審査を受けていない〔オ〕は、輸入・販売などが禁止されている。

【語群】

ア. 1.市町村長　2.所轄税務署長　3.所轄警察署長　4.保健所長

イ. 1.都道府県知事　2.財務大臣　3.厚生労働大臣　4.都道府県公安委員会

ウ. 1.ラムサール条約　2.ワシントン条約　3.鳥獣保護法　4.動物愛護管理法

エ. 1.FSCマーク　2.MPCマーク　3.PSCマーク　4.PSEマーク

オ. 1.遺伝子組換え食品　2.有機農産物　3.米穀類　4.地域特産品

第3問

次のア〜オは、商品に関する法令知識について述べている。正しいものには1を、誤っているものには2を、答案用紙の所定欄にマークしなさい。（15点）

ア. 「賞味期限」は、弁当やサンドイッチなど劣化が速い食品に表示され、「消費期限」は、スナック菓子やカップめんなど劣化が比較的遅い食品に表示される。

イ. 乗用自動車、葬儀、化粧品や健康食品などの指定消耗品、生鮮食料品などは、クーリング・オフが適用されない。

ウ. 特定JASマークは、特別な生産や製造方法についてのJAS規格を満たす化粧品に表示される。

エ. 特定保健用食品マークは、特定の保健の用途の表示を国際食品規格委員会が許可した食品に表示される。

オ. オープン懸賞は、取引に付随しないで景品類を提供するものであり、独占禁止法が適用される。

第4問

次の文章は、環境問題と消費生活について述べている。文中の〔　〕の部分に、下記に示すア〜オのそれぞれの語群から最も適切なものを選んで、答案用紙の所定欄にその番号をマークしなさい。（10点）

①環境政策の基本的な方向性は、〔ア〕によって示されており、その目標は「循環」「共生」「参加」「国際的取組み」を実現する社会の構築としている。

②環境マネジメントシステムを構築するために企業が取得すべき環境管理・監査の国家規格を〔イ〕という。

③容器包装リサイクル法の正式名称は、「容器包装に係る〔ウ〕及び再商品化の促進等に関する法律」である。

④〔エ〕とは、古紙の再生利用を通して、社会環境の緑化を推進し、併せて古紙の回収・利用の促進に関わる啓発や普及活動を行う事業である。

⑤〔オ〕とは、消費者が環境保全に役立つ商品を選択することで、環境意識を鮮明にし、環境に配慮した消費活動を推進する事業をいう。

【語群】

ア. 1.環境基本計画　2.循環型社会　3.ソーシャルビジネス
　　　4.コンシューマリズム

イ. 1.ISO 8000　2.ISO 9000　3.ISO 14000　4.ISO 26000

ウ. 1.熱回収　2.再資源化　3.発生抑制　4.分別収集

エ. 1.エコマーク事業　2.グリーンマーク事業　3.グッドデザイン事業
　　　4.コンポスト事業

オ. 1.エコマーク事業　2.グリーンマーク事業　3.グッドデザイン事業
　　　4.コンポスト事業

第5問

次のア〜オは、小売業の計数管理について述べている。正しいものには1を、誤っているものには2を、答案用紙の所定欄にマークしなさい。（15点）

ア. 売上高から商品の仕入にかかった費用である売上原価を引いて残る利益のことを「値入高」という。

イ. 経常利益とは、売上総利益に営業外損益を加減したものである。

ウ. 商品を仕入れた時点でつけた売価を、何らかの理由によって引き下げたときに発生するロスを「廃棄ロス」という。

エ. 売上高営業利益率は、売上高に対する営業利益の割合のことであり、原則として低ければ低いほどよいとされる。

オ. 期首在庫高が1,000円、期中仕入高が10,000円、期末在庫高が2,000円の場合、売上原価は9,000円である。

第6問

次のア〜オは、代金支払方法について述べている。正しいものには1を、誤っているものには2を、答案用紙の所定欄にマークしなさい。（15点）

ア. 金券とは、現金のほか、小切手や商品券など、換金性のある証券を指す。

イ. 小切手で代金支払いをする顧客は、事前に銀行で普通預金口座を開設しておくことが条件である。

ウ. 小切手は記載されている銀行の窓口でのみ支払請求をすることができる。

エ．電子マネーは、現金の代わりにあらかじめチャージまたは自動チャージ、もしくは自動引き落としを設定したクレジットカードやスマートフォンなどで支払いをすることができる電子決済のことである。

オ．顧客が小売店でクレジットカードを利用した場合、商品の代金は、即日、クレジット会社から小売店に手数料分を差し引いた金額が支払われる。

第7問

次の文章は、店舗管理の基本について述べている。文中の〔 〕の部分に、下記に示すア～オのそれぞれの語群から最も適切なものを選んで、答案用紙の所定欄にその番号をマークしなさい。（15点）

①食品を清潔にすることは、〔ア〕食中毒を起こさせないポイントの1つである。

②〔イ〕は、加工食品に関して、その原料から製造・加工工程全般にわたって問題点をリストアップし、〔ウ〕を明確にしたものである。

③〔エ〕は、生産履歴の開示を意味する言葉であり、「食品が、いつ、だれに、どこで、どうやって製造され、どういう流通経路にのせられて、売場に並んだか」を広く消費者に開示するものである。

④万引防止に用いられるICタグは、〔オ〕を応用したものである。

【語群】

ア．1.化学性　2.細菌性　3.自然毒　4.アレルギー性

イ．1.COOP　2.GFSI　3.HACCP　4.CODEX

ウ．1.抜き取り検査　2.量目公差　3.処理方法　4.原産国名

エ．1.ミールソリューション　2.トレーサビリティ　3.SCMラベル　4.QRコード

オ．1.バイオテクノロジー　2.デジタルサイネージ　3.AI技術　4.RFID技術

[模擬問題　1回目　解答解説]

1　小売業の類型

第1問 正解：ア…1　　イ…2　　ウ…2　　エ…2　　オ…2

解説

ア. 小売業の販売対象者は、メーカー、加工業者、産業用使用者、卸売業ではなく、流通機構の最終段階に位置する消費者です。

イ. 経済産業省の商業統計調査（経済センサス）では、年間販売額の半分以上が最終消費者に対する販売であれば「小売業」としています。

ウ. 商業統計調査では、主として個人または家庭用消費者に無店舗販売を行う事業所を「小売業」としています。

エ. 生産活動や事業活動のために事業者に対して、原材料や部品、機械装置、設備などを販売する活動は「卸売」です。

オ. 小売業は、メーカーに代わって消費者へ商品を販売する「販売代理」をしています。また、消費者に代わってメーカーから商品を購入する「購買代理」も担っています。

第2問 正解：ア…2　　イ…1　　ウ…2　　エ…2　　オ…1

解説

ア. ナショナルチェーン、リージョナルチェーン、ローカルチェーンは商圏規模による類型に該当します。資本形態による類型に該当するのは、レギュラーチェーン、ボランタリーチェーン、フランチャイズチェーン、生協チェーンです。

イ. ボランタリーチェーンは、小規模小売店が経営の独立性を維持した状態で、店舗運営の弱い部分を補完するために共同活動を行う連鎖化組織です。

ウ. 小売主宰のボランタリーチェーンは、「コーペラティブチェーン」といいます。「コーポレートチェーン」はレギュラーチェーンの別名です。

エ. フランチャイズとは、「特別許可」「販売特権」など、権利を意味する言葉です。「自発的に」「志願して」といった意味があるのは「ボランタリー」です。

オ. チェーンストアにおいて、本部と店舗が単一資本のもとで同じ事業体に属しているタイプを「レギュラーチェーン」といいます。

第3問 正解：ア…4　イ…3　ウ…2　エ…1　オ…3

解説

　フランチャイズチェーンでは、本部を「フランチャイザー」、加盟店を「フランチャイジー」といいます。フランチャイズチェーンにおける本部と加盟店は契約で結ばれており、本部は店舗運営に関わるノウハウをパッケージにして加盟店に提供し、加盟店はパッケージを利用した見返りに、本部にロイヤルティ（経営指導料）を支払います。

　本部から提供されるフランチャイズパッケージは、一般に次のように構成されています。

①フランチャイザーの商標、サービスマーク、チェーン名称を使用する。

②フランチャイザーが開発した商品やサービス、情報など、経営上のノウハウを利用できる。

③フランチャイジーに対して、継続的に経営指導や援助を行う。

第4問 正解：ア…1　イ…2　ウ…1　エ…1　オ…2

解説

ア．店舗販売は、「店頭販売」ともいわれ、消費者が直接、小売店の売場で商品を販売する形態であり、無店舗販売は、店舗以外の手段を用いて消費者に商品を販売する形態です。

イ．自動販売機による販売も「無店舗販売」に分類されます。

ウ．訪問販売とは、販売員が各家庭や職場を訪問して商品を販売する形態をいいます。

エ．通信販売は店舗販売と異なり、商圏を自由に設定することができます。

オ．ネットスーパーは、注文された商品のピッキング場所によって、「店舗型」と「倉庫型」に大別されます。

第5問 正解：ア…2　イ…2　ウ…1　エ…1　オ…2

解説

ア．「何を売るか」によって小売業を分類する概念が「業種」であり、「どのような売り方をするか」というビジネスの方法を表す概念が「業態」です。

イ．百貨店は、多種多様な商品を部門別に管理し、高サービスを基本として販売する大規模小売店です。

ウ．総合品ぞろえスーパーの特徴は、商品の「総合化」にあります。衣・食・住の広

範囲にわたる商品を満遍なく販売する、売場面積の大きなセルフサービス販売方式の店舗です。

エ. 日曜大工用品のことを「DIY用品」といいます。

オ. ドラッグストアは本来、H&BC（健康や美に関する）カテゴリーを主体に販売する専門業態であり、「自分の健康は自分で守る」というセルフメディケーションの推進役として真価が問われています。

第6問 正解：ア…3　　イ…2　　ウ…2　　エ…4　　オ…1

解説

　経済産業省の商業統計調査による業態分類では、コンビニエンスストア（CVS）の定義を、「飲食料品を扱う」「売場面積30㎡以上250㎡未満」「営業時間14時間以上」としています。

　多品種少品目少量の品ぞろえが特徴であるCVSでは、迅速、かつ、ムダのない受発注と物流が重要といえます。そのため、POSシステムを駆使することで販売数量の計画と実績を把握しながらマーチャンダイジングに反映させる単品管理が可能となります。

第7問 正解：ア…4　　イ…3　　ウ…1　　エ…2　　オ…3

解説

　（一社）日本ショッピングセンター協会ではショッピングセンターを次のように定義し、その基準を定めています。

①定義

　ショッピングセンターとは、「1つの単位として計画、開発、所有、管理運営される商業・サービス施設の集合体で、駐車場を備えるもの」であり、その立地、規模、構成に応じて、選択の多様性、利便性、快適性、娯楽性等を提供するなど、生活のニーズに応えるコミュニティ施設として、都市機能の一翼を担うものである。

②基準

　・小売業の店舗面積は、1,500 ㎡以上であること。

　・キーテナントを除くテナントが10店舗以上含まれていること。

　・キーテナントがある場合、その面積がSC面積の80％程度を超えないこと。ただし、その他テナントのうち小売業の店舗面積が1,500 ㎡以上である場合には、この限りではない。

　・テナント会があり、広告宣伝、共同催事などの共同活動を行っていること。

2 マーチャンダイジング

第1問 正解：ア…1　イ…2　ウ…1　エ…2　オ…1

解説

ア．商品とは、利益の確保を目的に生産され、「市場」で売り買いされるものです。市場で売買の対象となる商品には、「物財 (モノ)」「サービス」「システム」「情報」「権利」「技術」などがあります。

イ．商品が持つ質的要素のうち、機能や性能面での有用性が消費者に満足感をもたらす要素を「1次品質」といいます。問題文は、「2次品質」について述べています。

ウ．商品コンセプトとは、商品の持つ概念や主張のことであり、だれの悩みやニーズに、当該商品の何をもって応えるかを鮮明に表すメッセージの根源といえます。

エ．国や国際的な標準で統一的に決められた分類を「制度分類」と呼び、問題意識によってそのつど、つくられ、利用される分類を「慣用分類」と呼んでいます。

オ．意匠とは、「物品の形状、模様もしくは色彩またはこれらの結合であって、視覚を通じて美観を起こさせるもの」であり、商品の外観に関するデザインのことをいいます。

第2問 正解：ア…2　イ…1　ウ…2　エ…2　オ…2

解説

ア．チェーンストアの本部は、商品計画の策定を起点として、販売計画や仕入計画などを企画・立案します。

イ．棚割表とは、一定のゴンドラ (棚) スペースに、どの商品 (単品) を、どこの位置に、どれくらいの数量を割り振って配置すれば、最も販売効率が高まるかを検討し、表にまとめたものをいいます。

ウ．コンビニエンスストアは、一般的に、約100㎡程度の売場面積に、生活必需性が高く、消費サイクルが短く、購買頻度の高い商品を主体に品ぞろえしています。

エ．コンビニエンスストアの商品構成の特徴は、「多品種少品目少量の品ぞろえ」です。

オ．発注サイクルや発注リードタイムを長くすると、売場において欠品が発生しやすくなります。

第3問 正解：ア…1　イ…2　ウ…2　エ…1　オ…1

解説

ア. 小売業の商品計画のことを一般的に「品ぞろえ計画」といいます。

イ. 商品カテゴリー（品種）構成は、「品ぞろえの幅」を意味します。

ウ. 品目構成は、「品ぞろえの奥行」を意味します。

エ. 品ぞろえの幅を広げることを商品構成の「総合化」、狭めることを商品構成の「専門化」といいます。

オ. 顧客の絞り込み（差別化）政策は、商品構成ばかりではなく、価格や販売方法、顧客サービス、立地条件、店舗施設など、さまざまな側面からもアプローチできます。特に、商品構成の差別化の方向性を小売業の方針として打ち出したものを「品ぞろえコンセプト」といい、商品計画の第一歩は品ぞろえコンセプトの確立から始まります。

第4問 正解：ア…1　イ…2　ウ…2　エ…2　オ…1

解説

ア. 販売計画は、売上目標とその費用を定めた「売上計画」を軸に、「商品展開計画」「部門別計画」「売場配置計画」「販売促進計画」「キャンペーンなどの実施計画」が付帯し構成されています。

イ. 大量仕入とは、一度に大量の商品を仕入れる方法で、量的取引によって一括仕入を実現できるため、仕入原価の引き下げが可能となることや、事務手続きなどの仕入経費の低減ができるメリットがあります。問題文は、「随時仕入」について述べています。

ウ. 返品物流とは、店舗や物流センターから仕入先企業に商品を返品する際に発生する物流活動をいいます。問題文は、「社内間移動物流」について述べています。

エ. 販売物流とは、店舗から消費者（顧客）の指定した場所に正確に商品を届けるための、小売店と消費者との商品の受渡しに関する物流活動をいいます。問題文は、「調達物流」について述べています。

オ. 多頻度小口（少量）配送は、小売業にとって在庫を抑えて欠品率を低くするメリットがあります。

第5問 正解：ア…4　　イ…1　　ウ…4　　エ…2　　オ…3

解説

　売場に並べられている商品、バックヤードや倉庫で保管されている商品は、すべて「在庫」であり、この在庫の質によって小売業の業績が左右されます。

　一般に、在庫が増えるということは、活用されていない資産が増加することを意味します。また、商品の在庫量が少ないと欠品の発生率が高まり、販売機会のロスにつながります。

　商品回転率は、一定期間に手持ち商品が何回転したかで表します。通常は、年間、または半期の売上高を期首、期末の平均在庫高で除して算出されます。売れ行きのよい商品は、在庫期間が短く、高い商品回転率を示しますが、売れ行きが悪い商品は、在庫状態が長く続き、商品回転率は低くなります。

第6問 正解：ア…3　　イ…3　　ウ…2　　エ…4　　オ…1

解説

ア. 商品の売価（販売価格）を決めることを「値入」といい、その金額を「値入高」といいます。

イ. マーケットプライス法は、消費者にとって買いやすい値頃感のある価格設定方法です。

ウ. コストプラス法は、仕入原価に標準的な利幅をつけて価格を決定する方法です。「マークアップ法」とも呼ばれています。

エ. 段階価格政策とは、品種ごとに高級品（アッパープライス）、中級品（ミドルプライス）、普及品（ローワープライス）というように、商品を品質や品格によって販売価格に3段階ほどのクラスを設け、顧客の商品選択や購入の意思決定を促す価格政策です。「階層価格政策」ともいいます。

オ. 端数価格政策とは、キリのいい価格設定ではなく、98円、399円など、端数のついた価格を意図的に設定することで、実際の価格差以上の割安感を与え、購買意欲を高めようとする価格政策です。

第7問 正解：ア…3　　イ…4　　ウ…3　　エ…2　　オ…1

解説

　POS（Point of Sales：販売時点情報管理）システムは、商品に付いている識別コード（バーコード）をPOSレジの光学式スキャナで読み取ってコンピュータで処理し、POSレジで売上合計額を計算して、入金処理とレシート発行を行う一方、その販売データをコンピュータに蓄積し、適時に販売分析をしたり、販売管理や在庫管理など各種の情報管理を行ったりする情報システムです。

3　ストアオペレーション

第1問 正解：ア…2　　イ…2　　ウ…2　　エ…1　　オ…2

解説

ア. 先入れ先出し陳列とは、先に入庫した日付の古い商品から先に取り出して、ゴンドラや平台などにディスプレイする方法をいいます。

イ. クリンリネスとは、「整理」「整頓」「清掃」の3Sを指す言葉です。

ウ. 棚ラベルは単品ごとに貼付します。

エ. ピクトグラムは、案内用の絵文字です。公益財団法人である交通エコロジー・モビリティ財団が設置した「一般案内用図記号検討委員会」によって策定されたものです。

オ. アメリカの心理学者のアルバート・メラビアンは、コミュニケーションの3大影響力は、「視覚」55%、「声や声の調子」38%、「言葉」7%の割合で示めせるといっています。

第2問 正解：ア…2　　イ…2　　ウ…1　　エ…2　　オ…2

解説

ア. チェーンストアが初期発注を行う場合は、本部が仕入先企業と仕入数量、納期、価格などの条件を打ち合わせて、そのつど契約して注文します。

イ. 補充発注は、一時的に売れる商品ではなく、いつも売れる定番商品を対象に補充する発注方式です。

ウ. EOSは、企業間をオンラインで結ぶ受発注システムのことで、店舗での「補充発注システム」のことをいいます。

エ．EDIは、「電子データ交換」のことをいいます。大量のデータをコンピュータ回線で送受信するため、時間の短縮やコスト削減に貢献しています。

オ．発注リードタイムとは、主に定番商品を補充発注してから、その商品が店舗に入荷するまでの時間をいいます。

第3問　正解：ア…3　イ…2　ウ…2　エ…4　オ…1

解説

①顧客が自分自身でPOSレジを操作して、買い上げた商品の精算を行う方法を「セルフチェックアウトシステム」といいます。

②発注した商品がすべて間違いなく、自店に入荷（納品）されたかどうか検品・確認する作業を「検収」といいます。検収作業の要点は、次のような事項です。
　・発注書どおりの商品かどうかの確認
　・品質（不良品）の確認
　・納品が指定どおりの時間・方法で行われたかどうかの確認
　・欠品・数量不足・不良品などがあった場合の関係者への連絡と処理
　・検収終了後、伝票の検収欄への担当者としてのサインまたは押印
　・すみやかに商品を収納する

③前出し作業とは、顧客の購買などによって乱れたときなどに、商品を手直しして、棚の奥に残った商品を顧客が取りやすいように棚の手前に引き出して商品のフェイスを整えることをいいます。主に最寄品を扱うセルフサービスの売場において、商品を補充する際に併せて行われます。

第4問　正解：ア…1　イ…2　ウ…2　エ…1　オ…2

解説

ア．斜め合わせ包みは、正方形や正方形に近い箱の包装に適しています。包装紙がムダなく使える経済的な包み方です。

イ．ふろしき包みは「スクエア包み」ともいわれます。キャラメル包みの別名は「合わせ包み」です。

ウ．合わせ包みは、包装紙の右側の端を1～2cm折り、箱の底面を上にして包装紙の中央に置くことから始めます。問題文は、「ふろしき包み」について述べています。

エ．らせん型包装は、カーテンレールやステッキのような棒状の商品を包装する場合に適した包み方です。

オ．ひもをかけるときは、商品の角で結ぶとゆるみが生じにくくなります。

第5問 正解：ア…2　イ…1　ウ…2　エ…2　オ…2

解説

ア．表書きは、贈り物の趣旨を伝えるために、贈り主の氏名の上に書く言葉です。

イ．「こより」とは、細長く切った和紙をひねり、ひも状にしたものをいいます。

ウ．金銀、または紅白は慶事の場合に用いられる水引きです。銀白、あるいは黒白、黄白は弔事の場合に用いられる水引きです。

エ．結び切りは、弔事のほか、婚礼、全快祝いに用いられます。

オ．向かって右側が上に重なる「右前（右扉）」は慶事で用いられます。弔事の場合は、向かって左が上に重なる「左前（左扉）」になります。

第6問 正解：ア…2　イ…2　ウ…4　エ…1　オ…4

解説

ア．ジャンブル陳列は、ディスプレイに手間がかからず、衝動買いを起こさせやすいというメリットがありますが、常にボリューム感を出して、商品を顧客によく見えるようにしておかないといけないといったデメリットもあります。

イ．ショーケース陳列は、販売用のショーケースに入っているため、商品が汚れにくく、高級感が演出できるなどのメリットがありますが、ディスプレイと整理に時間がかかったり、顧客が商品に触りにくいなどのデメリットもあります。

ウ．レジ前陳列は、レジを通過する多くの顧客の目につくため、ついで買いを誘発させるなどのメリットがありますが、レジ前が混雑するため、ゆっくり選べないといったデメリットもあります。

エ．ボックス陳列は、商品を色やサイズで分類しやすいなどのメリットがありますが、商品全体のデザインが見えづらく、また、商品が畳みにくく、顧客が手に取ろうとしなくなってしまうなどのデメリットもあります。

オ．ハンガー陳列は、衣料品のディスプレイに最も多く利用されています。洋服などを毎回、畳んでディスプレイする必要がないので、小売店では作業効率がよくなり、作業時間を軽減することができるなどのメリットがありますが、裸陳列であるため、商品がほこりなどで汚れやすいというデメリットもあります。

第7問　正解：ア…3　　イ…2　　ウ…1　　エ…2　　オ…3

解説

ア．フォールデッドとは、商品を畳んで見せるディスプレイパターンをいいます。

イ．スリーブアウトとは、商品の袖（サイド）を見せるディスプレイパターンであり、ベーシックな商品のディスプレイに適しています。

ウ．プロップはもともと、映画や舞台における小道具を意味します。

エ．スカルプチュアマネキンとは、頭がない、ヘアと肌が1色などのように、マネキンの頭部を彫刻的に製作したマネキンをいいます。

オ．ライザーとは、「陳列補助器具」を指します。

4　マーケティング

第1問　正解：ア…2　　イ…4　　ウ…3　　エ…1　　オ…2

解説

　消費財メーカーが展開するマーケティングは、広域的エリア、マジョリティ市場を対象としたマクロレベルのクラスターマーケティングであるのに対し、小売業が展開するマーケティングは、狭域的エリア、マイノリティを対象としたマイクロレベルのパーソナルマーケティングです。

　また、マーケティングのねらいは、消費財メーカーは自社のブランドシェアの拡大であるのに対して、小売業では来店率と購買率に示される顧客シェアの拡大にあります。

第2問　正解：ア…2　　イ…2　　ウ…1　　エ…2　　オ…2

解説

ア．メーカーのプロモーションは、テレビCMや雑誌などのマス媒体による大規模な広域的広告宣伝活動です。問題文は、「小売業」のプロモーション活動について述べています。

イ．商品化政策は、小売業における「プロダクト」に該当します。

ウ．ストアロケーションは、小売業における「プレイス」に該当します。

エ．メーカーにおけるプロダクトは、計画的、継続的な製品開発です。問題文は、メーカーの「プレイス」について述べています。

オ. 小売業におけるプライスでは、エブリディフェアプライスを設定します。スタンダードプライスは、メーカーにおける「プライス」に該当します。

	メーカー	小売業
プロダクト Product	プロダクトプランニング 製品化計画	マーチャンダイジング 商品化政策
プロモーション Promotion	マスプロモーション 大規模広域型広告宣伝	リージョナルプロモーション 店頭起点の狭域型購買促進
プライス Price	スタンダードプライス 全国標準価格	エブリディフェアプライス 地域基準の公正価格
プレイス Place	マーケティングチャネル 流通経路戦略	ストアロケーション 立地・店舗配置

第3問 正解：ア…1　イ…2　ウ…2　エ…2　オ…1

解説

ア. 顧客志向の経営においては、小売業が顧客との双方向的な関係形成を基本として、顧客満足度の向上を目指します。

イ. ホスピタリティは、顧客満足の新3原則の1つで「もてなしの精神」を意味します。

ウ. プリヴァレッジは、顧客満足の新3原則の1つで「特権や特別待遇」を意味します。

エ. 売上志向における顧客満足の旧3原則は、「商品」「サービス」「店舗」です。

オ. 顧客データベースには、基本的属性（氏名、住所、年齢、性別など）まで、その顧客の過去の購買実績、家族構成、誕生日、イベントへの参加状況など、今後の販売活動に必要なものが含まれます。

第4問 正解：ア…1　イ…2　ウ…1　エ…2　オ…2

解説

ア. FSPは、多頻度で買物する顧客を優遇し、つなぎ止めるための顧客戦略プログラムです。

イ. FSPは、来店する顧客にバーコードを割り当てて、「だれが、何を、いつ、どれだけ買ったか」というように、顧客そのものを把握することによって顧客管理をする方法です。

ウ. アメリカン航空の「フリークエント・フライヤーズ・プログラム（FFP）」のシステムを小売業界に応用したものが「FSP」です。なお、ホテル業界では「フリー

クエント・トラベラーズ・プログラム（FTP）」といわれています。

エ．FSPの展開においては、売上金額上位2割の多頻度の来店顧客で、店舗全体の8割の利益をもたらすという「2:8の法則」が知られています。

オ．FSPは、顧客すべてを平等に扱うのではなく、一人ひとりに "差異" をつけるシステムです。そのため、単なる割引手段として集客を図ることをねらいとするポイントカードとは考え方が根本的に異なります。

第5問 正解：ア…1　　イ…1　　ウ…2　　エ…2　　オ…2

解説

ア．商圏とは、地域の消費者が買物のために来店する地理的、時間的範囲のことです。

イ．商圏は、コンビニエンスストアやスーパーマーケットなどの「小売店の単独商圏」、ショッピングセンターや商店街などの「商業集積の商圏」、限られた地域に人口が集中している「都市の商圏」の3種類に大別されます。

ウ．都市の商圏とは、周辺都市からの顧客吸引力の及ぶ範囲のことです。それを示す指標として「商業力指数」があります。

エ．商業力指数が100を上回っていれば、周辺の都市から吸引力があり、商圏が広いことを意味します。逆に100を下回っていれば、他の地区に顧客が流出していることを意味します。

オ．商圏は、小売店に近い順に第一次商圏、第二次商圏、第三次商圏に区分されます。

第6問 正解：ア…3　　イ…4　　ウ…2　　エ…4　　オ…2

解説

ア．パブリシティは、テレビ、ラジオ、新聞や雑誌などのマスメディアに自店のサービスやイベントなどの情報を提供して、ニュースや記事として取り上げてもらうことをねらいとしています。

イ．人的販売では、推奨販売やカウンセリング販売などの高度な接客販売が要求されます。そのため、販売員には、顧客ニーズを的確に把握し、実際の商品を提示し、顧客の五感に訴えるなどの接客テクニックが必要となります。

ウ．べた付けプレミアムは、顧客が商品を購入すれば必ずプレミアムがもらえる手法です。

エ．キャッシュバックは、価格によるセールスプロモーションの1つです。

オ．バナー広告は、インターネット上で展開されている広告です。

第7問 正解：ア…4　　イ…3　　ウ…1　　エ…4　　オ…1

解説

ア．全般照明は、店舗や売場の全体を均等に照らす照明です。

イ．重点照明は、特定の場所や商品を目立たせるための照明です。

ウ．間接照明は、高級感やムードを演出するのに用いられる照明です。

エ．全般拡散照明は、光が上下左右に拡散され、全体を均一な明るさにする照明形式です。

オ．照度の単位は「ルクス (lx)」で表します。

5　販売・経営管理

第1問 正解：ア…2　　イ…2　　ウ…2　　エ…1　　オ…1

解説

ア．「来る・行く」の尊敬語は「いらっしゃる」です。「参る」は「来る・行く」の謙譲語Ⅱです。

イ．「見る」の謙譲語Ⅰは「拝見する」です。「ご覧になる」は「見る」の尊敬語です。

ウ．「言う」の尊敬語は「おっしゃる」です。「申し上げる」は「言う」の謙譲語Ⅰです。

エ．丁寧語（「です・ます」型）は、話や文章の相手に対して丁寧に述べるものです。

オ．美化語は、ものごとを美化して述べる敬語です。

第2問 正解：ア…1　　イ…2　　ウ…2　　エ…2　　オ…1

解説

ア．たばこの販売は、財務大臣の許可が必要です。

イ．酒類の販売は、販売所ごとに所在地の所轄税務署長による免許（酒類販売業免許）を取得しなければなりません。

ウ．米穀類の販売は、年間20精米トン以上の販売・出荷を行う場合にのみ、農林水産大臣への届出が必要です。

エ．古物の販売は、2018年の法改正により、他の都道府県に営業所を設ける場合は、主たる営業所が設置されている都道府県公安委員会の許可を得れば、届出のみで販売できるようになりました。

オ. 薬局の開設や医薬品の販売は、所定の要件を備えて都道府県知事の許可を得なければなりません。

第3問 正解：ア…2　　イ…2　　ウ…1　　エ…1　　オ…1

Q

模擬問題

解説

ア. 予約は、売買契約の締結を前提とした将来の契約成立を約束する契約であり、「売買の一方の予約」といわれるものです。つまり、予約を完結される権利を持つ当事者の一方の意思表示で、予約から本契約としての売買契約が成立することになります。

イ. 手付は、売主が契約を履行するまでは、買主はその手付を放棄して自由に契約を解除することができます。

ウ. 内金は、商品代金の一部分を前払いしていることになるため、契約の解除はできません。

エ. 割賦販売法では、契約の仕組みの違いによって、クレジット（販売信用）を「割賦販売」「信用購入あっせん」「ローン提携販売」の3つに分類しています。

オ. 中小小売商業振興法は、商店側の整備、店舗の集団化、共同店舗等の整備を通じて中小小売業の振興を図るために制定された法律です。

第4問 正解：ア…4　　イ…3　　ウ…4　　エ…2　　オ…1

解説

ア. 有機食品の検査認証・表示制度は、国際食品規格委員会（コーデックス委員会）の「有機食品に関するガイドライン」に適合しています。

イ. 製造物責任法は、別名「PL法」とも呼ばれ、製品の欠陥により消費者が生命、身体、または財産上の被害を被った場合に、事業者に対して賠償責任を負わせることを目的とした法律です。

ウ. 計量法では、商品を計量する計量器について、「検定証印」が付されているもので有効期限内のものを使用することを義務づけています。

エ. PSEマーク（ひし形）は、電気用品安全法にもとづき、製造もしくは輸入された特定電気用品（高危険度が予測され、厳重に審査される電気製品）に表示されるマークです。

オ. JISマークは、産業標準化法にもとづき、産業工業規格に適合し
　ている製品に表示されます。

第5問 正解：ア…2　　イ…3　　ウ…2　　エ…3　　オ…1

解説

　景品類の提供が顧客を誘引する手段として使われる場合に、景品表示法では取引
に付随した景品類の提供を規制しています。景品表示法にもとづく景品規制は、「総
付（べた付け）景品」「一般懸賞」「共同懸賞」に関するものがあり、それぞれ提供で
きる景品類の限度額を制限しています。

　また、取引に付随しない景品類を提供する場合は、「オープン懸賞」といわれ、独
占禁止法が適用されます。なお、オープン懸賞で提供できる金品等には具体的な上
限額は設けられていません。

第6問 正解：ア…2　　イ…2　　ウ…1　　エ…2　　オ…1

解説

ア. 家電リサイクル法で回収が義務づけられている電気製品は、「エアコン」「冷蔵庫・
　冷凍庫」「ブラウン管・液晶・プラズマテレビ」「洗濯機・衣類乾燥機」です。

イ. 食品リサイクル法は、食品関連事業者を対象に、調理くずや食べ残しなどの食品
　廃棄物の発生の抑制や減量（脱水、乾燥）、食品循環資源としての再生利用などを
　促す法律です。食品廃棄物の再生利用などに取り組む優先順位は、①発生を抑制
　する、②再生利用する、③熱回収する、④減量する、となっています。

ウ. エコマーク事業が推進している事業において、環境への負担が少なく、環境保全
　に役立つと認められた製品には「エコマーク」が付与されます。

エ. 原則として古紙を40%以上原材料に利用した紙製品に「グリーンマーク」が付
　与されます。

オ. 環境管理・監査の国際規格とは「ISO14000シリーズ」のことであり、このシス
　テムを構築するために要求事項を定めたのが「ISO14001」です。

第7問 正解：ア…3　　イ…2　　ウ…1　　エ…3　　オ…2

解説

ア．「売上総利益＝純売上高－売上原価」で算出します。

　　〔ア〕＝58,337－42,709＝15,628となります。

イ．「売上原価＝純売上高－売上総利益」で算出します。

　　〔イ〕＝66,358－18,801＝47,557となります。

ウ．「期末商品棚卸高＝期首商品棚卸高＋純仕入高－売上原価」で算出します。

　　〔ウ〕＝6,464＋48,713－47,557（イで求めた数値）＝7,620となります。なお、ウは第3期の数値を使って求めることもできます。期末商品棚卸高＋売上原価－純仕入高＝期首商品棚卸高ですから、9,761＋52,621－54,762＝7,620となります。

エ．「純仕入高＝期末商品棚卸高＋売上原価－期首商品棚卸高」で算出します。

　　〔エ〕＝10,874＋59,476－9,761＝60,589となります。

オ．「純売上高＝売上原価＋売上総利益」で算出します。

　　〔オ〕＝68,742＋30,112＝98,854となります。

[模擬問題　2回目　解答解説]

1　小売業の類型

第1問 正解：ア…2　　イ…1　　ウ…4　　エ…1　　オ…3

解説

　小売業とは、仕入先企業から商品を仕入れ、流通機構の最終段階に位置する消費者に直接、商品などを販売する事業者をいいます。ただし、酒屋のように消費者に酒類を販売するかたわら、飲食店などの事業者にも酒類を卸すなど、卸売業務も兼ねている場合があります。そのため、商業統計調査では、「年間販売額の半分以上が消費者への販売であれば小売業」と定義され、主として次の業務を行う事業所を「小売業」としています。

①個人または家庭用消費者のために商品を販売する事業所

②商品を販売し、かつ、同種商品の修理を行う事業所

③製造小売（自店で製造した商品をその場所で個人または家庭用消費者に販売）する事業所

④主として個人または家庭用消費者に無店舗販売する事業所

⑤ガソリンスタンド

⑥産業用使用者に少量または少額で商品を販売する事業所

第2問 正解：ア…2　　イ…2　　ウ…2　　エ…1　　オ…1

解説

ア．フランチャイズビジネスでは、本部企業を「フランチャイザー（特権を与える者）」、加盟店を「フランチャイジー（特権を与えられる者）」と呼んでいます。

イ．フランチャイズチェーンにおける本部と加盟店は契約で結ばれており、本部は店舗運営に関わる商品やすべてのノウハウをパッケージにして加盟店に提供し、加盟店はパッケージを利用した見返りに、本部にロイヤルティ（経営指導料）を支払います。

ウ．レギュラーチェーンは、本部と店舗が同じ資本で運営される「企業型チェーン」です。「契約型チェーン」に該当するのはボランタリーチェーンとフランチャイズチェーンです。

エ．チェーンストアは、店舗を統一的に管理・運営する本部と管理される店舗から構成されています。

オ. バイングパワーとは、メーカーに対して、1回の仕入において単品大量の買い付けを提示し、仕入コストの低減を図ろうとする取引方法をいいます。

第3問 正解：ア…1　　イ…4　　ウ…3　　エ…1　　オ…2

解説

　ネットスーパーは、商品のピッキングの場所によって、店舗型と倉庫型に分けられます。

　店舗型は、店舗の従業員が売場を部門ごとに回って、商品をピッキングし配送する方法で、従来の売場やバックヤードと店舗の従業員を使うことで、参入しやすいというメリットがあります。しかし、人件費がかさむために利益率が上がらない、店舗のスペースに限界があり、売上高も一定以上には伸ばしにくいといったデメリットもあります。

　倉庫型は、倉庫（作業場）でピッキングし、配送する方法で、効率的な仕分けができ、誤納率を抑え、受注能力を増やしやすいメリットがある一方、設備投資が大きく黒字化に時間がかかるなどのデメリットがあります。

第4問 正解：ア…1　　イ…2　　ウ…1　　エ…2　　オ…1

解説

ア. EC化率が高ければ高いほど、電子商取引が多く利用されていることになります。

イ. 電子商取引の種類は、「売り手」と「買い手」の組み合わせに応じて、企業間取引としての「B to B（Business to Business）」、企業と消費者間取引としての「B to C（Business to Consumer）」、消費者間取引としての「C to C（Consumer to Consumer）」の3つに分けられます。

ウ. オムニチャネルとは、リアル店舗とネットショップの区別をつけず、あらゆる販売チャネルを統合し、どの販売チャネルからも顧客が同じような利便性で、商品の注文、受け取り、支払い、返品などができる販売サービスの仕組みをいいます。

エ. オムニチャネルは、システム刷新や大幅な社内調整が必要となります。そのため、O2O（Online to Offline）に比べて即効性が劣ることから、導入するハードルは高くなります。なお、O2Oとは、オンラインとオフラインを連携させて顧客の購買活動を促進させるためのマーケティング施策をいいます。

オ. キャッシュレスは、現金ではなく、電子マネー、クレジットカードなどを利用して買物の支払いや商品の受け取りを行うことであり、小切手、口座振替も該当します。

解説

　百貨店は、単一資本の経営によって多種多様な商品を部門別に管理し、高サービスを基本として販売する大規模小売店舗です。百貨店は、人口密度が高い都市に1店舗ずつ出店しているため、本部で集中管理することが難しいことから、店舗ごとの運営が基本となっています。

　また、日本の百貨店の特徴の1つに、「外商部門」があります。担当者が顧客のところへ出向いて商品を販売する形態で、企業を対象にした「法人外商」と、個人の顧客を対象にした「個人外商」があります。

第6問 正解：ア…2　　イ…2　　ウ…2　　エ…2　　オ…1

解説

ア．業態は、「何をつくる（扱う）か」ではなく、「顧客に"どう使ってもらうか"」というように、購買目的や購買方法を基準として小売業を分類する方法です。問題文は、「業種」について述べています。

イ．専業（業種）店は、品種ごとに多品目の商品構成を行う店舗です。問題文は、「専門（業態）店」について述べています。

ウ．スーパーマーケットとは、一般的に専門スーパーのうち、生鮮食料品を含めて食品の取扱構成比が70％を超える食料品スーパーのことをいいます。

エ．医薬品医療機器等法で一般用医薬品は、「リスクの程度が特に高い」第一類医薬品、「リスクの程度が比較的高い」第二類医薬品、「リスクの程度が低い」第三類医薬品に区分され、登録販売者は第一類医薬品を除く第二類医薬品および第三類医薬品を扱うことができます。

オ．COOP（生協）には、地域単位で組織される「地域生協」と大学の生協のように職域単位で組織される「職域生協」とがあります。

第7問 正解：ア…2　イ…1　ウ…2　エ…1　オ…2

解説

ア．商店街は、駅前や繁華街、街道沿い、あるいは神社仏閣、人の集まる大型施設周辺など、一定地域内に歴史的に自然発生した商業集積をいいます。一方、ショッピングセンターは、デベロッパーなどによって計画的に造成・建設され、統一的に運営されている商業集積をいいます。

イ. 商店街は、地域住民の日常生活に深く関わっており、「小売機能の集積地」「消費者の購買と生活の場」「都市機能の一部」といった役割を果たしています。

ウ. 広域型商店街とは、百貨店、量販店を含む大型店があり、最寄品より買回品が多い商店街をいいます。問題文は、「地域型商店街」について述べています。

エ. キーテナントとは、主に当該ショッピングセンターの商圏・客層を決定する大きな影響力を持つ大型小売店舗を指します。

オ. コミュニティ型ショッピングセンターとは、総合品ぞろえスーパーなど1〜2店舗がキーテナントとなる中規模のショッピングセンターです。最寄品と買回品の両方を提供し、これに専門店や飲食店などを併設しています。問題文は、「リージョナル型ショッピングセンター」について述べています。

2 マーチャンダイジング

第1問 正解：ア…1　　イ…2　　ウ…2　　エ…2　　オ…1

解説

ア. 商品コンセプトは、商品の持つ概念や主張のことをいいます。

イ. 消費者の購買習慣から商品を分類した場合、「最寄品」「買回品」「専門品」の3つに分けられます。

ウ. 最寄品は、使用頻度、消耗頻度、購買頻度が高く、消費者が経験的に品質や内容をよく知っている商品のことです。

エ. 日本で生産される商品を統計的に把握するときの商品分類は、総務省が定めた「日本標準商品分類」を活用します。日本標準職業分類は、労働や就業の状況を把握するときに活用されます。

オ. ブランドネームは、商品本体や包装、広告、社内封筒・便箋、その他あらゆる印刷物につけられ、常に消費者の目に触れ、視覚的な印象を与えるものです。

第2問 正解：ア…4　　イ…2　　ウ…1　　エ…3　　オ…1

解説

　一般に、チェーンストアの本部は、商品計画の策定を起点に販売計画や仕入計画などの具体的な実施内容にもとづき、各店舗が必要とする商品を仕入れ（初期発注）、各店舗に送り込みます。

　各店舗では、本部から送り込まれた商品の荷受・検品をしたのち、本部の作成し

た棚割表にもとづいて、それぞれの売場の所定の位置に商品をディスプレイします。そして、季節や時期などを考慮に入れた販売促進などを行うとともに、売れた商品を各売場へ補充するために追加の補充発注を行います。

第3問 正解：ア…2　イ…1　ウ…2　エ…1　オ…2

解説

ア. コンビニエンスストアは、一般的に約100㎡程度の売場面積に約3,000品目の品ぞろえをしています。

イ. ノー検品とは、荷受業務の基本である検品を行わないことをいいます。

ウ. コンビニエンスストアでは、本部が仕入先企業を選定します。

エ. コンビニエンスストアでは、商品カテゴリー（品種）ごとに、1日のうちの発注回数や発注時間帯が決められた定期発注システムを採用しています。

オ. コンビニエンスストア・チェーンでは、商品カテゴリー（品種）ごとの発注単位や発注サイクルおよび発注リードタイムについては、本部で策定しています。なお、品目ごとの陳列在庫量については、各店舗が売れ行きを見ながら補充発注をしつつ決めていくのが一般的です。

第4問 正解：ア…3　イ…1　ウ…4　エ…1　オ…4

解説

　商品構成のポイントは、品ぞろえの幅と奥行の最適化です。商品カテゴリー（品種）構成は「品ぞろえの幅」を、品目構成は「品ぞろえの奥行」を示します。また、品ぞろえの幅を広げることを「商品構成の総合化」、品ぞろえの幅を狭めることを「商品構成の専門化」といいます。

　品ぞろえの幅と奥行には相互制約関係があるため、商品構成の実施にあたっては、顧客ニーズ、自店の販売スペース、立地条件、競争環境などを考え合わせることが必要です。

第5問 正解：ア…1　イ…2　ウ…1　エ…2　オ…2

解説

ア. 特別価格政策とは、"目玉商品"など、特定の商品に対して、年間を通して著しく安い価格を設定し、その他の商品の売上を高める方法です。

イ. マークアップ法とは、「コストプラス法」の別名で、仕入原価に販売に要する諸

コストと一定の利益をプラスして販売価格とする方法です。消費者にとって、買いやすい“値頃感”のある価格設定方法は「マーケットプライス法」です。

ウ．EDLP（Everyday Low Price）とは、エブリディ・ロープライス（恒常的低価格政策）のことです。

エ．ロスリーダー・プライスとは、集客効果を高めるために、NB商品の生活必需品を目玉商品として、一定期間に限ってきわめて低い価格をつけることをいいます。問題文は、「オープン価格」について述べています。

オ．小売業界では、販売価格のことを「売価」と呼んでいます。問題文は、「値入」について述べています。

第6問 正解：ア…1　　イ…2　　ウ…2　　エ…1　　オ…1

解説

ア．売場に並べられている商品、バックヤードや倉庫に保管されている商品はすべて「在庫」であり、その在庫の質によって小売業の業績は左右されます。

イ．在庫は必要な量である「適正在庫」が望ましい。

ウ．商品回転率が高いほど、投下した資本（資金）を早く回収でき、資本効率が高く、販売効率がよいと判断することができます。

エ．「商品回転率＝年間売上高÷商品在庫高」で求められます。問題文の数値を計算式に当てはめると、商品回転率＝1,000万円÷200万円＝5回転となります。

オ．交差比率は、商品回転率に粗利益率を乗じて得られた数値で、在庫の生産性（販売効率）を示すものです。交差比率が高いほど、商品の販売効率がよいことを意味します。

第7問 正解：ア…4　　イ…1　　ウ…3　　エ…2　　オ…3

解説

ア．POS（Point of Sales）システムは、「光学式自動読取方式のレジスターにより、商品を単品別に収集した販売情報や仕入、配送などの段階で発生する各種の情報をコンピュータに送り、各部門がそれぞれの目的に応じて有効利用できるような情報に処理・加工し、伝送するシステム」と定義されています。

イ．チェックアウト・クーポンとは、特定の商品を顧客が購入したときにレジで連動して発行され、次回の購入時にその商品が割引されるクーポン券をいい、POSシステムの活用方法のうち、「販売促進」に該当します。

ウ．JANコードには、標準タイプ13桁と短縮タイプ8桁があり、そのうち、企業を

識別する番号であるJAN企業コードの標準タイプは、国コード2桁を含めて9桁と7桁の2とおりがあります。

エ. JAN企業コードは、3年ごとの更新手続きが必要となります。

オ. 小売業がバックヤードで商品包装や容器にJANコードを表示することを「インストアマーキング」といいます。

3 ストアオペレーション

第1問 正解：ア…4　イ…1　ウ…2　エ…4　オ…1

解説

①補充発注とは、主に定番商品を対象として行われる発注業務をいいます。なお、定番商品とは、季節商品や特売商品を除いた定型の売場を管理するときの中心となる商品を指します。

②売場のクリンリネスを実施するための3Sは、「整理」「整頓」「清掃」です。

③顧客をレジで迎え、買上商品をスキャンして金銭授受を行う担当者を「チェッカー」といいます。

④発注リードタイムとは、店舗で商品を発注してから、その商品が店舗へ納品（入荷）するまでの時間をいいます。

第2問 正解：ア…1　イ…4　ウ…2　エ…3　オ…1

解説

　一般に小売店と仕入先企業（サプライヤー）とのオンライン受発注システムのことを「EOS（Electronic Ordering System）」といい、通常は店舗での「補充発注システム」を指します。

　また、企業間の商取引で発生する見積書や請求書などのデータを、オンラインで処理する「電子データ交換」のことを、「EDI（Electronic Data Interchange）」といいます。

第3問 正解：ア…2　　イ…2　　ウ…1　　エ…2　　オ…2

解説

ア. メーカーや卸売業などの仕入先企業から配送された商品を受け取ることを「荷受」といいます。

イ. レジ業務の基本3要素とは、「買上金額の登録」「代金の受渡し」「接客」を指します。

ウ. 先入れ先出し陳列とは、日付の新しい商品を棚の奥に入れ、先に仕入れた日付の古い商品を前面の取りやすい棚の位置に引き出してディスプレイすることをいいます。

エ. バックヤードなどから商品を選び出し、ゴンドラなどの陳列棚に補充することを「品出し」といいます。なお、バックヤードとは、荷受・検品場所、商品を保管する倉庫、事務所、従業員の休憩所など、顧客が立ち入らない店舗の後方施設を指します。

オ. 過剰在庫により発生する主な悪影響には、死蔵商品の増加や売れ筋商品の減少のほか、鮮度の劣化や商品ロスの発生、在庫チェック機能や作業効率の低下、在庫金利の負担が増加することがあげられます。

第4問 正解：ア…1　　イ…2　　ウ…1　　エ…2　　オ…2

解説

ア. 包装の目的としては、①破損・汚損や品質劣化を防ぐなどの商品保護、②輸送、保管、使用などに際しての取扱いの利便性、③販売に適合する大きさ、重量、個数ごとに販売単位の形成、④商品差別化の手段として、有効な販売促進を行う、⑤ブランドネームや使用方法などを表示することにより情報伝達の手段、として機能していることなどがあげられます。

イ. ふろしき包みは、箱の底面を下にして包装紙の対角線の中央に置くことから始めます。

ウ. 「蝶結び」は、別名「花結び」ともいいます。

エ. 病気・けが見舞いの場合、水引きは「紅白結び切り」で、のしはつけません。なお、病気が全快しお見舞いのお返しをする場合、表書きは「快気祝」とし、水引きは「紅白結び切り」で、のしもつけます。

オ. 仏事の葬儀・通夜の場合、水引きは「黒白または銀白結び切り」を使用します。「黄白」の水引きは香典返しの場合に使用されます。

第5問 正解：ア…2　　イ…1　　ウ…2　　エ…2　　オ…1

解説

ア．大型商品は陳列棚などの後方にディスプレイすると見やすくなります。なお、同じ商品名で容量が異なる複数の単品をディスプレイする場合は、原則として容量の大きい商品を顧客側から見て右側にディスプレイすると見やすくなります。

イ．商品を選びやすくするためには、商品の関連性を考えて、何らかの基準によって分類（グループ化）し、ディスプレイすることが重要です。

ウ．顧客が触れやすいディスプレイの範囲は、床上60〜170cmの間で、これを「有効陳列範囲」といいます。このうち、顧客の手が容易に届く範囲（床上85〜125cm）を「ゴールデンライン」といいます。

エ．ショーケース陳列は、商品に触りにくいというデメリットがあります。

オ．商品の豊富感を高めるためには、「品種の中で品目の数を多くする」「品種の数を多くする」「品種と品目の両方を多くする」方法があります。

第6問 正解：ア…2　　イ…2　　ウ…2　　エ…1　　オ…1

解説

ア．平台陳列は、衣・食・住の3部門にわたり最も広く使われているディスプレイの1つです。平台陳列を効果的に行うために、仕切板やアンコなどが利用されます。問題文は、「カットケース陳列」について述べています。

イ．ハンガー陳列は、衣料品のディスプレイに多く利用される陳列方法です。問題文は、「フック陳列」について述べています。

ウ．前進立体陳列は、棚の先端（転び止め）に商品の前面を合わせて、棚の奥よりも手前に量感を持たせるように商品を細かく積み上げるディスプレイ方法です。

エ．壁面陳列の場合、天井近くの商品は手に取りにくい、といったデメリットがあります。

オ．アイランド陳列は、「島陳列」とも呼ばれています。店内主通路の中央に平台などの什器を使って小さな陳列部分をつくり、回遊する顧客の注目を引くディスプレイ方法です。

解説

ア. リピート構成は、品ぞろえ全体をひと目でわかりやすく主張するのに適したディスプレイ構成であり、シンプル、かつ、モダンなブランド品などに適している構成パターンです。

イ. アクセントカラーを使うことにより、メリハリ感を演出することができます。

ウ. セパレーションとは、商品を分離させることを意味します。

エ. ビジュアルマーチャンダイジングとは、売場における重点商品をどう主張するかという視覚効果や、どのように買ってもらうかという提案方法を具体化した視覚面での品ぞろえ政策を意味します。

オ. アブストラクトマネキンとは、頭、手、肩などの一部をデフォルメしたマネキンや、顔のつくりが抽象的な個性の強いマネキンなどを指します。

4　マーケティング

第1問　正解：ア…3　　イ…2　　ウ…4　　エ…3　　オ…1

解説

ア. メーカーのマーケティングチャネル（流通経路戦略）を、小売業の戦略に置きかえるとストアロケーション（立地・店舗配置）に該当します。

イ. メーカーのプロダクトプランニング（製品化計画）を、小売業の戦略に置きかえるとマーチャンダイジング（商品化政策）に該当します。

ウ. メーカーのマスプロモーション（大規模広域型広告宣伝）、小売業のリージョナルプロモーション（店頭起点の狭域型購買促進）は、4P戦略のプロモーションに該当します。

エ. 小売業の価格政策では、エブリディフェアプライス（地域基準の公正価格）を基準に売価設定を行います。

オ. CRM（カスタマー・リレーションシップ・マネジメント）は、顧客一人ひとりの情報の活用によって顧客の利便性と満足度を高め、友好関係を構築しながら顧客との関係を長期にわたって維持していくための仕組みづくりのことをいいます。

第2問 正解：ア…4　イ…1　ウ…2　エ…3　オ…3

解説

①顧客満足の新3原則とは、「ホスピタリティ（もてなしの精神で接客サービスを行う）」「エンターテインメント（感動を与え、心のきずなをつくる）」「プリヴァレッジ（顧客を特別な存在として扱う）」を指します。

②小売業は、顧客ニーズを把握することと、それらの解決策を提供することが顧客満足度を高めるうえで重要といえます。

③FSPは、多頻度で来店し、より多くの商品を買ってくれる顧客ほど優遇するプログラムのことであり、FSPの基本的な考え方は、長期的な視点で顧客との良好な関係を築き、顧客の忠誠心を高めることにあります。なお、ロイヤルカスタマーとは、「優良顧客」のことを指します。

第3問 正解：ア…1　イ…1　ウ…2　エ…2　オ…1

解説

ア．商圏には、消費者が買物のために来店する小売店から半径何m以内といった地理的側面からの限界、あるいは来店所要時間が何分以内といった時間的側面からの限界があります。

イ．小売店の商圏は、円形ではなく、アメーバ状のように流動的な広がりを持っています。

ウ．商業力指数は、都市の商業力を示す指標で、次の計算式で求められます。

$$商業力指数 = \frac{\dfrac{都市の小売販売額}{都市の行政人口}}{\dfrac{都道府県の小売販売額}{都道府県の行政人口}} \times 100$$

エ．自然条件や歴史に育まれた文化といった土地柄の分析は、マクロレベルの分析に該当します。

オ．地域集中（エリア・ドミナント）出店の例として、コンビニエンスストアがあげられます。

第4問 正解：ア…3　　イ…4　　ウ…2　　エ…4　　オ…1

解説

ア. 来店促進策（プル戦略）を目的としたアトラクティブプロモーションには、「各種広告」「パブリシティ」「口コミ」などがあります。

イ. リスティング広告は、「検索キーワード連動広告」ともいわれます。

ウ. POPとは、Point of Purchaseの略語であり、「顧客が商品を購買する時点」という意味です。

エ. 「セグメンテーション」「ターゲティング」「ポジショニング」が確定したあとは、一般に「商品（Product）」「価格（Price）」「プロモーション（Promotion）」「店舗立地（Place）」の4つの手段を組み合わせて、マーケティング・ミックスを展開します。

オ. 免税販売を行っている店舗では、免税店シンボルマークを表示することができます。

第5問 正解：ア…2　　イ…2　　ウ…2　　エ…1　　オ…1

解説

ア. コンビニエンスストアでは、セルフサービス販売方式を採用しています。

イ. セルフサービス販売方式では、消耗頻度、使用頻度、購買頻度の高い商品が対象となります。専門品や高級品を扱う百貨店や専門店の売場では、対面販売方式を採用しています。

ウ. セルフサービス販売方式の売場では、出口近くのレジで一括集中精算します。問題文は、「セルフセレクション方式」について述べています。

エ. 側面販売方式とは、担当売場で作業をしながら待機している販売員が、顧客に声をかけられたときなどに、その顧客の横に付き添い、主に顧客から聞かれたことについて端的に返答する販売方式をいいます。

オ. 対面販売方式は、顧客にとって専門的できめ細かいアドバイスが受けられるといったメリットがあります。

解説

ア．店舗照明には、安全性、快適性を基本とした店舗イメージを醸し出すことによって、小売店舗の存在を訴え、顧客の来店頻度を高める「来店促進機能」と、演出性、選択性を基本とした売場イメージを醸し出すことによって、買いやすさを訴求し、顧客の1回当たりの買上点数を増加させる「購買促進機能」を担っています。

イ．高い照度が必要な最寄品を扱う売場の全般照明は、ほとんどが直接照明形式を採用しています。

ウ．色温度とは、光の色を表すのに使用される値のことで、単位は「K（ケルビン）」が用いられます。問題文は、「演色性」について述べています。

エ．高輝度放電灯は、「水銀灯」「メタルハライドランプ」「高圧ナトリウムランプ」を総称したもので、「HIDランプ」とも呼ばれています。

オ．LED照明には、「省電力」「長寿命」「熱線や紫外線をあまり含まない」などの特徴があります。

解説

ア．主役である商品に対して、背景の色は常に脇役であるため、明るさや鮮やかさを抑えた色が基本です。

イ．天井の低い店舗の場合、天井を壁よりも明るい色にすると、高く感じさせることができます。

ウ．白、灰、黒といった無彩色は、色の3要素の中で明度の段階しかありません。なお、無彩色以外の色合いのあるすべての色を「有彩色」といいます。

エ．暖色系は膨張して進出し、寒色系は収縮して後退する性質を持っています。そのため、暖色系の赤や黄赤、黄は飛び出して見え、寒色系の青や青緑、青紫は引っ込んで見えます。

オ．黒は光を吸収するので、他の色よりも光線（明るさ）が必要です。

5 販売・経営管理

第1問 正解：ア…2　　イ…2　　ウ…2　　エ…1　　オ…2

解説

ア．尊敬語とは、相手側または第三者の行為・ものごと・状態などについて、その人物を立てて述べる敬語です。問題文は、「謙譲語Ⅰ」について述べています。

イ．「いらっしゃる」は「行く・来る・いる」の尊敬語です。

ウ．「伺う」は「訪ねる・尋ねる・聞く」の謙譲語Ⅰです。

エ．「頂く」は「もらう」の謙譲語Ⅰです。

オ．「する」の謙譲語Ⅱは「いたす」です。「なさる」は「する」の尊敬語です。

第2問 正解：ア…2　　イ…1　　ウ…4　　エ…3　　オ…1

解説

ア．酒類の販売は、酒税法にもとづき、販売所ごとに所在地の所轄税務署長による酒類販売業免許を取得しなければなりません。

イ．薬局を開設する場合、医薬品医療機器等法にもとづき、所定の要件を備えて都道府県知事の許可を得なければなりません。

ウ．動物愛護管理法にもとづき、第1種動物取扱業者には、施設ごとに動物取扱責任者の設置のほか、動物の管理の方法や飼養施設の規模や構造などについても基準を守ることが義務づけられています。

エ．PSCマーク制度は、消費生活用製品安全法で規定されています。自己確認が義務づけられている「特定製品」には丸形のPSCマークが、その中でさらに登録検査機関による検査が義務づけられている「特別特定製品」にはひし形のPSCマークが付されます。

オ．これまで安全性の審査を経た遺伝子組換え食品には、農作物8作物（トウモロコシ、ジャガイモ、大豆、てんさい、なたね、わた、アルファルファ、パパイヤ）と、食品添加物9品目があります。

第3問 正解：ア…2　イ…1　ウ…2　エ…2　オ…1

解説

ア．「賞味期限」は、おいしく食べることができる期限を意味し、スナック菓子、カップめん、缶詰など劣化が比較的遅い食品が対象となります。「消費期限」は、期限が過ぎたら食べないほうがよい期限を意味し、弁当、サンドイッチ、生めんなど劣化の速い食品が対象となります。

イ．クーリング・オフとは、特定の取引に限って、契約後も一定の期間、消費者に考える時間を与え、消費者が一方的に契約を解除することができるとした制度です。なお、乗用自動車、葬儀、化粧品や健康食品などの指定消耗品、生鮮食料品などはクーリング・オフ適用外となります。

ウ．特定JASマークは、JAS法にもとづき、特別な生産や製造方法についてのJAS規格を満たす食品や、同種の標準的な製品に比べて品質などに特色があることを内容としたJAS規格を満たす食品に表示されます。

エ．特定保健用食品マークは、特定の保健の用途の表示を消費者庁が許可した食品に表示できるマークです。特定保健用食品として販売するためには、製品ごとに食品の有効性や安全性について審査を受け、表示について国の許可を受ける必要があります。

オ．オープン懸賞とは、新聞やテレビ、Webサイトなどで広く告知し、商品購入や来店を条件とせず、はがきやWebサイト、電子メールなどで申込みができ、抽選で金品等が提供されるものをいいます。なお、提供できる金品等に上限額の規制はありません。

第4問 正解：ア…1　イ…3　ウ…4　エ…2　オ…1

解説

ア．環境基本法にもとづく環境基本計画は、「循環」「共生」「参加」「国際的取組み」を実現する社会の構築を政策目標としています。

イ．企業は、「環境リスク」という考え方を取り入れて、全社的な観点に立って環境に配慮した企業活動の指針づくりを始めており、その取組みの1つが国際規格であるISO14000シリーズという環境マネジメントシステムの取得です。

ウ．容器包装リサイクル法の対象となるものは、ガラスびん、PETボトル、紙製容器包装、プラスチック製容器包装、アルミ缶、スチール缶、紙パック、段ボールです。ただし、アルミ缶、スチール缶、紙パック、段ボールについては、すでにリサイクルが進んでいるため、再商品化義務の対象外となっています。

エ．公益財団法人古紙再生促進センターが推進するグリーンマーク事業にもとづき、

古紙を40%以上原料に利用した紙製品には「グリーンマーク」が付与されます。

オ．公益財団法人日本環境協会が推進するエコマーク事業（環境ラベリング制度）にもとづき、環境負荷が少なく、環境保全に役立つと認定された製品には「エコマーク」が付与されます。

第5問 正解：ア…2　　イ…2　　ウ…2　　エ…2　　オ…1

解説

ア．値入高は、仕入時に計画した利益です。問題文は、「粗利益高（売上総利益）」について述べています。

イ．経常利益とは、営業利益に営業外収益と営業外費用の差額である営業外損益を加減したものです。

ウ．廃棄ロスとは、生鮮食品などの鮮度低下や、汚損・破損、人気薄などでほとんど売れない損失分をいいます。問題文は、「値下げロス」について述べています。

エ．売上高に対してどのくらい営業利益があるのかを示す指標である売上高営業利益率は、高ければ高いほどよいとされます。

オ．「売上原価＝期首在庫高＋期中仕入高－期末在庫高」で求めます。計算すると、売上原価＝1,000円＋10,000円－2,000円＝9,000円となります。

第6問 正解：ア…1　　イ…2　　ウ…2　　エ…1　　オ…2

解説

ア．金券の種類には、現金、小切手、商品券、ギフト券、図書カードなどがあります。

イ．小切手で代金支払いをする顧客は、事前に銀行で当座預金口座を開設しておくことが条件です。

ウ．小切手は、記載されている銀行に限らず、自店の取引銀行の窓口で支払請求（呈示）をすることができます。ただし、小切手を銀行に支払請求するための呈示期間は、振出日の翌日から10日間です。

エ．電子マネーは、現金を使用せずに電子的にデータのやり取りだけで商品代金の支払いを行う電子決済の一種であり、貨幣価値をデジタルデータで表現したものです。

オ．クレジットカードでの購入の場合、商品代金は、後日、クレジット会社から小売店に支払われ、クレジット会社は会員である顧客の銀行口座から、その代金を回収します。

第7問 正解：ア…2　　イ…3　　ウ…3　　エ…2　　オ…4

解説

①細菌性食中毒の3原則は、「細菌をつけない」「細菌を増やさない」「細菌を殺す」です。

②HACCPは、食品の安全性について危害を予測し、その危害を管理することができる工程を重要管理点として特定し、工程全般を通じて、食中毒などによる危害の発生を防止し、製品の安全確保を図るものをいいます。

③トレーサビリティとは、生産履歴の開示を意味する言葉です。

④ICタグは、ごま粒大のICチップとアンテナからなる超小型装置で、そこに記憶された情報を電波によって直接触れずに読み取る技術であり、無線自動識別（RFID）技術を応用したものです。

MEMO

索引

●神奈川販売士協会（かながわはんばいしきょうかい）

　神奈川県および近隣地域に在住または勤務する販売士有資格者のために、県内の販売士有志により平成16年5月に設立されました。

　販売士の育成・資質向上のための研修会、視察会等を開催しています。

https://rmkanagawa.wixsite.com/association
r.m.kanagawa@gmail.com

【イラスト】
・キタ大介
・加藤華代

これ1冊で最短合格
販売士（リテールマーケティング）
検定試験3級テキスト&問題集

| 発行日 | 2020年 4月20日 | 第1版第1刷 |
| | 2022年 6月20日 | 第1版第2刷 |

著　者　神奈川販売士協会

発行者　斉藤　和邦
発行所　株式会社　秀和システム
　　　　〒135-0016
　　　　東京都江東区東陽2-4-2　新宮ビル2F
　　　　Tel 03-6264-3105（販売）Fax 03-6264-3094
印刷所　三松堂印刷株式会社　　　　Printed in Japan

ISBN978-4-7980-6163-4 C2030